Marquis de la Franquerie

Lucifer &

le Pouvoir Occulte

La judéo-maçonnerie, les sectes, le marxisme,
la démocratie, synagogue de Lucifer &
contre-église

ØMNIA VERITAS

Marquis de la Franquerie

Lucifer &
le Pouvoir Occulte

*La judéo-maçonnerie, les sectes, le marxisme, la démocratie,
synagogue de Lucifer & contre-église*

1984

Publié par
Omnia Veritas Ltd

Omnia Veritas

www.omnia-veritas.com

AVANT-PROPOS	7
CHAPITRE PREMIER	8
Au surnaturel divin s'oppose le prénaturel luciférien	8
CHAPITRE II	13
La lutte de monseigneur Jouin contre le Pouvoir Occulte	13
CHAPITRE III	19
La mission du peuple juif dans le plan divin	19
Le refus de ses chefs talmudistes et kabbalistes en a fait le soldat de Lucifer ; son plan d'asservissement du monde par les hérésies, les sectes et la révolution	19
Le plan juif de domination connu depuis des siècles	25
Le Talmud	27
Les Protocoles des Sages de Sion	39
CHAPITRE IV	67
La franc-maçonnerie fondée et dirigée par le pouvoir juif	67
La Franc-Maçonnerie dans l'Histoire de France	71
Les Hauts Initiés du Pouvoir Occulte à la tête des gouvernements	77
L'action du Pouvoir Occulte contre L'Autriche-Hongrie catholique	87
L'emprise du Pouvoir Occulte sur le monde	93
Il impose tout d'abord les Traités de paix qui consomment la ruine des puissances catholiques. Après avoir établi le communisme, il instaure l'Hitlérisme et pose les jalons de la seconde conflagration mondiale.	93
Le Pouvoir Occulte maître de la France par la trahison de De Gaulle	97
Les États-Unis et les Soviets télécommandés par le Pouvoir Occulte	100
CHAPITRE V	118
Les bras de la pieuvre luciférienne	118
L'Agartha	122
Synarchie	125
La Rose-Croix & l'ordre rosicrucien A.M.O.R.C.	126
Les templiers et l'ordre rénové du temple	133
Les Bilderbergers — la Table Ronde — le Council On Foreign Relations	155
The Trilateral Commission	158
Amnesty International	170
Marxisme : Socialisme & Communisme	172
Les sectes — les drogues hallucinogènes	177
Le Yoga	183
Le Rotary	185
Le Réarmement Moral (R.A.M.)	187
La gnose de Princeton	190
Le G.R.E.C.E.	191

    Groupe 1985 : l'asservissement planifié 192
    Le Scoutisme 193
    L'expression corporelle 196
    La Jamaa 197
    Le pentecôtisme & le renouveau charismatique 200
    L'armée de Marie 202
    Les Cathares — Le Saint Graal — Les Templiers — Le Prieuré de Sion — Les Francs-maçons. 207
  FALSIFICATION SYSTÉMATIQUE ET CRIMINELLE DE L'INFORMATION ASSURE LA PUISSANCE DU POUVOIR OCCULTE ET DU COMMUNISME SUR LE MONDE 213
    Falsification de l'histoire de l'église et de la France 213
    La falsification de la critique littéraire 214
    La falsification des nouvelles internationales 215
    Comité catholique contre la faim et pour le développement (C.C.F.D.) 216

CHAPITRE VI 218

  LE PLAN DE DESTRUCTION DE L'ÉGLISE & SON DEGRÉ D'AVANCEMENT 218
    Le concile Vatican ii et la politique de Paul VI engendrent la démolition de l'église — le pouvoir occulte maître du Vatican — 224
    Le règne de Paul VI serait-il un châtiment mérité par la chrétienté ? 242

CHAPITRE VII 248

  LE LUCIFÉRISME AU XIXE SIÈCLE 248
    La conversion et le martyre des deux grandes prêtresses de Lucifer : Clotilde Bersone & Diana Vaughan 248

CHAPITRE VIII 287

  L'ENCYCLIQUE « HUMANUM GENUS » DE LÉON XIII 287

APPENDICE I 293

  LA HAINE DE LUCIFER — LUCIFER A UN MÉDIUM 293

APPENDICE 2 296

  EXORCISME CONTRE SATAN ET LES ANGES RÉVOLTÉS PUBLIÉ PAR ORDRE DE S.S. LÉON XIII . 296

APPENDICE 3 301

  LISTE D'OUVRAGES À CONSULTER 301
    1 — Doctrine religieuse 301
    2 — Doctrine religieuse et philosophie politique 310
    3 — Historique 317
    4 — Ouvrages dévoilant l'action luciférienne du pouvoir occulte et des sectes 323
  OUVRAGES DÉJÀ PARUS CHEZ OMNIA VERITAS 329

Avant-propos

La crise effroyable que subissent actuellement l'Église et la France — toujours unies dans la prospérité comme dans le malheur — et que sont venus confirmer les élections du 10 Mai 1981 et trois jours après l'abominable attentat contre le Souverain Pontife prouvent à l'évidence que Lucifer règne présentement sur le monde comme il ne l'a jamais fait. Il est donc plus utile que par le passé d'avoir quelques notions sur le chef des milices infernales, Lucifer, et sur son plan de maîtrise du monde, comme aussi sur le culte qui lui est rendu ; Lucifer, qui se croit déjà triomphant, mais est en réalité, à la veille de sa déroute, comme aussi l'Église et la France — que certains croient près de la tombe — se trouvent, après l'expiation préalable et nécessaire, à la veille de leur plus grand triomphe, grâce au Saint Pape et au Grand Monarque qui vont assurer les Règnes du Sacré-Cœur du Cœur Immaculé de Marie et du Saint-Esprit.

CHAPITRE PREMIER

AU SURNATUREL DIVIN S'OPPOSE LE PRÉNATUREL LUCIFÉRIEN

Une étude approfondie de la situation actuelle du monde prouve que le Pouvoir occulte, la Franc-Maçonnerie, les sectes, la démocratie, le marxisme et la révolution ne sont que les bras de la pieuvre incarnant la Synagogue de Satan, c'est-à-dire la Contre-Église, et que tous aboutissent très réellement au culte luciférien et en dépendent.

Dans cette étude, il y a un principe essentiel, fondamental, qui ne doit jamais être oublié sous peine de ne rien pouvoir comprendre au grand drame et à l'histoire du monde :

De même qu'il y a le Surnaturel Divin, il y a son principe contraire : le préternaturel luciférien.

Pourquoi ce terme : **luciférien** plutôt que préternaturel démoniaque ou préternaturel satanique puisque le démon, Satan et Lucifer sont le même archange déchu ? C'est à dessein, car c'est plus spécialement sous le nom de Lucifer que le chef des milices infernales s'attaque à l'intelligence des hommes pour la séduire d'abord, la pervertir ensuite, et lui inculquer la haine de Dieu. Lucifer, l'Archange de Lumière et le premier dans la création angélique par le rang, l'intelligence et la beauté, est l'ancien Archange — déchu depuis lors — mais qui, tout déchu qu'il soit, conserve sa super-intelligence d'Archange de Lumière d'avant la chute, donc aussi d'archange de la séduction, parce que toute lumière ne peut qu'attirer et séduire …

Lucifer, séduit lui-même par sa propre splendeur, perdu par son orgueil voulut se faire l'égal de Dieu et refusa d'accepter la Volonté divine et de s'incliner devant l'Incarnation du Verbe Fils de Dieu, Dieu Lui-même, dans le sein d'une créature humaine, Marie, la Femme et la Mère par excellence, restée Vierge parce que Mère de Dieu.

Toute l'histoire du monde n'est donc, en réalité, que celle de la lutte acharnée de Lucifer et de ses suppôts contre Dieu et les enfants de Dieu, du mal contre le Bien, de la Révolte contre l'Obéissance, du mensonge contre la Vérité. Lucifer le père de l'orgueil, du mensonge et de la haine, le chef des milices infernales, l'archange déchu devient l'incarnation et le chef des ténèbres.

Le Révérend Père Monsabré, dans un discours en date du 28 Mai 1894, parlant de Lucifer, après avoir critiqué très justement ceux qui parmi certains catholiques — libéraux ou modernistes bien entendu — nient l'existence ou l'action et la puissance du démon, disait :

« Partout et en tout on reconnaît son orgueilleuse domination et l'ambition qui le tourmente de s'égaler à Dieu et de se mettre à Sa place ... On reconnaît son orgueil jaloux et son incurable ambition de s'égaler à Dieu dans ces antres et ces temples de l'occultisme où le vrai Dieu s'appelle le mal, où Lucifer est adoré sous le nom du Dieu bon, où d'abominables sectaires provoquent ses apparitions et l'honorent par les plus horribles blasphèmes, profanations et cruautés ... »[1]

On l'a dit avec raison, Lucifer est le singe de Dieu et, voulant s'égaler à Lui, il veut s'en arroger la puissance dans tous les domaines : et comme il a conservé ses facultés de premier Archange de Lumière : intelligence, connaissance, puissance, etc. il se joue des hommes et veut qu'ils lui rendent — à lui, l'incarnation du mensonge, du mal et de la haine, — le culte qu'ils ne doivent qu'à Dieu, leur Créateur — Suprême Réalité, Suprême Vérité. Et comme la Messe est la reproduction et la continuation du Sacrifice de la Croix — qui rachète et réconcilie

---

[1] R. Père Monsabré, *L'Empire du diable*, Revue Thomiste, 1894.

l'homme avec Dieu, et donne à la créature, après son baptême, le privilège de demeurer enfant de Dieu, — Lucifer, dans sa haine de Dieu et du Christ, a institué les messes noires afin d'en faire la profanation la plus abominable, la plus abjecte et la plus sacrilège qui soit : profanation d'une Hostie consacrée sur le corps d'une femme nue ; mais profanation qui constitue en même temps la reconnaissance de la Présence Réelle puisqu'elle exige une Hostie consacrée, mais manifestation de la haine poussée au paroxysme, à tel point que si ses adeptes n'ont pu se procurer — par un vol ou autrement — cette Hostie consacrée, la messe noire doit alors être dite par un prêtre défroqué parce qu'il conserve toujours le pouvoir de la transsubstantiation. Vous comprendrez qu'alors que dans le passé une Hostie était payée fort cher, aujourd'hui, du fait de la communion dans la main, l'abominable tarif se soit effondré.

Ajoutons qu'au cours de ces messes noires, l'Hostie est poignardée par chacun des assistants et que parfois le sang jaillit de l'Hostie ; ces profanations s'achèvent trop souvent dans d'infâmes orgies que la bienséance ne permet ni de décrire, ni d'expliquer. C'est le plus souvent au cours de ces messes noires que Lucifer apparaît et donne ses ordres à ses suppôts.

**

Le chanoine Ribet, dans son ouvrage fondamental, *La Mystique Divine distinguée des contrefaçons diaboliques et des analogies humaines*, écrit qu'on reconnaît les contrefaçons diaboliques en ce qu'elles sont l'inverse de celles de l'action divine :

« Il existe entre l'action divine et l'action diabolique le même rapport qu'entre Dieu et Satan.

« Dieu est vérité, sainteté, grandeur, bonté infinie. Il n'intervient surnaturellement auprès de l'homme que pour l'éclairer, le purifier, l'élever, le secourir ».

« Satan, lui, vit de mensonge, d'abjection, de haine, de jalousie, et il n'apparaît dans le monde de l'homme que pour l'aveugler, le souiller, l'avilir et le perdre ».[2]

Très justement, Michel Revers écrit dans un article sur le Réarmement moral, dans La Pensée Catholique, (n° 42 en 1956)[3] :

« Il est évident qu'à mesure que le **corps mystique de Satan** devient plus visible, son universalité organisée se dresse plus largement face à celle de l'Église. Non pas qu'il entre toujours en lutte ouverte officielle, mais en essayant tout simplement de se substituer à elle, en offrant à son tour à l'humanité en désarroi une idéologie salvatrice sans dogme, sans hiérarchie qui lui permette donc de l'accepter facilement car il ne lui est demandé en fait ni obéissance, ni sacrifice, ni humilité foncière, mais seulement l'exaltation des valeurs humaines, des vertus humanitaires, le tout avec un spiritualisme vague qui propose le recours au Dieu impersonnel des philosophes dont chacun peut interpréter les conseils de direction qu'il soit chrétien, musulman, juif, bouddhiste, soufiste ou fétichiste, selon les lumières de la « Guidance » … :

« Armature rêvée pour le *Gouvernement Mondial* qui se prépare et devra, au jour espéré par les forces sataniques, soumettre la destinée des hommes au « *Princeps hujus mundi* », le règne du Prince de ce monde s'opposant à ce qui devrait être le Règne de Notre Seigneur Jésus-Christ en vue d'obtenir la fusion des religions, ou plutôt un humanitarisme teinté de religiosité et donc la destruction de l'Église de Jésus-Christ.

---

[2] Chanoine Ribet : op. cit. tome III, page 173.
[3] À l'avance, il décrit ce qui se passe dans l'Église depuis le règne de Paul VI, qui dans son discours aux Nations Unies du 4 Octobre 1965 souhaitait l'instauration d'un gouvernement mondial et voulait promouvoir «un humanisme plénier », c'est-à-dire la réalisation totale du plan d'asservissement luciférien sur le monde ; ce qui aboutirait à la destruction de l'Église. Nous renvoyons à la seconde édition de notre ouvrage, *L'infaillibilité pontificale … et la crise actuelle de l'Église*, notamment au ch. IV, Le Complot de la Contre-Église.

Lucifer, se voulant roi du monde, ne se contente pas d'exiger et de recevoir de l'homme un culte religieux. Pour que son triomphe soit total, il veut régner sur tous les domaines de l'activité humaine. Pour y parvenir, **il doit donc très spécialement régner sur la politique des nations, car tous les autres en découlent**. Il va donc tout faire pour diriger les hommes d'État afin d'amener les peuples sous son joug et de les soustraire en même temps au Règne du Créateur. C'est ce que nous allons constater.

CHAPITRE II

LA LUTTE DE MONSEIGNEUR JOUIN CONTRE LE POUVOIR OCCULTE

La persécution anti-religieuse perpétrée par la Troisième République avait amené Monseigneur Jouin, Curé de Saint Augustin à Paris, à en rechercher les causes. Il avait donc fondé en 1912, La *Revue internationale des Sociétés Secrètes* et la Ligue Anti-Judéo-Maçonnique le Franc Catholique. Il ne tarda pas à constater l'exactitude de la déclaration d'un haut maçon qui avait affirmé que la république n'était en réalité que la Franc-Maçonnerie à découvert. L'éminent prélat, complétant les études du Père Deschamps et de nos Seigneurs Meurin et Delassus, avait ainsi été amené à dénoncer dans sa revue et dans ses nombreux ouvrages Le Péril Judéo-Maçonnique.

Survint en 1926 la douloureuse et — disons-le — scandaleuse condamnation de « l'Action française », basée sur des faux ; condamnation que dès Août 1923 j'avais connue avec précisions par une haute personnalité de gauche — trois ans donc avant qu'elle ne se produisit ... Et tout se réalisa en effet comme on me l'avait annoncé. Afin qu'aucune confusion ne puisse se produire, je tiens à préciser que je n'ai jamais cru à la légitimité des prétendus droits des Orléans à la Couronne de France : le Droit et la Morale ne pouvant permettre à l'assassin ni à ses descendants d'hériter de qui on a assassiné ...

À ce moment — 1926 — du fait de son action de défense de l'Église et de la France contre les agissements du Pouvoir occulte et des sectes, Monseigneur Jouin eut, tout naturellement, à subir les persécutions du Cardinal Gasparri, Secrétaire d'État du Saint-Siège, qui était franc-maçon. Un comité de fidèles fut alors constitué pour défendre le vénéré Prélat et je fus ainsi nommé Rédacteur en Chef de la *Revue internationale des Sociétés Secrètes* et chaque fois qu'il recevait à dîner des Cardinaux, Archevêques ou Évêques de ses Amis — et ils étaient nombreux et les plus éminents — j'étais convié ; ce qui acheva de me faire connaître d'Eux dans un climat de totale confiance. Inutile de dire que pour le jeune de vingt-cinq ans que j'étais, très ardent, c'était passionnant au plus haut point.

En outre, la Providence permit que je sois nommé au même moment Secrétaire de la Ligue Apostolique des Nations. Je constatai alors que même nos meilleurs Évêques n'étaient pas au courant des questions politiques, ni — hélas, trop souvent — maçonniques. Je résolus donc d'organiser un service de renseignements pour les Évêques. Quand l'un d'Eux, parmi ceux que je connaissais bien, avait besoin de documentation, je la lui fournissais … Quand l'Assemblée des Cardinaux et Archevêques se réunissait à Paris, rue de Sèvres, chez les Pères Lazaristes, j'en voyais deux le matin avant leur réunion et deux le soir après, ce qui me permettait d'en voir chaque fois de douze à seize que je documentais et qui, de leur côté, me mettaient au courant de bien des choses.

C'est ainsi que j'avais pu constater que nombre d'entre eux étaient très inquiets de la politique maçonnique et internationaliste du franc-maçon Gasparri, Secrétaire d'État de Pie XI. J'écrivis alors un article, les dangers de la Politique internationaliste du Cardinal Gasparri, dans le *Bloc Anti-révolutionnaire*, de mars-avril 1928. Déjà dans le numéro de mars-avril 1927 du *Bloc Catholique*, j'avais mis en garde à l'encontre de cette politique dans un article, *L'Allemagne et le Vatican*, puis dans plusieurs autres, en juillet-août, *Le Plan Judéo-Maçonnique contre l'Église* ; en mars-avril 1929 sur *Le prétendu règlement de la Question Romaine*, et l'année suivante, *A propos du Concordat entre le Saint-Siège et la République maçonnique* ; enfin par ceux publiés en souvenir de Cardinaux ou Évêques que j'avais bien connus et vénérés : l'intrépide Évêque de Montauban, S. Exc. Monseigneur Marty (janvier 1929), le

Cardinal Luçon, le vaillant Archevêque de Reims pendant la première conflagration mondiale de 1914 à 1918, mort en 1930 et le prince des théologiens de l'époque, le Cardinal Billot, décédé en 1932.[4]

En outre, je pus fournir une importante documentation à Monseigneur Cholet — rapport qu'il m'avait demandé et que je m'étais bien gardé de signer. Il le soumit à l'Assemblée des Cardinaux et Archevêques qui chargea le Cardinal Binet, Archevêque de Besançon, de le remettre au Souverain Pontife … Quelques mois après, le Cardinal Gasparri était limogé et remplacé par le Cardinal Pacelli, le futur Pie XII de sainte mémoire … Ne pensez pas que j'ai la prétention d'avoir obtenu ce résultat ; j'ai seulement ajouté une petite pierre à tant d'autres dont l'ensemble finit par obtenir le résultat nécessaire pour la défense de la Vérité et de l'Église.

C'est à ce moment que Monseigneur Jouin reçut les *Mémoires*, de Clotilde Bersone, ancienne grande-prêtresse de Lucifer, convertie et cachée dans un couvent. Un jésuite, le Père Arnold Richard, était entré en possession de ces *Mémoires* et, ayant vainement tenté d'obtenir que la Compagnie de Jésus les publiât, décida alors de remettre le document à Monseigneur Jouin. Il demanda donc à son frère, qui habitait à Aix en Provence et que je connaissais bien, de faire le nécessaire. Le principal collaborateur de Monseigneur, l'Abbé Boulin — théologien

---

[4] Monseigneur Marty, malgré l'interdiction des processions à l'extérieur des Églises, sortait mitre en tête et crosse en main, chaque année le jour de la fête du Saint Sacrement. Le commissaire de police dressait procès-verbal que le vaillant évêque n'a jamais payé. Nous avions été Lui demander sa bénédiction, ma jeune épouse et moi, pendant notre voyage de noces.
- Le Cardinal Luçon m'avait copié de sa main quelques documents pour la publication de mon étude sur *La Mission divine de la France*, et il m'avait reçu à Reims, au cours d'une période d'officier de réserve.
- Le Cardinal Billot, lors de la première édition de *La Mission divine de la France*, en 1926, m'avait écrit que l'un des meilleurs chapitres était celui intitulé : Le plus grand des châtiments : la république ; il m'avait reçu à San Galloro, le 19 juillet 1930. En nous accueillant, le Révérendissime Père Saubat et moi, immédiatement il me demanda : « Et l'Action Française ? ».
Comme je le rassurais, sa figure s'illumina et il me dit : « Ah ! Tant mieux. **Qu'elle tienne, il le faut !** »

éminent qui avait longtemps été à Rome et y avait collaboré à la condamnation du *Sillon* — étudia la question. Le document ne pouvait être publié tel quel, car il contenait des accusations d'assassinat contre quelques hommes politique français et étrangers encore vivants. La publication, expurgée, parut en 1929 sous le titre, *L Élue du Dragon*. Elle a été rééditée dernièrement.

Peu après la réception de ce document de la plus haute importance, Monseigneur Jouin en parla à quelques Cardinaux et Évêques au cours d'un dîner auquel j'assistais ; il aborda la question précisément parce que Clotilde Bersone avait été mêlée à un de ces drames politiques ; le Prélat, qui était ami du Comte de Broqueville, nous raconta la confidence qu'il en avait reçue :

Un jour qu'il se trouvait au cercle à Bruxelles — alors qu'il était ministre des affaires Étrangères de Belgique — le Comte de Broqueville fut abordé par un grand banquier juif international : « Pourrais-je, Monsieur le Ministre, vous demander un service ? » Sur ses gardes, le Ministre répondit : « De quoi s'agit-il ? » — « On me propose pour ma galerie de tableaux une toile qu'on m'assure être d'un grand maître et j'aimerais avoir votre avis ». — Le banquier dont il s'agit avait en effet une galerie réputée de maîtres hollandais et flamands et le Ministre était un des meilleurs connaisseurs amateurs de ces écoles. Il accepta. Ayant été voir le tableau proposé, il dit au banquier : « Surtout, n'achetez pas, c'est un faux ».

— Le banquier, reconnaissant à juste titre, exprima le désir de le remercier. Mais, évidemment le Ministre en exercice ne pouvait accepter aucun cadeau, fut-il très légitime, ce qui eut été le cas, il refusa. Trois fois le banquier revint à la charge ; chaque fois même refus. Alors le banquier dit au Ministre : « Monsieur le Ministre Vous en ferez ce que vous voudrez : dans le creux de l'oreille : vendez toutes vos valeurs américaines ; vous les rachèterez dans quinze jours ».

Quelques jours après, le Président des États Unis, Garfield, était assassiné, ce qui entraîna une dégringolade des valeurs américaines. Après l'assassinat, ce banquier, rencontrant au Cercle le Comte de Broqueville, eut l'audace de lui dire :

« Eh bien, Monsieur le Ministre, et mon tuyau ? »

— « Vous saviez donc ? »
— « Nous devons tout savoir ! » répondit cyniquement le banquier. Tout à l'heure vous comprendrez pourquoi je vous rapporte ce fait.

Je vous citerai maintenant un autre assassinat dont les conséquences furent terribles et qu'annonça *La Revue internationale des Sociétés Secrètes,* du mois d'août 1912 :

« Peut-être s'expliquera-t-on aussi un jour ce propos tenu par un haut maçon en Suisse à l'égard de l'Archiduc héritier d'Autriche :

« Il est bien, c'est dommage qu'il soit condamné. Il mourra sur les marches du Trône ».

De fait, en juin 1914, l'Archiduc Héritier, François-Ferdinand, était assassiné à Sarajevo, par le juif Princip, et cet assassinat entraînait la première conflagration mondiale. Assassinat annoncé deux ans auparavant.

Faut-il ajouter que les deux tentatives d'assassinat dont ont été victimes le Président Reagan puis le Souverain Pontife sont deux exemples caractéristiques de l'action du Pouvoir occulte. Pour le premier, la Trilatérale avait placé l'un des siens comme Vice-Président des États Unis afin qu'il recueille le pouvoir à la mort du Président, et que l'auteur de l'attentat était le fils d'un ami de ce vice-président ... Pour Jean-Paul II, sa disparition devait permettre à celui qui, sous le règne de

Paul VI, avait tant travaillé en faveur de l'Ost-Politik, de diriger l'Église pour le plus grand profit de ce même Pouvoir occulte ... .

CHAPITRE III

LA MISSION DU PEUPLE JUIF DANS LE PLAN DIVIN

Le refus de ses chefs talmudistes et kabbalistes en a fait le soldat de Lucifer ; son plan d'asservissement du monde par les hérésies, les sectes et la révolution

Étudions l'Histoire :

Dans le plan divin, sous l'Ancien Testament, le peuple Juif devait être, par excellence, le Peuple de Dieu comme la France sous le Nouveau était destinée à être Son Royaume privilégié.

C'est au regard de la théologie qu'il faut étudier le problème, ainsi que l'a fait — après tant d'autres — le Père Menvielle, car « il est aussi fondamental que l'Histoire elle-même ... Le peuple Juif est un peuple sacré, choisi par Dieu d'entre les peuples, pour accomplir la mission salvatrice de l'humanité, qui est de nous apporter dans sa chair le Rédempteur ».

« Unique lignage sacré de la terre. Et parce que lignage sacré, le seul qui doive se perpétuer à travers l'Histoire comme un témoignage charnel de Celui en qui sont bénis tous les lignages de la terre ... Le lignage Juif est le mystère de grandeur et de misère. Parce que ce lignage nous a apporté le Rédempteur, mais le Rédempteur placé comme pierre d'achoppement au monde, le Christ a été aussi (ce qui est juste) achoppement pour ce lignage qui apporta son Sang. Aussi, ceux de ce lignage qui ont cru en Lui sont devenus tronc et racine de l'olivier frondescent qui est l'Église. Ceux de ce lignage qui ont rejeté le Christ sont devenus cep et racine de la vigne qui ne porte plus que des raisins sauvages. (Isaïe, V, 4) »

« Ce peuple, devenu grand (uniquement) par Celui qui sort de ce lignage, se changera en misérable par le rejet volontaire qu'il fera du Christ ; pire encore : logiquement, théologiquement ce peuple juif, infidèle dans sa majorité à sa raison d'être — du fait et comme conséquence de cette infidélité — devait avoir pour mission nouvelle sacrée et diabolique (tout à la fois) de corrompre et de dominer tous les peuples ... et de devenir inéluctablement le soldat par excellence de Lucifer auquel, par son reniement, il s'était livré.

« Il importe de nous pénétrer de ce Mystère de Grandeur et de Perfidie du Juif. Le Juif qui n'adhère pas au Christ est (fatalement) un être d'iniquité, il est un être de perfidie et ne peut faire autre chose dans le cours de l'Histoire que de persécuter le Christ ... C'est son destin. Parce que la raison d'être de cette race, c'est le Christ ».

Il s'en suit donc que, depuis le Calvaire, « le monde a été livré à deux forces véritablement opposées : la force juive et la force chrétienne ... Tout ce qui n'est pas du Christ et pour le Christ se fait en faveur du Judaïsme. De là vient que la déchristianisation du monde va de pair avec sa judaïsation.

« Pourquoi ne peut-il y avoir que ces deux modes ? Parce que ce sont les seuls voulus par Dieu. Ce sont les seuls théologiques ».[5]

Le Juif qui s'est refusé à reconnaître le Christ comme le Messie devait donc inéluctablement tomber sous le joug démoniaque, luciférien, et devenir son plus puissant auxiliaire, son soldat le plus actif et le plus haineux. Tel est le problème.

---

[5] R. P. Menvielle, *Les Juifs dans le mystère de l'Histoire*, préface de la 3ème édition, et pages 19, 20 et 25 -27.

« Nul ne peut nier le fait qu'il a existé et qu'il existe toujours un problème juif. Depuis la répudiation d'Israël, il. y a mille neuf cents ans, les juifs ont été disséminés dans toutes les directions et, en dépit de toutes les difficultés et de toutes les persécutions dont ils ont été l'objet, ils se sont établis comme une puissance effective au sein de toutes les nations ».[6]

Il est donc normal qu'à partir de sa chute, le Juif se soit trouvé à l'origine de toutes les hérésies, comme à celle de toutes les sectes. L'Histoire le montre indubitablement et lui-même est le premier à le reconnaître.

Lors du Concile Vatican II, il a été distribué aux Pères Conciliaires une plaquette — à eux seuls réservée, *L'Action Judéo-Maçonnique dans le Concile*. Cette plaquette, cite des conversations tenues au cours d'une réunion secrète des B'nai B'rith, à Paris, vers 1935, et publiées à l'époque en Angleterre. Rappelons que l'Ordre des B'nai B'rith est un ordre maçonnique exclusivement composé de Juifs et qu'il est l'émanation directe du Pouvoir Occulte qui veut diriger le monde et, pratiquement, n'y a que trop réussi.

Citons cette plaquette, ou du moins ces conversations des B'nai B'rith :

« Tant que subsistera parmi les gentils une quelconque conception morale de l'ordre social, et tant que toute Religion, tout Patriotisme, toute dignité n'auront pas été liquidés, notre règne sur le monde ne pourra venir ... Nous avons encore un long chemin à suivre avant de pouvoir détruire notre principal opposant : l'Église Catholique.

« Nous devons graver en nos esprits que l'Église Catholique est l'unique institution qui s'est dressée et se dressera sur notre chemin aussi longtemps qu'elle existera. Par son travail méthodique et par ses enseignements éducatifs et moraux, l'Église catholique va maintenir chez ses fils une mentalité telle qu'elle les rendra beaucoup trop

---

[6] *Catholic Gazette*, février 1936, *The Jewish peril and the catholic Church*.

respectueux d'eux-mêmes pour qu'ils se soumettent à notre domination et au futur Roi d'Israël.

« Pour cette raison, nous nous sommes attachés à trouver le meilleur chemin pour attaquer efficacement l'Église dans ses fondements mêmes. Nous avons répandu l'esprit de la Révolution et du faux libéralisme parmi les nations des gentils afin de parvenir à les convaincre de s'éloigner de leur Foi et de les amener à avoir honte de professer les préceptes de leur religion et d'obéir aux commandements de leur Église. Nous avons amené bon nombre de ceux-ci (les gentils) à se transformer en athées, et qui plus est, à se glorifier de descendre du singe (les Darwinistes). Nous leur avons inculqué de nouvelles théories, en réalité impossibles à réaliser, telles que le communisme, le socialisme et l'anarchisme, qui, maintenant, servent nos projets. Les gentils, stupides, les ont acceptées avec grand enthousiasme, sans même se rendre compte que ces théories sont nôtres et qu'elles constituent notre plus puissant instrument contre eux-mêmes ...

« Nous avons couvert l'Église catholique des plus abominables calomnies. Nous avons falsifié son histoire et sali ses plus nobles activités. Nous lui avons imputé la méchanceté de ses ennemis et nous avons attiré ces derniers plus près, à nos côtés ... Nous avons transformé son clergé en objet de haine et de ridicule ... Nous avons réussi à faire considérer la pratique de la religion catholique comme un anachronisme et une perte de temps ...

« Et les gentils, dans leur stupidité, ont prouvé être plus bêtes que ce que nous pensions et espérions ... ils ne valent pas mieux qu'un troupeau de brebis. Laissons-les paître dans notre champ jusqu'à ce qu'ils soient assez gros pour être sacrifiés à notre futur roi du monde ...

« Nous avons fondé de nombreuses associations secrètes qui travaillent pour notre finalité, sous nos ordres et direction. Nous avons fait un honneur, un grand honneur aux gentils en leur permettant de se joindre à nous dans nos organisations qui, grâce à notre or, sont aujourd'hui plus florissantes que jamais. Maintenant, il reste dans notre secret que ces gentils qui, en s'unissant à nous, trahissent leurs propres et plus précieux intérêts, ne doivent jamais savoir que de telles associations sont de notre création et servent nos projets ...

« L'un des triomphes de notre franc-maçonnerie est que ces gentils qui arrivent à être membres de nos loges, ne peuvent jamais soupçonner que nous les utilisons pour construire leurs propres prisons sur les terrasses desquelles nous allons ériger le trône de notre roi universel d'Israël ; et jamais ils ne doivent savoir que nous leur faisons forger les chaînes de leur propre servitude à notre futur roi du monde ».

Et le rapport B'nai-B'rith continue :

« Nous allons maintenant exposer la façon dont nous avons avancé dans notre œuvre pour accélérer la ruine de l'Église catholique et comment nous avons pénétré dans ses plus intimes cercles, amenant même une partie de son clergé à se transformer en pionniers de notre cause ... »

... Nous avons pris des mesures pour provoquer une scission au sein de l'Église catholique. Permettez-moi de vous expliquer comment ceci fut réalisé.

« Nous avons poussé quelques-uns de nos fils à s'intégrer au corps catholique avec la mission explicite de travailler beaucoup plus efficacement pour la désintégration de l'Église catholique, en créant en son sein des situations scandaleuses. En cela nous avons suivi le conseil de notre prince des Juifs qui dit si sagement : Faites de quelques-uns de nos fils des cardinaux et des évêques pour qu'ils détruisent l'Église ...

« Nous sommes les pères de toutes les révolutions, y compris de celles qui parfois se tournèrent contre nous. Nous sommes les maîtres suprêmes de la guerre et de la paix. Nous pouvons nous enorgueillir d'être les créateurs de la Réforme ; Calvin fut l'un de nos fils ; il était d'origine juive et fut habilité par l'autorité juive et stimulé par la finance juive pour remplir son rôle dans la Réforme. »

« Martin Luther fut influencé par ses amis juifs, et son complot contre l'Église se vit couronné de succès, grâce au financement juif … »

« Grâce à notre propagande, à nos théories du libéralisme et à nos fausses interprétations de la liberté, les esprits de nombreux gentils furent préparés pour embrasser la Réforme ; ils se séparèrent de l'Église pour tomber dans notre piège. Et de ce fait l'Église catholique fut sensiblement affaiblie et son autorité sur les rois des gentils a pratiquement été réduite à rien. »

« Nous sommes reconnaissants aux Protestants … , de l'admirable appui qu'ils apportèrent dans notre lutte contre la puissance de la civilisation chrétienne et dans nos préparatifs pour l'avènement de notre suprématie sur le monde entier et sur les royaumes des gentils. »

« Nous avons réussi à détruire la majorité des trônes européens. Le reste suivra dans un très proche avenir. La Russie a déjà accepté notre règne. La France avec son gouvernement maçonnique se trouve en notre pouvoir. L'Angleterre dépendante de notre finance se trouve sous nos talons ; et notre espoir pour la destruction de l'Église catholique se trouve dans le protestantisme. L'Espagne[7] et le Mexique sont deux instruments en nos mains. De nombreux autres pays, y compris les États Unis d'Amérique, sont déjà soumis à nos plans.

« Mais l'Église catholique est toujours vivante … Nous devons la détruire sans merci et sans le moindre retard. La plus grande partie de la presse mondiale est sous notre contrôle ; faisons en sorte qu'elle excite

---

[7] Rappelons que ce document a été publié en 1936, donc avant l'arrivée au pouvoir du Général Franco qui a puissamment contribué à sauver la Chrétienté et a donné, à ce moment, un coup d'arrêt brutal à l'expansion du communisme et de la révolution, ce pourquoi nous lui devons notre vive reconnaissance et nos prières. Depuis sa mort ; le libéralisme et la démocratie ayant repris les rênes du pouvoir, la monarchie ne durera pas, le Pouvoir occulte y redevenant tout puissant.

violemment la haine du monde contre l'Église catholique. Intensifions nos activités pour empoisonner la moralité des gentils ; ceux-ci doivent être amenés à détester le patriotisme et l'amour de leurs familles, à considérer leur foi comme une honte, leur obéissance à l'Église comme une servitude dégradante, de façon à ce qu'ils deviennent sourds aux appels de l'Église et aveugles à ses avertissements contre nous ... »

« Rappelons-nous que tant que nos ennemis de l'Église catholique seront actifs, nous ne pourrons jamais devenir les maîtres du monde ... et rappelons-nous également que le futur Roi d'Israël ne règnera jamais sur le monde tant que le pape de Rome ne sera pas détrôné, de même que tous les autres monarques des gentils régnants sur la terre ».[8]

LE PLAN JUIF DE DOMINATION CONNU DEPUIS DES SIÈCLES

Sans doute, certains mettront en doute qu'il existe un plan du Pouvoir Occulte pour dominer le monde et détruire l'Église de Jésus-Christ. Ce plan est pourtant connu depuis des siècles par des documents juifs ; citons la réponse du Prince des Juifs de Constantinople, en date du 21 de Casleu 1489, aux Juifs d'Arles, envoyant l'avis des grands satrapes et rabbins, dont voici quelques passages : (*Revue des études Juives*, 1880) ;

« Faites vos enfants marchands, afin que, peu à peu, ils dépouillent les chrétiens des leurs (leurs biens) ... « Faites vos enfants médecins et apothicaires, afin qu'ils ôtent aux chrétiens leur vie ...

« Faites vos enfants chanoines et clercs, afin qu'ils détruisent leurs églises ...

---

[8] *L'action Judéo-Maçonnique dans le Concile*, p. 6 à 11 citant *Catholic Gazette*, de février 1936 (voir note 6 ci-dessus).

« Faites en sorte que vos enfants soient avocats et notaires, et que toujours ils se mêlent des affaires des États, afin que, en mettant les Chrétiens sous votre joug, vous dominiez le monde, et vous puissiez vous venger d'eux.

« Ne vous écartez pas de cet ordre que nous vous donnons, parce que vous verrez par expérience que, d'abaissés que vous êtes, vous arriverez au faîte de la puissance ».

Lutostansky, dans son ouvrage, aujourd'hui quasi introuvable, *Le Talmud et les Juifs*, publie le dessein du Serpent symbolique qui indique la réalisation progressive du plan juif d'asservissement du monde. Bostunic, à son tour, dans *La vérité sur les Protocoles Sionistes*, complète Lutostansky ; enfin Monseigneur Jouin, dans *Les Protocoles de 1901*,[9] le reproduit à son tour ; il modifie simplement une des dates, l'arrivée à Londres :

> Parti de Jérusalem, le serpent arrive successivement :
>
> à Athènes en 429 avant Jésus-Christ, à Rome, sous Auguste,
>
> à Madrid, en 1552,
>
> à Londres, sous Cromwell en 1648,
>
> à Paris, en 1789, 1801 avec la révolution,
>
> à Berlin, en 1871 avec l'établissement de l'empire allemand, à Petrograd, en 1881,
>
> à Moscou, Kiev et Odessa en 1905,
>
> à Constantinople, en 1910 avec les Jeunes Turcs

---

[9] Mgr Jouin, *Les Protocoles de 1901* de G. Butmi, pp. 152 à 160 et 206.

Enfin son retour à Jérusalem, en 1920, enserrant ainsi l'Europe, et par elle le monde, pour les mieux asservir et les étouffer dans ses anneaux lucifériens.

Monseigneur Landrieux, Évêque de Dijon, a publié en 1921 chez Lethielleux, un ouvrage fort documenté, *L'Histoire et les Histoires dans la Bible*. Il écrit :

« Deux faits sont avérés : d'une part, le peuple juif est le seul qui ait survécu, avec l'Église, à toutes les révolutions, à tous les cataclysmes, indestructible, insubmersible comme elle ; d'autre part, à toutes les époques, on a vu l'Anti-christianisme agriffé aux flancs de l'Église.

« Ce cheminement parallèle, à travers les siècles, de l'Antichristianisme et du Juif ne nous permet pas d'en inférer, sans autre preuve, que l'Antichristianisme est l'œuvre du Juif ; mais il donne pour le moins à réfléchir, surtout depuis que l'Histoire est sur la piste d'une influence occulte permanente, que trahissent partout son style et sa facture, dans une curieuse unité d'esprit, de plan et de méthode, et qu'il ne s'agit plus que de lui enlever son masque pour connaître son nom ... »

Le Talmud

Et l'éminent Évêque constate :

« Entre temps, la doctrine ésotérique des Pharisiens avait été consignée dans une volumineuse compilation, rédigée par les Chefs du Grand Conseil, à Tibériade d'abord, puis à Babylone, et qu'on appela le Talmud.

« Il devenait difficile, en effet, sinon impossible, de diffuser plus longtemps la pensée secrète de la Secte, au sein de tant de groupes épars par une simple initiation verbale.

« Il fallait un texte écrit.

« Œuvre de haine et d'impiété, le Talmud consacra définitivement l'apostasie du Judaïsme moderne.[10]

---

[10] Il y aurait une étude fort intéressante à faire sur l'origine de l'apostasie du Judaïsme. La langue des Hébreux avait une double signification, car chaque lettre correspondait à un nombre. Il est donc vraisemblable que par la science des nombres, on pourrait, semble-t-il, arriver à montrer que depuis Adam, en passant par Elie, Moise et d'autres Prophètes, directement inspirés et instruits par Dieu Lui-même, les grandes vérités éternelles se transmettaient de bouche à oreille et que c'est à dessein que Dieu désigna la race des Grands Prêtres et les Prophètes, afin que la tradition et ces Vérités ne soient ni perdues ni falsifiées. On devrait ainsi retrouver, depuis l'origine de l'Humanité, le dogme du Dieu **UN** en Trois Personnes (dogme de la Trinité), ainsi que la véritable chronologie de la Bible et même de l'Histoire du monde. Grands Prêtres et Prophètes étaient des initiés à la Science du Tétragramme, la Science par excellence d'Israël. Il est logique que tout l'Ancien Testament soit tourné vers le Christ Sauveur, Fils de Dieu, Dieu Lui-même, né d'une Vierge, Myriam — Marie. Il semble que cette vérité ait été conservée intacte jusque et y compris le Grand Prêtre Shiméon le Juste, mais qu'à partir de son successeur la lumière miraculeuse du Temple s'éteignit car, semble-t-il, la vérité se serait obscurcie ou aurait été reniée d'où en punition la grande tribulation de la captivité de Babylone et la prise de Jérusalem.
Les Abbés Joseph et Augustin Lémann, Israélites convertis, reconnaissent, à propos du Messie attendu, trois périodes dans l'histoire du peuple de Dieu après la ruine de Jérusalem en l'an 70.
Tout d'abord une période d'inquiétude : avec le Temple qui brûle, disparaissent les fameuses généalogies qui, conservées dans le Temple, avec un soin jaloux, servaient à distinguer la tribu de Juda de toutes les autres familles. À dater de cette perte commence pour les familles juives une situation de ténèbres, de confusion inextricable. Où est la famille de David de laquelle doit sortir le Messie : nul ne saura plus le dire.
2° Une période de désespoir et de silence, au cours de laquelle les Juifs, dispersés dans le monde, veulent conserver leurs coutumes au milieu des autres peuples, d'où « les GHETTOS ou juiveries, positivement voulues par les Juifs comme par les Chrétiens », c'est alors que « le rabbanisme, redoutant l'influence des controverses catholiques, prend alors une résolution désespérée, mais habile : celle d'interdire, d'étouffer et d'enterrer la question messianique » parce qu'ils sont obligés de reconnaître, comme le déclare rabbi Bava « Tous les termes qui étaient marqués pour la venue du Messie sont passés », d'où les « anathèmes » une deuxième mesure rabbanique plus radicale encore, fut de faire oublier la question messianique **en substituant, à l'étude de la Bible, l'étude du Talmud.**
3° Enfin la Période de rationalisme et d'indifférence, qui « regarde le Messie comme un mythe » ... « Le Messie, mais ce n'est pas une personne ! Voilà pourquoi nos pères l'ont attendu en vain durant quatre mille ans. Le Messie, c'est une idée, le Messie, c'est un règne, le règne universel du monothéisme ou de l'unité de Dieu et le règne universel de la fraternité et de la liberté des peuples ... Le Messie devient alors l'émancipation de 1789, la raison humaine parvenue à son état viril. Mais les Abbés Lémann prouvent que le Messie

« Il n'est pas, comme on pourrait le croire, une rallonge malvenue de la Bible, maladroite plutôt que malveillante : il en est la déformation systématique. Sous le couvert d'une interprétation sournoise, il la dénature et la discrédite, pour achever de ruiner la tradition et l'orthodoxie mosaïque. »

« L'Histoire Sainte », c'est-à-dire la notion de Dieu et de l'action de Dieu est noyée, maquillée, caricaturée dans un fouillis de fables ridicules, d'outrages et de blasphèmes ignobles contre Jésus-Christ et la Sainte Vierge. »

« Mais l'orgueil de la race, avec l'idée maîtresse de domination universelle, y est exaltée jusqu'à la folie, jusqu'au crime. »

« Pour le Talmudiste, l'humanité se réduit au Peuple Juif. Les non-juifs ne sont pas des hommes. Ils sont de nature animale, semence de bétail. Ils n'ont aucun droit. Les lois morales qui règlent les rapports des hommes entre eux, les préceptes du Décalogue n'obligent pas vis-à-vis d'eux, mais seulement entre juifs. Contre le Goy, tout est permis, le vol, la fraude, le parjure et le meurtre ».[11]

---

n'est ni un mythe, ni une idée et que le prétendre c'est briser avec toutes les traditions juives. *La Cause des restes d'Israël produite au Concile Œcuménique du Vatican sous la bénédiction de S.S. le Pape* Pie ix, pages 11 à 17.
Sur le Talmud l'étude et la traduction des Abbés Auguste Rohling et Maximllien de Lamarque, *Le Juif talmudiste* (1878 à Münster et 1888 en français aux Éditions Action et Civilisation à Bruxelles) est indispensable et montre à quel point les rabbins auteurs du Talmud ont volontairement fait dévoyer le peuple élu de sa mission, et l'ont poussé à des aberrations et à un racisme exacerbé défini par Isaac Blumchen dans son livre *Le Droit de la Race supérieure*, publié à Cracovie chez Isidor Nathan Goldhust en Mai 1914, de notre ère 5.674. Signalons aussi du même auteur *A nous la France*, traduit du yiddish en 1913. On ne peut que recommander également l'ouvrage d'Auguste Cavalier et P. d'Halterive, *Israël aux mystérieux destins* (1933) et celui de Flavien Brenier, *Les Juifs et le Talmud*, à la ligue anti-maçonnique, à Paris, en 1913.
[11] Mgr Landrieux, évêque de Dijon, *l'Histoire et les Histoires dans la Bible*, Paris, Lethielleux, 1921, p.8 et suite. Dans un tout autre domaine, il convient de citer également trois auteurs :

G. Butmi, qui a publié les Protocoles en 1901, cite le célèbre hébraïsant, Alexis Siméonovitch Chmakov, qui dans son ouvrage, *Les Juifs et la liberté*, écrit :

« Si le Talmud est l'âme du Juif (le Juif d'après le Christ, bien entendu), la Kabbale est celle du Talmud, et un vrai juif ne peut pas ne pas être Kabbaliste ».

Et Monseigneur Jouin ajoute :

« La Kabbale cependant a bien peu de rapport avec la doctrine de Moïse ; elle est un mélange de doctrines secrètes de Babylone et d'Égypte, déformées par les Juifs à leur façon, sous l'influence de leur haine pour le Christianisme. Éliphas Lévi, une autorité juive en cette matière dit que la haute magie, cachée sous le nom de Kabbale, et exposée dans les hiéroglyphes sacrés des anciens temples, de même que dans le rite peu connu jusqu'à présent de la Maçonnerie ancienne et moderne ... Les Associations Maçonniques lui devaient leurs mystères et leurs symboles ».[12]

Monseigneur Jouin constate que les frères G. et N. L. Butmi dans leurs ouvrages, *La Franc-Maçonnerie et la trahison de l'État* et *Les Juifs dans la Maçonnerie*, font « remarquer fort justement que, malgré les progrès de la science, les rabbins et les Juifs kabbalistes désireux de maintenir leur

---

- 1° Fernand Crombette, *La Révélation de la Révélation*, et les différentes études de cet auteur qui a eu l'idée de commencer la retraduction de la Bible par le copte, ce qui permet d'éclairer magnifiquement les parties restées obscures.
- 2° Jean-Gaston Bardet, *Le Trésor secret d'Ishraél*, et *ishraél connais ton Dieu*.
- 3° H. Brahy, *Le prophète Élie et la véritable chronologie de la Bible*, et *Le véritable secret de la Grande Pyramide de Kéops et du Grand Sphinx de Giseh*.

[12] Mgr Jouin, *Les Protocoles de 1901 de G. Butmi*, 1922 pp. 11, 12. Voir aussi Gougenot des Mousseaux, *Le Juif, le Judaïsme et la Judaïsation des Peuples chrétiens*, p. 514.
Faut-il rappeler que, pendant la Commune à Paris, en 1871 ; des révolutionnaires les gardes rouges d'aujourd'hui — montaient la garde devant l'Hôtel des Rothschild pour le protéger... ? Et que le Journal communiste L'Humanité, a été fondé par les juifs multi-millionnaires : Lévy-Brahm, Dreyfus, Élie-Rodriguez, Salomon Reinach, Blum, Casewitz, Lucien Herr, Sachsi.

pouvoir sur les esprits, se sont adonnés à la « Kabbale de gauche », c'est à dire à la magie, à la démonologie, à l'évocation des esprits, à la sorcellerie, au spiritisme, à toutes sortes de surexcitations maladives, afin d'asservir les esprits faibles qui ont perdu, pour une raison ou une autre, le bienfaisant appui de la Vraie Foi. On comprend que de telles études, loin de servir le vrai Dieu, conduisent directement à l'adoration des forces occultes et au culte du démon ».[13]

Les frères Butmi écrivent :

« La Kabbale de gauche, citée plus haut, est la base de la doctrine des Maçons, de même que de toutes les sociétés secrètes appelées à la vie par l'infiltration des Juifs dans les milieux chrétiens. Le but symbolique de la Maçonnerie est la reconstitution du Temple de Salomon, mais le but secret, qui est sous-entendu, est la destruction de l'Église Chrétienne et de tous les États Chrétiens, afin de remplacer la lumineuse foi chrétienne par les mystères obscurs de la Kabbale, et de soumettre tous les peuples chrétiens au joug kabbalistique des Juifs. Pour arriver à ces fins, la Maçonnerie, dès son installation dans tous les pays, pénètre par l'intermédiaire de ses agents, toutes les couches de la société, parvient à faire occuper les plus hauts postes de l'État (ajoutons aujourd'hui : et de l'Église, de toutes les Églises Chrétiennes) par ses membres ... et provoquer chez tous les peuples de l'Univers des émeutes, des insurrections, des révolutions. Elle propage, par tous les moyens, le mépris du devoir et de la Patrie ; la négligence envers la famille, envers la foi. La Maçonnerie s'efforce également d'obtenir, pour les Juifs, l'égalité des droits et l'établissement du gouvernement constitutionnel, sous l'étiquette duquel elle promet aux nations des bienfaits de toutes sortes ; ces bienfaits ne sont en réalité, que l'asservissement du peuple, de l'État, de l'Église enfin à cette Constitution Maçonnique, légalisée à Londres en 1720, par les statuts d'une société secrète anglo-juive, ayant pour but le culte du diable ».[14]

---

[13] Ibid note 12.
[14] G. Butmi : op. cit. pp. 28 à 30.

Et très justement Butmi ajoute (ceci dès 1901)

« Le sens du mot gauche, en latin sinistra, sinistre, macabre, est également digne d'attention, car le Christ a dit qu'au jour du jugement dernier, le Fils de Dieu mettrait à sa droite les brebis, c'est-à-dire ceux qui auront suivi Ses commandements, et à gauche, les boucs c'est-à-dire ceux qui auront rejeté Sa divine doctrine (Matt. XXV, 33) ; ainsi, la gauche signifie ceux qui rejettent le Christ, qui Lui sont hostiles, de même qu'à la vérité. Les partis conduits par les juifs, les Maçons ou autres hérétiques judaïsants se font appeler les gauches, afin de souligner aux initiés des mystères de la Kabbale leur hostilité envers le Christ et la Vérité, et leur adhésion au culte du diable et du mensonge. C'est de là que provient l'hostilité de tous les partis de gauche pour l'Église et leur adhésion aux Juifs, de même que la fausseté de leurs promesses et leur haine pour les partis de droite, partisans du Christ et de la Vérité ».[15]

Bernard Lazare, dans *L'Antisémitisme, son histoire et ses causes*, page 307, ose écrire :

> « **Sans la Loi, sans Israël pour la pratiquer, le monde ne serait pas ; Dieu le ferait rentrer dans le néant ; et le monde ne connaîtra le bonheur que lorsqu'il sera soumis à l'Empire universel de cette Loi** ». (C'est-à-dire à l'empire des juifs)

Citons la préface de son livre ; parlant de l'hostilité que les Juifs s'attirèrent de la part de tous les peuples et en tous temps, il écrit :

« Il m'a semblé qu'une opinion aussi universelle que l'antisémitisme, ayant fleuri dans tous les lieux et dans tous les temps, avant l'ère chrétienne et après, à Alexandrie, à Rome, et à Antioche, en Arabie et en Perse, dans l'Europe du Moyen-Âge et dans l'Europe moderne, en un mot, dans toutes les parties du monde où il y a eu et où il y a des

---

[15] IG. Butmi : op. cit. pp. 28 à 30. 16 id. pages 11 et 12.

Juifs, il m'a semblé qu'une telle opinion ne pouvait être le résultat d'une fantaisie et d'un caprice perpétuel, et qu'il devait y avoir à son éclosion et à sa permanence des raisons profondes et sérieuses ».

Et étudiant « les causes générales de l'antisémitisme » (dans son chapitre premier, il reconnaît : « **il faut donc que les causes générales de l'antisémitisme aient toujours résidé en Israël même et non chez ceux qui le combattirent** » et il conclue : « **parce que partout, et jusqu'à nos jours, le Juif fut un être insociable** ».[16]

Inassimilé parce qu'inassimilable le juif, reconnaît Bernard Lazare non seulement est un être insociable, Anarchiste, cosmopolite, agent révolutionnaire mais conservateur vis-à-vis de lui-même.

« Pourquoi était-il insociable ? Parce qu'il était exclusif, et son exclusivisme était à la fois politique et religieux, ou pour mieux dire, il tenait à son culte politico-religieux, à sa loi ... Partout ils voulaient rester juifs, et partout ils obtenaient des privilèges leur permettant de fonder un état dans l'État ... ».[17]

Ailleurs il poursuit, parlant du peuple juif :

« Peuple énergique, vivace, d'un orgueil infini, se considérant comme supérieur aux autres nations, le peuple Juif voulut être une puissance. il avait instinctivement le goût de la domination puisque par ses origines, par sa religion, par sa qualité de race élue qu'il s'était de tout temps attribuée, il se croyait placé au-dessus de tous. Pour exercer cette sorte d'autorité, les Juifs n'eurent pas le choix des moyens. L'or leur donna un pouvoir que toutes les lois politiques et religieuses leur refusaient. Détenteurs de l'or ils devenaient les maîtres de leurs maîtres, ils les dominaient ... ils entrèrent dans les sociétés modernes non comme des hôtes, mais

---

[16] id. pages 11 et 12.
[17] id. pages 11 et 12.

comme des conquérants ... ils firent la seule conquête pour laquelle ils étaient armés ... » (page 223)

« Le jour ou le Juif a occupé une fonction civile, l'État Chrétien a été en péril ... L'entrée des Juifs dans la société a symbolisé la destruction de l'État, de l'État Chrétien, bien entendu ». (id. p. 361)

Citons S. P. Chajès, un B'nai B'rith, dans *L'Almanach national Juif*, année 5682.

« Notre impérialisme est le seul qui puisse impunément défier les siècles, le seul qui n'ait pas à craindre de défaite, qui sans s'égarer et invinciblement marche à son but d'un pas lent mais ferme ».

L'un des chef du Judaïsme, Alfred Nossig, écrit dans *integrales Judentem* (*Le Judaïsme intégral*) :

« La communauté Juive est plus qu'un peuple au sens moderne politique du mot. Elle est la dépositaire d'une mission historiquement mondiale, je dirais même cosmique, que lui ont confiée ses fondateurs Noé et Abraham, Jacob et moïse ...

« Elle forme un noyau inconscient de notre être, la substance commune de notre âme ...

« La conception primordiale de nos ancêtres a été de fonder non une tribu mais un ordre mondial destiné à guider l'humanité dans son développement.

« Voilà le vrai, l'unique sens du choix des hébreux en tant que peuple élu ... Gesta naturæ per Judeos, voilà la formule de notre histoire ... Ordre spirituel destiné à guider le développement de l'humanité. (pp.1 à 5)

« Déjà approche le temps de la reconnaissance et de la fraternité des peuples. Déjà flambe à l'horizon l'aurore de NOTRE JOUR ». (id p. 21)

Et il précise, ce qu'il n'est pas inutile de méditer après l'arrivée au pouvoir des marxistes en France :

« Le socialisme et le mosaïsme ne sont nullement des programmes qui s'opposent. Entre les idées fondamentales des deux doctrines, il y a au contraire, une concordance frappante ... Le mosaïsme est le socialisme dégagé des utopies et de la terreur du communisme, ainsi que de l'ascèse du Christianisme ...

« Le mouvement socialiste moderne est pour la plus grande partie une œuvre des Juifs. Ce furent les Juifs qui y imprimèrent la marque de leur cerveau ...

« Le socialisme mondial actuel forme le premier stade de l'accomplissement du mosaïsme, le début de la réalisation de l'état futur du monde annoncé par nos prophètes.

« Ce n'est que lorsqu'il y aura une ligue des nations ... que nous pourrons espérer que les Juifs seront à même de développer sans entrave en Palestine leur état national.

« C'est pourquoi tous les groupes Juifs quels qu'ils soient, Sionistes ou adeptes de la Diaspora, ont-ils un intérêt vital à la victoire du socialisme ; ils doivent l'exiger non seulement par principe, non seulement à cause de son identité avec le mosaïsme, mais aussi par principe tactique ... » (68, 71, 74, 79)

Citons le *Jewish World*, du 9 février 1883 :

« Le grand idéal du Judaïsme n'est pas que les Juifs se rassemblent un jour dans quelque coin de la terre pour des buts séparatistes, mais que le monde entier soit imbu de l'enseignement Juif et que dans une fraternité universelle des nations ... un plus grand Judaïsme en fait — toutes les races et religions séparées disparaissent ... ils font plus par leur activité dans la littérature et dans la science, par leur position dominante dans toutes les branches de l'activité publique, ils sont en train de couler graduellement **les pensées et les systèmes non Juifs dans des moules Juifs** ».

Et aussi le discours prononcé à Prague, en 1869, par le rabbin Reichhorn sur la tombe du grand rabbin Siméon Ben Ihuda :

« Tous les cent ans, nous les Sages d'Israël, nous avons accoutumé de nous réunir en Sanhédrin, afin d'examiner nos progrès vers la domination du monde que nous a promise Jehovah, et nos conquêtes sur la chrétienté ennemie.

« Cette année, réunis sur la tombe de notre vénéré Siméon Ben Ihuda, nous pouvons constater avec fierté que le siècle écoulé nous a rapprochés du but et que ce but sera bientôt atteint.

« L'or a toujours été la puissance irrésistible. Manié par des mains expertes, il sera toujours le levier le plus puissant pour ceux qui le possèdent et l'objet d'envie de ceux qui ne le possèdent pas. **Avec l'or, on achète les consciences les plus rebelles, on fixe le taux de toutes les valeurs, le cours de tous les produits ; on subvient aux emprunts des états qu'on tient ensuite à sa merci.**

« Déjà, les principales banques, les bourses du monde entier, les créances de tous les gouvernements sont entre nos mains.

« L'autre grande puissance est la presse. En répétant sans relâche certaines idées, on arrive à les faire admettre comme vérité. Le théâtre1 rend des services analogues. Partout, le théâtre et la presse obéissent à nos directions.

« Par l'éloge infatigable du régime démocratique, nous diviserons les chrétiens en partis politiques, nous détruirons l'unité de leurs nations, nous y sèmerons le désordre. Impuissants, ils subiront la loi de notre banque, toujours amie, toujours dévouée à notre cause.

« **Nous pousserons les Chrétiens aux guerres**, en exploitant leur orgueil et leur stupidité. **Ils se massacreront** et déblaieront la place où nous pousserons les nôtres.

« La possession de la terre a toujours procuré l'influence et le pouvoir. Au nom de la justice sociale, de l'égalité, nous morcellerons les grandes propriétés. Nous en donnerons des fragments aux paysans qui les désirent de toutes leurs forces et qui seront bientôt endettés par l'exploitation. **Nos capitaux nous en rendront maîtres**. Nous serons à notre tour des grands propriétaires et la possession de la terre nous amènera le pouvoir. **Efforçons-nous de remplacer l'or par le papier-monnaie. Nos caisses absorberont l'or et nous réglerons la valeur du papier, ce qui nous rendra maîtres de toutes les existences.** Nous comptons parmi nous des orateurs capables de persuader les foules. Nous les répandrons parmi les peuples pour leur énumérer les changements qui doivent réaliser le bonheur du genre humain. Par l'or et par la flatterie, nous gagnerons le prolétariat. Celui-ci se chargera d'anéantir le capitalisme aryen. Nous promettrons aux ouvriers des salaires qu'ils n'ont jamais osé rêver, mais nous élèverons en même temps le prix des choses nécessaires, tellement que nos profits seront encore plus grands.

« De cette manière, nous préparerons les révolutions que les Chrétiens feront eux-mêmes et dont nous récolterons les fruits.

« Par nos railleries, par nos attaques, nous rendrons leurs prêtres ridicules et odieux, leur religion aussi ridicule et odieuse que leur clergé. Nous serons alors maîtres de leurs âmes. Car notre pieux attachement à notre religion, à notre culte, en prouvera la supériorité, ainsi que celle de nos âmes.

« Nous avons déjà établi des hommes dans toutes les situations importantes. Efforçons-nous de fournir aux goym, des avocats et des médecins. Les avocats sont au courant de tous leurs intérêts. Les médecins, une fois dans les maisons, deviendront des confesseurs et des directeurs de conscience.

« Mais, surtout, accaparons l'enseignement. Par là, nous répandrons les idées qui nous sont utiles et nous pétrirons les cerveaux à notre gré.

« Si l'un des nôtres tombe malheureusement dans les griffes de la justice, courons à son aide. Trouvons autant de témoignages qu'il en faut pour le sauver de ses juges, en attendant que nous soyons nous-mêmes les juges.

« À l'heure voulue, fixée d'avance, nous déchaînerons la révolution qui, ruinant toutes les classes de la société, nous asservira définitivement les Aryens ».

Citons enfin l'appel de Crémieux aux Juifs du monde lors de la fondation de l'*Alliance israélite Universelle* :

« L'union que nous désirons fonder ne sera pas une union française, anglaise, irlandaise ou allemande, mais une union juive universelle.

« D'autres peuples et races sont divisés en nationalités ; nous seuls n'avons pas de citoyens, mais exclusivement des coreligionnaires.

« En aucune circonstance un Juif ne deviendra l'ami d'un Chrétien ou d'un musulman avant qu'arrive le moment où la lumière de la foi juive, la seule religion de la raison, brillera sur le monde entier.

« Dispersés parmi les autres nations, qui depuis un temps immémorable furent hostiles à nos droits et à nos intérêts, nous désirons premièrement être et rester immuablement Juifs.

« Notre nationalité, c'est la religion de nos pères, et nous ne reconnaissons aucune autre nationalité.

« Nous habitons des pays étrangers, et ne saurions nous inquiéter des ambitions changeantes de pays qui nous sont entièrement étrangers, pendant que nos problèmes moraux et matériels sont en danger.

« L'enseignement juif doit s'étendre à toute la terre ; israélites ! Quelque part que le destin vous conduise, dispersés comme vous l'êtes sur toute la terre ; vous devez toujours vous regarder comme faisant partie du peuple élu.

« Si vous vous rendez compte que la foi de vos pères est votre unique patriotisme ;

« Si vous reconnaissez qu'en dépit de nationalités que vous avez adoptées vous restez et formez toujours et partout une seule et unique nation ;

« Si vous croyez que le Judaïsme est la seule et unique vérité religieuse et politique ;

« Si vous êtes convaincus de cela, israélites de l'univers, alors, venez, entendez notre appel, et envoyez-nous votre adhésion ».

LES PROTOCOLES DES SAGES DE SION

Il convient également d'étudier *les Protocoles des Sages de Sion*.[18] Roger Lambelin en donne l'origine :

---

[18] De nombreuses éditions ont été publiées dans de nombreux pays. Depuis le 10 août 1906 le *British Museum* en possède un exemplaire d'une seconde édition sous le numéro 3926 — D 17. Les Juifs en ont nié l'authenticité par intérêt ; mais rappelons le fameux procès de Berne — qui dura plus de quatre ans — dans lequel les juifs voulurent prouver la non-

« Les Associations sionistes tinrent un congrès à Bâle en 1897, et y jetèrent les bases d'un programme de conquêtes dont les succès précédemment obtenus justifiaient l'amplitude. Ce programme n'indiquait pas seulement des objectifs successifs à atteindre ; il préconisait aussi les méthodes à suivre, les règles tactiques à observer. Les diverses sections du congrès rédigeaient des procès-verbaux de leurs séances, appelés Protocoles, destinés à être communiqués à certains initiés et à conserver la trace de ces conciliabules secrets ».

Dans le compte-rendu de la première séance, il est déclaré, page 42 et 43[19] :

« Par la loi de nature, le droit réside dans la force.

« La liberté politique est une idée, non une réalité …

« L'idée de la liberté est irréalisable, parce que personne ne sait en user avec juste mesure … »

Dans la huitième séance la proclamation que le peuple juif est le peuple élu et que les non-juifs n'ont qu'une intelligence bestiale (p.65 — 66)

« Par notre influence, l'application des lois des Goïm s'est trouvée réduite au minimum ; leur prestige est miné par les interprétations libérales que nous y avons introduites. Les questions les plus importantes de principes politiques et moraux sont résolues par les tribunaux dans le sens que nous leur prescrivons ; ils jugent les procès du point de vue que nous leur faisons suggérer par des hommes de paille, par l'opinion de **la presse**, ou par d'autres moyens **auxquels nous n'avons pas l'air de participer**. Les sénateurs et l'administration

---

authenticité des Protocoles et qui se termina par l'échec complet de ceux-ci. Depuis lors la réalisation dans les faits des Protocoles est pratiquement achevée, c'est la meilleure preuve de leur authenticité.
[19] Toutes nos références et la pagination sont tirées des *Protocoles des Sages de Sion*, d'après Butmi et publié par la *Revue internationale des Sociétés Secrètes*, en 1934, qui est la seconde édition de celle de Monseigneur Jouin en 1922.

supérieure suivent aveuglément nos conseils et **nos indications**. Je vous donne ici une nouvelle preuve **de la pauvreté du cerveau bestial des goïm**, incapable d'analyse et d'observation et plus encore de prévoir les conséquences d'un tel état de choses.

« L'esprit des goïm est purement bestial : il voit mais ne prévoit point et ses inventions sont exclusivement d'ordre matériel. il découle clairement de tout cela que la nature elle-même nous a prédestinés pour diriger les goïm et gouverner le monde ; »

Dans la neuvième séance (p.66 à 69) :

« **En remaniant les lois dans un sens libéral, on s'habitue à y introduire de nouvelles exigences, ensuite l'inexécution de ces lois conduit au relâchement, puis à l'anarchie. C'est alors qu'étant fait souverains de l'univers, rois en réalité, quoique non couronnés, nous pourrons affirmer notre despotisme, déjà puissant parce qu'il est invisible, et, partant, irresponsable. Au lieu de nous incomber, la responsabilité appartiendra à ceux des représentants des peuples qui, inconsciemment, et bien entendu, sans en connaître le but, exécutent notre programme ... En cas de protestation contre nos ordres, ils seraient condamnés au repos éternel ...** » (et on rappelle la mort des présidents Carnot, Félix Faure et Mac Kinley envoyés ad patres par le couteau, le poison ou la balle).

« C'est grâce à la presse que nous avons ramassé l'or, **bien qu'il fallut parfois le prendre dans des torrents de sang et de larmes, mais la fin justifie les moyens**. Cette presse qui « incarne le triomphe de la liberté du caquetage ». « Il nous en coûte le sacrifice de beaucoup des nôtres, et **chacune de ces victimes vaut devant Dieu des milliers de goïm.** »

Dans la dixième séance (p.70 et 71) :

« Aux temps où les peuples considéraient leurs souverains comme une pure manifestation de la volonté divine, ils se soumettaient sans murmures à l'autorité des monarques, mais du jour où nous leur avons suggéré la notion de leurs propres droits, ils commencèrent à considérer leurs souverains comme de simples mortels, l'onction sacrée cessa d'être regardée comme divine par le peuple **auquel nous avons enlevé sa foi ; dès que nous eûmes ébranlé la croyance en Dieu le pouvoir fut jeté au ruisseau, il devint la propriété publique dont nous nous emparâmes. ... Nous sommes trop puissants**, il faut compter avec nous. Les puissances ne peuvent conclure le moindre traité sans que nous y participions secrètement. « Le Seigneur a dit : « Par Moi règnent les rois ». **Nos prophètes nous ont dit que nous avons été choisis par Dieu Lui-même pour régner sur toute la terre. C'est pourquoi Dieu nous a doués de génie. il faut que nous puissions mener à bonne fin notre tâche qui est la conquête du monde par des moyens pacifiques** ».

Et ils préconisent la corruption de l'opinion publique et la destruction de l'initiative personnelle en dressant les Goïm les uns contre les autres :

« Sur un tel terrain, l'inimitié des Goïm les amènera à se trahir entre eux à notre profit. La différence des points de vue est la meilleure créatrice des malentendus et des haines. Par ce moyen, **nous sèmerons les dissensions dans tous les partis ; nous désagrégerons toutes les forces collectives qui refusent de nous obéir et de se soumettre à nous, et nous découragerons toute initiative personnelle susceptible d'entraver notre œuvre** ...

« Tout cela, à la fin des fins, nous servira à lasser les Goïm à ce point que **nous les obligerons à nous offrir le pouvoir international, pouvoir qui, par ses tendances et sa préparation, est susceptible d'englober sans heurts toutes les forces gouvernementales du monde et de former un Supergouvernement** ».

Dans la onzième Séance (p.74 à 80) :

« Le plan du gouvernement doit résider dans un seul cerveau ... **Seul le Souverain doit le connaître, ses administrateurs doivent, sans les discuter, exécuter les parties qui leur en sont communiquées quand il est besoin ...** »

« Quand nous eûmes contaminé l'organisme gouvernemental par **le libéralisme, ce poison mortel**, tout l'ensemble de la vie politique des États fut modifié ; tous furent atteints d'une maladie mortelle : la décomposition du sang. Il ne reste plus qu'à attendre la fin de leur agonie.

« Le libéralisme engendre des gouvernements constitutionnels qui remplacèrent les autocraties. Une constitution n'est guère autre chose qu'une école de discorde, de querelles, de mésintelligence, de dissentiments, d'agitations stériles ; de tendances de partis, de tout ce qui sert à affaiblir l'activité de l'État.

« La tribune, comme la presse, a condamné les gouvernements à l'inaction et à l'impuissance ; par là même, ils devinrent inutiles ; c'est ce qui, dans beaucoup de pays déterminera leur chute. Il devint alors possible d'inaugurer l'ère républicaine ; nous remplaçâmes le représentant de la nation par sa propre caricature : un Président de République, pris dans la foule, au milieu de nos créatures, de nos esclaves ... Telle fut la première mine posée sous les États des peuples goïm

« Nous machinerons l'élection de présidents ayant dans leur vie un Panama quelconque ; avec ces tares dans leur passé, ils seront de fidèles exécuteurs de nos ordres, redoutant la révélation des dites tares et intéressés à conserver les privilèges du poste de président.

« La Chambre des Députés aura à élire, à protéger et à défendre les présidents, mais nous la priverons du droit de proposer des lois et de les modifier, car ce droit sera la prérogative du président responsable, dont le pouvoir deviendra, bien entendu, la cible de toutes les attaques ; mais nous lui accorderons pour se défendre, le droit d'en appeler directement à la décision du peuple (**C'est-à-dire d'avoir recours à un plébiscite**), sans passer par l'intermédiaire de ses représentants car le peuple, c'est-à-dire la majorité de la foule, est notre serviteur aveugle.

« Nous accorderons au président le droit de proclamer la loi martiale ; nous motiverons ce droit par le fait que le président, en tant que chef de toutes les armées du pays, en peut disposer pour défendre la constitution républicaine, dont la protection lui incombe, puisqu'il en est le représentant responsable.

« Il est évident que sous un pareil régime, la clef du Saint des Saints sera entre nos mains ; **sauf nous-mêmes, personne ne pourra diriger le pouvoir législatif.**

« De plus, on retirera à la Chambre le droit d'interpellation sur les mesures gouvernementales à prendre, sous prétexte de sauvegarder le secret politique, **secret dont le président aura la responsabilité** ...

« Nous obligerons de réduire à quelques mois la durée des sessions parlementaires permanentes. En outre le président de la république, en sa qualité de chef du pouvoir exécutif, aura le droit de convoquer ou de dissoudre les Assemblées parlementaires, et en cas de dissolution d'ajourner la convocation d'un nouveau parlement ...

« Le président de la République interprétera à notre gré celles des lois existantes qui peuvent être interprétées de différentes façons. Il pourra aussi les annuler en cas de nécessité ...

« Par ces moyens, nous annulerons, petit à petit tout ce que nous avons été contraints d'instituer jusqu'à présent et nous procéderons, lorsque sonnera l'heure de remplacer les gouvernements par notre pouvoir autocrate, à l'abrogation imperceptible de toute constitution.

« Il est possible que notre Souverain autocrate soit reconnu **Souverain de tout l'univers**, même avant l'abrogation des Constitutions. Cette reconnaissance peut avoir lieu au moment où les peuples, exaspérés par les désordres et la faillite morale de leurs gouvernements quels qu'ils soient, s'écriront : « Déposez-les tous, et donnez-nous **un seul chef, un Roi de l'univers, fut-il du sang de Sion**, qui saura nous unir et abolira les causes de nos discordes, à savoir : **les frontières, les nationalités, les religions et les dettes nationales** ; un roi, enfin, qui nous ramènera le calme et la paix que nous ne pouvons obtenir avec nos gouvernements et nos représentants **qui nous sacrifient toujours à leurs intérêts personnels.**

« ... Afin de pouvoir exprimer de tels désirs, il faut troubler sans cesse les rapports des peuples entre eux et avec leurs autorités gouvernementales. Tout le monde sera ainsi épuisé par les discordes, l'hostilité réciproque, les rivalités, et même par **le martyre et par l'extermination des peuples connus pour leur longanimité**, par la famine, par l'inoculation de maladies contagieuses, dont le contrepoison n'est connu que de nos savants, par la misère, afin que les goïm, n'entrevoyant pas d'autre issue, se rendent à notre domination financière et à celle de nos monopoles. Il ne faut pas leur laisser de répit ... »[20]

Dans la douzième Séance (pp. 80 à 82), sous le titre : *Les Bases de la nouvelle Constitution*, et avec comme sous-titre : *Moyens et détails de notre Révolution :*

« Nous nous occuperons des détails du plan, ce qui est indispensable pour effectuer **dans le sens qui nous est favorable**, le changement du mécanisme des machines gouvernementales.

---

[20] L'extermination a été tentée sinon réalisée par l'Allemagne d'abord, puis par la Russie Soviétique et l'inoculation de maladies contagieuses également par l'Allemagne lors de la première conflagration mondiale, donc, après la publication des Protocoles entrés à la National Galery à Londres en 1906.

« Éclaircissons les questions qui concernent la liberté de la presse, le droit des associations, la liberté de conscience, les droits électoraux et tant d'autres questions **qui devront disparaître du répertoire humain, ou bien, être radicalement modifiées dès le lendemain de l'avènement au pouvoir du Souverain international.**

« C'est à ce moment-là que, **d'un seul coup, il faudra promulguer tous nos décrets et les appliquer rigoureusement** ...

« Il nous est nécessaire qu'**au moment de son avènement**, à l'heure même de sa proclamation, **les peuples, encore ahuris par le coup d'État** et saisis par la stupéfaction et la terreur, comprennent que notre puissance est si invulnérable et si forte qu'en aucun cas nous ne compterons avec eux et ne prendrons en considération leurs protestations ou leurs avis ... il faut qu'ils sachent que nous avons pris d'un seul coup ce qu'il nous fallait du pouvoir lequel nous ne partageons avec personne. Alors de crainte et de terreur, ils fermeront volontairement les yeux et attendrons les événements ... »

Dans la treizième Séance (pp. 83 à 89) :

« La presse sert à exciter furieusement **les passions utiles à nos desseins** ou à l'égoïsme des partis.

Nous la musellerons définitivement ...

Et ils avouent les procédés qu'ils ont utilisé (page 88) :

« Il existe déjà de nos jours dans le journalisme une solidarité maçonnique qui a son mot d'ordre ... Aucun journaliste ne peut être du nombre des célébrités littéraires **si son passé ne garantit pas sa soumission à nos directives et à notre mot d'ordre**. La misère, la vanité, l'orgueil et autres défauts sont les gages de l'obéissance d'un journaliste qui court après le succès et la cause de la soumission à cette solidarité maçonnique en question. Ce sont là les clefs qui ouvrent l'entrée du domaine littéraire : Ce domaine est resté fermé à un certain nombre de grands esprits, qui insoumis à nos ordres, ne purent y pénétrer ».

Dans la quatorzième Séance (page 91) :

« Tant qu'il ne sera pas sans danger de confier des postes officiels en vue à nos frères juifs, nous les donnerons à des hommes dont le passé et le caractère sont tels qu'un abîme les sépare du peuple, et qu'au cas où **ils contrarieraient nos intérêts ou enfreindraient nos ordres, ils seraient exposés aux poursuites judiciaires ou à l'exil pour les abus dont ils se sont rendus coupables et que l'on découvrirait de sorte qu'ils seront obligés de défendre nos intérêts comme les leurs** ».

Dans la quinzième Séance (pp. 91 à 96) :

« Quand nous aurons conquis définitivement le pouvoir au moyen des coups d'État, préparés partout simultanément, pour le même jour ; après qu'on aura reconnu une fois pour toutes l'incapacité des gouvernements existants des Goïm ... Nous exterminerons toute graine d'insurrection et de conspiration contre notre gouvernement.

« D'abord nous exécuterons sans pitié tous ceux qui ne prendront pas les armes en faveur de l'établissement de notre pouvoir.

« **La fondation d'une société secrète sera punie de mort, tandis que les sociétés secrètes déjà existantes, qui nous sont connues et ont servi, seront dissoutes** ; nous exilerons sur des continents éloignés ceux des Maçons qui en savent trop long ... **ou bien, nous réduirons leur nombre ...**

« Nous leur avons fait enfourcher un dada, le rêve de substituer à l'individualité humaine l'**unité symbolique du collectivisme**. On peut compter à coup sûr qu'ils ne comprennent pas que cette idée suggérée par nous va à l'encontre de la loi fondamentale de la Nature qui, depuis la Création, enfante chaque être différent de tous les autres dans le but de donner à chacun son individualité. Le fait que nous avons pu amener les Goïm à un tel aveuglement prouve à quel point leur développement cérébral est comparativement inférieur au nôtre ; **leur cerveau est au niveau de celui des animaux ; c'est la preuve de notre élection** et c'est là ce qui nous donne la garantie du succès.

« Vous voyez par cet exposé combien nos Sages étaient clairvoyants lorsqu'ils élaboraient les plans d'asservissement des Goïm et nous donnaient cette maxime **de ne pas nous arrêter devant les moyens, nous recommandant de ne pas tenir compte du nombre des victimes sacrifiées à la réalisation de notre cause utile et sérieuse.** Nous n'avons pas compté les Goïm qui tombaient sur notre chemin, mais, en revanche, nous avons gardé les nôtres et leur avons donné dans le monde une situation à laquelle ils ne pouvaient même pas songer **au moment où nos Sages avaient composé un millier d'années d'avance un plan d'action**. Le nombre restreint de victimes que nous avons eu, malgré tout, à sacrifier parmi les nôtres, a sauvé notre race de la destruction.

« La mort est une fin inévitable pour chacun de nous ; mieux vaut la hâter pour ceux qui entravent notre œuvre que pour nos frères qui en sont les artisans ».

Dans la seizième Séance (pages 96 à 101) :

« ... Toute clémence est un relâchement permettant au criminel d'escompter l'impunité.

« Notre absolutisme sera logique à tous égards, et, partant inflexible dans tous ses règlements ... Nous supprimerons le droit d'appel ... un tel gouvernement a, sur les ignorants, le droit du plus fort. Il doit en user pour diriger l'humanité vers le régime désigné par la Nature elle-même, **celui de l'obéissance** ... Nous serons donc cet être supérieur : **le** plus fort ; nous le serons de façon absolu, sacrifiant, sans hésiter, tous ceux qui nuiront à nos plans ou enfreindront nos règlements, parce que la tâche éducatrice consiste à **exterminer le mal et toute opposition** par des châtiments exemplaires.

« Le jour où **le roi d'Israël, le roi de la maison de David, posera sur sa tête la couronne offerte par l'Europe, il deviendra le patriarche du monde ...** »

Dans la dix-septième séance (pages 101 à 103) :

« Nous mettrons bien en relief les erreurs des gouvernements des Goïm ; nous soulèverons contre eux un tel dégoût que les peuples préféreront la tranquillité et la paix dans l'esclavage aux droits de la fameuse liberté qui les a tant martyrisés durant des siècles et qui a épuisé les sources mêmes de l'existence humaine ...

« Nos philosophes discuteront et critiqueront toutes les lacunes des croyances des Goïm ; mais les Goïm ne pourront en user à l'égard de notre religion, car personne n'en connaît les secrets, **sauf nos talmudistes et nos rabbins, et ceux-là ne les trahiront jamais parce que c'est en eux que réside toute la force de notre pouvoir sur nos ouailles.**

« C'est surtout dans les pays dits avancés que nous avons créé une littérature stupide, ordurière et répugnante ...

Dans la dix-huitième séance (pages 103 à 106) :

« ... Ce qui concerne la politique n'est accessible qu'à ceux qui la dirigent depuis des siècles, **suivant un plan déterminé**, à ceux qui l'ont créée et mise en usage comme on le fait d'un char dans lequel on mène les gens qui ne savent pas où ils vont.

« Mais pour qu'ils ne s'adonnent pas trop au travail cérébral et ne soient pas entraînés à agir, nous avons organisé pour eux toutes sortes de lieux de plaisir qu'ils s'empressent de visiter ... . Nous détournerons ainsi définitivement les esprits de la discussion dont nous désirerons nous occuper exclusivement. Les hommes, se déshabituant de plus en plus d'avoir une opinion indépendante **dans les questions sociales**, se mettront à l'unisson avec nous, parce que nous serons les seuls à lancer des idées nouvelles, par l'intermédiaire de ceux avec lesquels nous ne semblerons pas être du même avis.

« Quand notre pouvoir sera reconnu et le gouvernement international établi, le rôle des utopistes sera terminé ; mais, pour l'instant, ils sont encore utiles, parce qu'ils orientent les esprits vers des théories fantastiques, soi-disant avancées, **et les détournent de la réalité. Nous avons réussi à tourner toutes les têtes par l'idée du progrès**. Il ne s'en est pas trouvé une seule chez les Goïm capable de s'apercevoir qu'il **n'y a qu'une seule vérité, qu'en tant que vérité, elle ne peut progresser** ; que le progrès est un éloignement de la vérité afin que personne ne puisse la connaître, **sauf nous, les élus de Dieu, les gardiens de la vérité** sur le mystère des relations humaines et de leur bien, de cette vérité que nous tenons cachée jusqu'au moment de notre victoire définitive et de notre conquête pacifique de l'univers.

« Qui donc se doutera ... que toutes ces erreurs ont été créées et machinées par notre programme éducatif, selon le plan politique élaboré par nos Sages, Salomon à leur tête, pour la conquête pacifique de l'univers au profit de notre couronne — celle de la maison du roi David.

« Il ne sera pas désirable pour nous que subsiste une autre religion que la nôtre, celle qui n'adore qu'un seul Dieu **a qui est lié notre destin et, par nous, le destin du monde entier**, puisque, d'après notre religion, nous sommes le peuple élu de Dieu. C'est pourquoi nous devons nous efforcer d'effacer de la terre, AVANT L'ARRIVÉE DE CE JOUR, toutes les autres religions ».[21]

Dans la dix-neuvième séance (pages 106 à 109) :

» **Au temps de notre règne**, dans le but de détruire toutes les forces collectives excepté la nôtre, nous commencerons par **rendre inoffensives les universités qui sont les premiers degrés du collectivisme**. Nous rééduquerons leur personnel dans un esprit nouveau ...

« Toutes les sources de l'enseignement seront centralisées entre les mains du gouvernement ...

« À présent que nous sommes en force, nous n'avons pas besoin de Goïm penseurs, mais il nous faut des travailleurs, ces matérialistes de tout temps, consommateurs avides de tous les biens terrestres ».

Dans la vingtième séance (pages 110 à 113) :

« Si pendant notre règne, nous avons à renforcer les moyens de protection de notre pouvoir, nous provoquerons un mécontentement simulé **dans divers groupements** ... C'est ainsi que nous aurons le fil pour motiver des perquisitions ... **Nous nous débarrasserons** ... **de nos adversaires**, en donnant pour raison qu'ils s'étaient rendus à l'appel d'agents provocateurs.

« Le prestige du pouvoir exige que chacun puisse se dire : « Si le Roi le savait ! ... » ou bien : « Le Roi le saura ».

« Bien entendu, nous avons prêché le contraire aux Goïm, et nous voyons bien maintenant **où nos conseils les ont conduits** ».

---

[21] C'est nous qui mettons en majuscules.

« Nous serons sans pitié pour les crimes politiques, car si nous admettons les circonstances atténuantes pour les crimes de droit commun, il n'y aura aucune excuse pour ceux qui s'occupent de questions auxquelles si ce n'est le gouvernement, nul ne peut rien comprendre ».

Dans la vingt et unième séance (pages 115 à 117) :

« Notre pouvoir sera glorieux parce qu'il sera puissant ... (il) sera l'arbitre de l'ordre dans lequel réside le secret du bonheur des peuples. Le prestige de cette puissance leur inspirera une adoration mystique ; ils s'inclineront devant elle ; la véritable force conserve toujours son droit ».

Et dans l'édition de Nilus : « UNE VRAIE PUISSANCE NE DOIT CÉDER DEVANT AUCUN DROIT, PAS MÊME DEVANT CELUI DE DIEU ».

Dans la vingt-deuxième séance (pages 117 et 118) :

« Le souverain qui remplacera tous les gouvernements aujourd'hui existant et agissant dans les sociétés démocratisées par nous, QUI ONT RENIÉ JUSQU'À LA NOTION DU POUVOIR DIVIN ET DU SEIN DESQUELLES SORT LE FEU DE L'ANARCHIE, notre souverain devra avant tout éteindre cette flamme dévorante ; **c'est pourquoi il sera obligé d'exterminer de telles sociétés** ...

« Cet élu de Dieu, chargé de mission divine, écrasera les forces insensées, guidées par l'instinct et non par la raison, par la bestialité et non par l'humanité ; ces forces qui se manifestent par le pillage et la rapine, sous le masque des principes de la justice et du droit.

« Ces mêmes forces ont détruit partout l'ordre social ; mais leur rôle ne sera terminé que le jour où, grâce à leur destruction, on pourra instaurer le trône du Roi d'Israël.

Dans la vingt-troisième séance (pages 118 à 120) :

« Je passerai aujourd'hui à la question des moyens à employer pour fortifier les racines dynastiques du Roi David[22] **jusque dans les couches les plus profondes de la terre**. Notre procédé consistera dans les mêmes principes qui ont assuré à nos Sages la direction de toutes les affaires mondiales, c'est à dire la direction de l'éducation de **la pensée humaine et l'organisation de toute la politique mondiale**.

« **Plusieurs membres de la famille de David seront préparés pour régner et pour gouverner les peuples. On préparera les Rois pour les peuples** et leurs successeurs seront choisis non par droit d'hérédité **directe**, mais en raison de leurs capacités. Ils seront initiés aux mystères les plus secrets de la politique, c'est à dire à nos plans de gouvernement, en prenant toute précaution pour que nul autre qu'eux ne les puisse connaître. La tâche de gouvernement ne peut être confiée à des non-initiés aux-dits mystères **et à l'art de les mettre en pratique sans que personne n'en pénètre le but** ...

« Les plans d'action du moment actuel, et à plus forte raison ceux de l'avenir, seront inconnus même des hommes qu'on appelle les proches conseillers de notre Roi qui, seul, avec ses maîtres, ses initiateurs, saura ce qui est préparé pour un avenir prochain.

« Tous verront le Souverain **maître de lui-même par son inébranlable volonté** ; il sera comme la personnification du destin **aux voies inconnues**. Nul ne sachant quel but visent les ordres du Roi, n'osera faire obstacle à **ce qui est préparé d'avance dans le secret**.

« **Je répète** qu'il est évidemment indispensable que l'intelligence du Souverain soit à la hauteur de la majesté du plan gouvernemental ; c'est pour cela qu'il ne montera sur le trône qu'après avoir été soumis par nos Sages à une épreuve intellectuelle. «

---

[22] Dans l'édition de Nilus, il y a : « pour qu'elle (la dynastie de David) puisse durer jusqu'à la fin des temps ».

Dans la vingt-septième séance (pages 140 à 145) :

« Nous avons enchaîné les peuples aux durs travaux par la misère plus fortement qu'ils ne l'avaient été jadis par le servage et l'**esclavage** dont ils parvinrent à s'affranchir tandis qu'ils ne sauraient se libérer de la misère. Les droits inscrits par nous dans la Constitution sont pour les masses purement fictifs et non réels. Ces droits sont l'expression d'une idée tout à fait impossible à réaliser.

« Qu'importe au travailleur courbé sous le poids de son labeur, ou au prolétaire opprimé par son sort que les bavards aient reçu le droit de pérorer, les journalistes le droit d'écrire toutes sortes de stupidités **à côté de questions sérieuses**, si le prolétariat ne tire de la Constitution d'autre profit que celui de ramasser les miettes de notre table, que nous lui jetons pour qu'il vote nos lois et élise nos agents. Les droits républicains sont pour le travailleur une amère ironie, car la nécessité du travail quotidien l'empêche en réalité d'en tirer aucun avantage, tandis qu'ils lui enlèvent la garantie d'un salaire fixe et assuré en l'obligeant à dépendre des grèves organisées tantôt par les patrons, tantôt par les camarades, **que nous excitons quand nous avons besoin de détourner les esprits des affaires courantes et d'introduire imperceptiblement quelques mesures qui nous soient favorables.**

« Sous notre direction, les peuples et les **gouvernements** ont exterminé l'aristocratie qui était leur appui, leur défense et qui — dans son propre intérêt — avait pourvu à leurs besoins. C'est pourquoi ils sont tombés aujourd'hui sous le joug de profiteurs enrichis et de parvenus qui pèsent sur le travailleur comme un fardeau impitoyable.

« Nous nous présentons comme les libérateurs des travailleurs en leur proposant d'**entrer dans les rangs de nos armées de socialistes, d'anarchistes et de communistes,**[23] que nous soutenons toujours au nom de notre prétendu principe de solidarité fraternelle, la Maçonnerie

---

[23] C'est nous qui soulignons.

sociale. L'aristocratie qui, de droit, bénéficiait du travail de l'ouvrier, avait intérêt à ce qu'il fut bien nourri, en bonne santé et vigoureux.

« Tandis que, au contraire, nous avons tout intérêt à voir **notre** ouvrier affamé et débile parce que les privations l'asservissent à notre volonté et que, dans sa faiblesse, il ne trouvera ni vigueur ni énergie pour nous résister.

« La famine confère au capital des droits plus puissants sur le travailleur que n'en a jamais conféré à l'aristocratie le Pouvoir du Souverain. Par la misère et par les haines qu'elle suscite, **nous manœuvrons les masses et nous nous servons de leurs mains pour écraser ceux qui nous gênent.**

« **Quand viendra l'heure du couronnement de notre maître universel, DE LA FAMILLE DE DAVID, ces mêmes mains balayeront tout ce qui pourrait lui faire obstacle ...**

« **Les hommes ignorant les exigences de la nature et l'importance de chaque caste voudraient sortir de leur milieu,** parce qu'ils ressentent de l'inimitié envers toute condition qui leur semble supérieure à la leur.

« Cette inimitié s'accentuera davantage lorsqu'éclatera la crise économique qui arrêtera les transactions financières et toute la vie industrielle. Cet événement jettera simultanément dans la rue et dans tous les pays d'Europe d'immenses foules de travailleurs.

« Vous comprenez avec quelle joie ils se précipiteront pour verser le sang de ceux qu'ils ont jalousés dès l'enfance.

« Ils ne toucheront pas aux Nôtres, parce que, connaissant le moment de l'attaque, nous prendrons des mesures pour nous défendre **comme nous l'avons fait au temps de la commune de Paris.** » où l'hôtel de Rothschild a été gardé par les révolutionnaires.

« Nous avons convaincu les Goïm que le progrès les conduirait au règne de la Raison. Notre Despotisme sera de nature à pouvoir pacifier par de sages rigueurs toutes les révolutions : il éliminera le libéralisme de toutes nos institutions.

« **À mesure que nous inculquions aux Goïm des idées de libéralisme**, les peuples s'aperçurent qu'au nom de la Liberté, le Pouvoir faisait des concessions ... ils se ruèrent contre le Pouvoir ; mais semblables à tous les aveugles, ils se heurtèrent à d'innombrables obstacles et se précipitèrent à la recherche d'un guide : **tombant entre nos mains**, ils déposèrent leur mandat **aux pieds de nos agents**.

« Depuis ce moment, nous les conduisons de déception en déception pour que finalement ils renoncent à tout en faveur du Roi despote, issu du sang de Sion, que nous préparons pour le monde.

« Actuellement, en tant que force internationale, nous sommes invulnérables : si un État goïm nous attaque, d'autres nous soutiennent. La bassesse illimitée des peuples goïm rampant devant la force, sans pitié pour la faiblesse et pour les moindres fautes et indulgents pour les crimes, refusant de se soumettre à un régime juste, mais patients jusqu'au martyre devant la violence d'un audacieux Despotisme, voilà ce qui nous assure l'invulnérabilité ...

« Le mot « liberté » met en conflit l'humanité avec toutes les puissances, même avec celles de Dieu et de la Nature. C'est pourquoi, à notre avènement au Pouvoir, nous devrons effacer le mot même de « liberté » du vocabulaire humain, comme étant le symbole de la force bestiale qui transforme les foules en fauves altérés de sang ... »

Enfin, dans la septième séance (pages 62 et 63) :

« Nous avons déjà pris soin de discréditer le clergé des goïm et de ruiner ainsi sa mission qui aurait pu nous être un obstacle. L'influence des prêtres sur les peuples va décroissant tous les jours.

« La liberté de conscience est partout proclamée, par conséquent il n'y a plus que quelques années qui nous séparent de l'effondrement de la foi chrétienne, **notre plus redoutable adversaire par ses théories sur le surnaturel et la vie future** ... Nous avons à ce point restreint le champ d'action du cléricalisme que son influence s'exercera **à rebours de ce qu'elle a fait jusqu'ici.**[24]

» **Quand sonnera l'heure de procéder à la destruction de la cour Pontificale, le doigt d'une main invisible indiquera aux masses le Vatican, et lorsque celles-ci se précipiteront à l'assaut** nous nous présenterons comme ses soi-disant protecteurs pour empêcher une trop forte effusion de sang. Cet acte nous ouvrira les portes ; **nous pénétrerons dans la place et nous n'en sortirons qu'après avoir sapé toute la puissance qu'elle contient.**

« **Le Roi des Juifs sera ce que naguère avait été le Pape. Il deviendra le Patriarche universel de l'Église internationale, INSTITUÉE PAR NOUS ...** »[25]

Enfin, (pages 148 à 151), après avoir décrit par le fameux serpent symbolique la conquête du monde par les chefs de Sion (à ne pas confondre avec le mouvement sioniste), le traducteur précise que les Procès-verbaux des séances et le tracé du plan « ont été soutirés des coffres secrets de la Grande Chancellerie Sioniste » (réalisation commencée depuis l'an 929 avant Jésus-Christ) et donne les précisions suivantes :

---

[24] C'est nous qui mettons en gras ; mais quand nous écrivons en majuscules c'est que le texte est souligné dans le texte des Protocoles.
[25] Ibid. note 24.

« Pour que cette marche se fasse sans entraves, les mesures suivantes ont été prises, afin de former et d'éduquer les Juifs pour que cette œuvre difficile soit habilement exécutée.

« Avant tout, on obtint, par des artifices, l'isolement des Juifs, afin que nul ne pénètre dans leur milieu et n'y surprenne les secrets de leur travail patriotique, si nuisible pour les pays qui les ont hospitalisés. On leur déclare, prophétiquement, qu'ils sont les élus de Dieu Lui-même pour posséder la terre comme un royaume indivisible, En outre, on leur inculque l'idée que seuls les Juifs sont les enfants de l'Éternel et qu'ils sont les seuls dignes d'être appelés des Hommes, que le reste des humains ne furent créés que comme bêtes de somme et des esclaves des Juifs, et que la figure humaine ne leur a été donnée que pour rendre leurs services moins dégoûtants aux Juifs, services nécessaires pour bâtir le trône de Sion sur tout l'Univers. (Voir Sanh., 91, 21 et 1051)

« En plus de cela, on les a persuadés qu'ils étaient des êtres supérieurs, sortes de surhommes, qu'ils ne pouvaient se marier à des représentants de la race du bétail qu'étaient les autres peuples, n'étant en comparaison avec les Juifs que des bêtes. De telles idées, enseignées dans les écoles publiques et secrètes, et dans les familles Juives, furent la cause de la haute opinion de leur supériorité sur le reste de l'humanité, la cause de leur propre divinisation, comme étant de droit les fils de Dieu. (Voir : Jihal., 67, 1 ; Sanh., 58, 2)

« Cet isolement des Juifs a été également aidé par le système du Kahal, qui oblige tout Juif de soutenir ses congénères, indépendamment de l'assistance que ceux-ci reçoivent de la section locale de Sion ...

« L'influence des idées citées plus haut détermina la vie matérielle des Juifs. Considérant tous les non-Juifs comme leurs bêtes de somme (Voir : Orach-Haïm, 14,1 ; Eben-Gaetzer, 44, 8-24 ; Iébamot, 98, 25 ; Xétubot, 3, 34 ; Sanhédrin, 74, 30 ; Kiduchin, 68) créées pour glorifier Sion, les Juifs les traitent comme des animaux ; ils regardent la propriété et même la vie de ces peuples comme leur propre bien et en disposent à leur gré, quand ils peuvent le faire impunément. Leur administration sanctionne ces actes par l'absolution de tous les crimes commis par les Juifs à l'égard des non-Juifs ; cette absolution a lieu le jour du Yom-Kipour (Nouvel An Juif) ; tout en les absolvant, on les autorise à en faire autant l'année qui commence. En plus de cela, voulant exciter l'intolérance et la haine de son peuple envers les autres, l'administration de Sion permettait, de temps à autre aux Chrétiens de découvrir certaines ordonnances du Talmud et créait ainsi l'antisémitisme. Les manifestations antisémites servaient la cause de Sion en attisant dans les cœurs des Juifs la haine contre les autres peuples et en provoquant chez quelques hommes, utiles à leur cause, la pitié envers une race, soi-disant, injustement persécutée ; ce sentiment a attiré beaucoup de personnes dans les rangs des serviteurs de Sion.

« L'antisémitisme, en persécutant et terrorisant la population juive (les chefs de Sion n'ont jamais souffert de l'antisémitisme, ni en ce qui concerne leurs lois, leur autonomie ou l'intégrité de leur institution), la maintenait dans la subordination à ses chefs qui ont su défendre à temps leur peuple, ce qui n'a rien d'étonnant, puisqu'ils ont lancé eux-mêmes contre lui les antisémites, comme des limiers, qui faisaient rentrer leur troupeau, le rendant obéissant et prêt à exécuter aveuglement les ordres de Sion. Mais le plus grand mérite de l'antisémitisme devant Sion est celui d'avoir dispersé le peuple juif dans tous les coins du monde, ce qui a permis de créer une union sioniste universelle. Actuellement, cette union a levé son masque, car elle a conquis la situation du Super-Gouvernement vers laquelle elle se dirigeait, manœuvrant à son gré, imperceptiblement, pour les non-Juifs, tous les fils qui relient les Chancelleries du monde entier. À présent, le trône solide est élevé pour Sion, il ne reste qu'à y faire asseoir le Roi d'Israël.

« Ce royaume n'aura pas de frontière, parce qu'il a su se situer internationalement ...

« … Le régime gouvernemental le plus souhaitable pour Sion est le régime républicain, parce qu'il laisse la pleine liberté d'action aux armées de Sion : aux anarchistes de la pensée et à ceux de l'action, appelés socialistes ».

La traduction de ces documents est indiquée : *Traduit du français, 1901, le 9 décembre.*

Quelles meilleures preuves d'authenticité des Protocoles d'une part que leur entière conformité avec tous les documents émanants des plus hautes autorités juives, et d'autre part que leur réalisation rigoureuse de la plupart des projets qui y étaient annoncés, depuis leur publication à date certaine par leur dépôt à Londres en 1906 ! …

Tel est l'effroyable tyrannie que le gouvernement Juif talmudiste mondial a la prétention de vouloir imposer au monde.

C'est clair, précis. Les illusions, devant ces textes, ne sont pas permises. Et pour y parvenir, on veut que les hommes deviennent des robots incapables de raisonner et qu'on pourra mener ainsi comme des moutons. Le Talmud ne dit-il pas que seuls les Juifs sont des hommes, que les autres ne sont que du bétail … et qu'en conséquence tout est permis à leur égard. On comprend alors la loi Veil sur l'avortement, puisque les petits chrétiens en gestation ne sont, à leurs yeux, que de futures petites bêtes sur lesquelles ils ont droit de vie et de mort …

De tous les documents qui précèdent et qui émanent des plus hautes autorités juives, il résulte donc qu'il y a péril extrême pour des Pays chrétiens à ce que des Juifs, s'ils sont talmudistes, ce qu'on ne peut jamais savoir, soient ministres ou occupent des postes importants dans les ministères comme aussi dans l'armée, l'affaire Dreyfus l'a montré.

Faut-il rappeler quelques noms de Juifs membres de précédents ministères : Blum,[26] Mendés-France, Debré, Stirn, Léo Hamon, Lionel Stoléru, Maurice Schuman, etc. ... Il serait fort utile d'étudier leur action. Il faudrait aussi rechercher les inspirateurs des lois les plus perverses et les plus dangereuses au point de vue national. Nous n'en citerons que deux : la loi Crémieux sur le divorce et la loi Veil sur l'avortement, sans oublier toutes les lois anti-cléricales inspirées par la Franc-Maçonnerie télécommandée par les Juifs, eux-mêmes inspirés par Lucifer ...

Rappelons qu'un des ministres socialistes actuels, Mexandeau, avait déclaré en 1977 à Tribune Juive, que si les traitements des professeurs et maîtres de l'Enseignement privé n'étaient plus assurés par l'État, du moins les écoles juives bénéficieraient d'un traitement de faveur ...

À l'étranger, mentionnons les faits suivants :

C'est le juif Princip qui a assassiné l'Archiduc Héritier François-Ferdinand d'Autriche.

C'est le juif Kerensky qui succéda à l'Empereur Nicolas II et ouvrit la voie aux Soviets. Il s'appelait Aaron Kirbiz.

C'est le juif Sverdlof qui, de Moscou, a commandé l'ignoble assassinat de la Famille Impériale de Russie à Ekaterinenbourg et que cette abominable boucherie a été exécutée par les juifs Yourovski et Golostcheguine.

C'est le juif Helphand, appuyé par le demi-juif Bethmann-Hollweg, qui a obtenu de Ludendorf la traversée de l'Allemagne en wagon plombé par Staline en vue de déclencher la révolution russe.

---

[26] C'est le juif Léon Blum qui conseillait la prostitution aux jeunes filles et prônait l'inceste dans son scandaleux ouvrage *Du Mariage*, qu'il prit soin de faire rééditer alors qu'il était président du Conseil en France.

Ce sont les juifs Bela Kun et Tibor Szamuelly qui étaient les chefs du sanglant bolchevisme hongrois. Ce sont les juifs Liebknecht, Rosa Luxemburg et Kurt Eisner qui dirigeaient le spartakisme allemand. Etc. ... En fait quinze millions de juifs — une race et une religion — dirigent le reste du monde pour leur seul profit ! Quelle disproportion !

Bernard Lazare, juif, reconnaît dans son livre sur *L'histoire de l'antisémitisme et ses causes* (page 135) :

« Partout ils voulaient rester juifs et partout ils obtenaient des privilèges leur permettant de fonder un État dans l'État ».

Ajoutons, pour éclairer les événements actuels du Liban et l'action du Gouvernement Begin en Israël que les chefs du judaïsme mondial ont toujours été plus ou moins hostiles à l'établissement d'un État Juif en Palestine. Citons le Jewish World, de février 1883 :

« Le grand idéal du judaïsme n'est pas que les Juifs se rassemblent un jour dans quelque coin de la terre pour des buts séparatistes, mais que le monde entier soit imbu de l'enseignement juif et que dans une fraternité universelle des nations — un plus grand Judaïsme en fait — toutes les races et religions séparées disparaissent.

« En tant que peuple cosmopolite les Juifs font plus. Par leur activité dans la littérature et dans la science, par leur position dominante dans toutes les branches de l'activité publique, ils sont en train de couler graduellement les pensées et les systèmes non juifs dans des moules juifs ».[27] Et ce pour aboutir au règne du Roi d'Israël et à son Gouvernement mondial, et donc pas seulement sur la petite Palestine ... qui constitue plutôt un obstacle à la réalisation du plan juif d'asservissement du monde entier ...

*

---

[27] Cité par Léon de Poncins dans *Israël destructeur d'Empire*, p. 94.

* *

Certains crieront à l'antisémitisme. Ce serait une erreur fondamentale. En effet, on ne doit pas confondre le peuple Juif avec les Kabbalistes, talmudistes et membres du Kahal car ceux-ci ont voulu, et n'y ont que trop réussi, détourner le Peuple Élu de sa mission divine et, malgré les Saintes Écritures qui ont annoncé et décrit le Christ, ont refusé de Le reconnaître comme le Messie annoncé et attendu, et ils ont inculqué à ce malheureux peuple trompé par ses chefs religieux l'idée de domination mondiale ... Que les Peuples Chrétiens se préservent de ce plan d'asservissement non seulement est légitime, c'est même leur devoir formel et absolu.

Par contre avoir la haine du juif en tant que Juif serait abominable et criminel.

Avec Charles Maurras, citons encore l'auteur Juif, Bernard Lazare, qui écrit dans son livre L'Antisémitisme, son histoire et ses causes, pages 168 et 169 :

« Les Juifs sont aux deux pôles de la société contemporaine. Ils ont été parmi les fondateurs du capitalisme industriel et financier et ils ont protesté contre le capital. À Rothschild correspondent Marx et Lassale. Au combat pour l'argent, le combat contre l'argent et le cosmopolitisme de l'agioteur devient l'internationalisme prolétarien et révolutionnaire ».

Après cet aveu de Bernard Lazare, Maurras constate :

« Le corps des nations contemporaines ainsi rongé en haut par l'argent, en bas par la révolution ces deux puissances juives jouent de concert. Elles jouent d'autant mieux que les Nations et les États sont moins unis, moins organisés, plus déprimés moralement ».

Et il conclue très judicieusement et avec une parfaite modération :

« **Il y a plus qu'un péril Juif : un Règne Juif**. La question doit être posée avec clarté, vigueur et calme.

Elle intéresse la liberté, l'ordre, le salut des nations ... »

Le journal Le Monde dans son éditorial du 12 Août 1982 relate les déclarations du premier Ministre Israélite, à l'occasion de l'inadmissible attentat de la Rue des Rosiers à Paris contre un restaurant juif et, avec raison critique fortement Monsieur Begin qui s'est dit : « **prêt à appeler la jeunesse de notre peuple, en France, à défendre la vie des Juifs et leur dignité** ». On ne savait pas, écrit Le Monde, que le premier ministre israélien se considérait comme responsable des tâches de police ailleurs que chez lui ... ou au Liban, et encore moins que les Français juifs ne devaient pas être considérés comme une partie du peuple de France, **mais d'un autre**. Faudra-t-il parler, après les querelles déjà tristes sur la double appartenance, de « **simple appartenance au profit de l'État juif ?** » Dans ce cas il conviendrait alors de revenir à la position occupée par les Juifs sous l'Ancien Régime où ils étaient « **Sujets Français, mais pas citoyens Français** » et n'avaient logiquement aucun pouvoir politique dans le pays. Les lois d'alors étaient sensées : elles reconnaissaient une nation juive, car une nation juive existait en réalité. Voilà ce qu'il ne faut point se lasser de répéter ».

Et il ajoute :

« La qualité de Français n'appartient pas de droit naturel à tout homme. L'humanité veut que nous assurions aux Juifs qui résident chez nous la sécurité, le respect, la bienveillance, la justice, avec toute l'amitié possible. Il n'est pas juste de décerner le titre de Français et le droit au gouvernement de la France à ceux qui ne sont pas en règle avec la nature et l'histoire des Français ... Il ne s'agit pas de flétrir une race. Il s'agit moins encore de persécuter ou de diffamer une religion, il s'agit de garder un peuple, le peuple Français, du voisinage d'un peuple qui, d'ensemble vit en lui comme un corps distinct de lui ... »

Saint Paul, qui fut l'apôtre par excellence des gentils, a eu une compréhension continuellement douloureuse du problème de ses frères de race, les Juifs. Il le dit textuellement dans son Épître aux Romains dans laquelle après avoir exposé la question : « Dieu a tout enfermé dans l'incrédulité afin de faire miséricorde à tous » ; puis il annonce leur retour : « Si leur faute a été la richesse du monde et leur diminution la richesse des païens, combien plus en sera-t-il de leur plénitude ! ... Si leur perte a été la réconciliation du monde, que sera leur admission, sinon une résurrection d'entre les morts ? ... »

L'action des Chrétiens doit donc être toujours inspirée et guidée par la charité et la prière afin que cesse leur incrédulité et qu'ils puissent être de nouveau entés. Les Catholiques doivent toujours se conformer au Décret du Saint Office en date du 25 Mars 1928 :

« L'Église Catholique, en effet, a toujours eu coutume de prier pour le peuple Juif, qui fut jusqu'à Jésus-Christ le dépositaire des divines promesses, nonobstant son aveuglement subséquent, voire à cause de cet aveuglement. Mû par la même charité, le Siège Apostolique a protégé ce peuple contre les vexations injustes, et de même qu'il réprouve toutes les jalousies et les inimitiés entre les nations, de même ou davantage encore condamne-t-il la haine à l'égard du peuple jadis élu de Dieu, à savoir cette haine qu'on à coutume de désigner à présent en langue vulgaire sous le nom d'antisémitisme ».

Le devoir formel et impérieux est donc de prier pour que les égarés soient éclairés et reviennent à la Vérité et, par amour de Dieu, de les aimer en Dieu. Et comme les dons de Dieu et les vocations attribuées par Lui sont sans repentance, le Créateur a suscité une branche de la Race de David, et donc de la Race même du Christ, pour protéger Son Église et assurer Son triomphe ... **C'est la mission de la Race des Rois de France.**

La meilleure preuve que nous ne sommes pas anti-sémite est que, catholique royaliste français, nous affirmons que la Race des Rois de

France est celle même de Notre-Seigneur Jésus-Christ et que c'est là le plus grand honneur de nos Rois. Or Notre-Seigneur était de race juive ! ... et que nous disons formellement que le devoir est de prier pour que les brebis égarées rentrent au bercail divin ...

Par contre, on comprend qu'à l'égard des juifs talmudistes et kabbalistes, Notre Seigneur ait déclaré à une stigmatisée, Marie-Julie Jahenny, le 18 Janvier 1881 :

« Dans Ma sagesse éternelle, J'ai le dessein de réserver la vie à un nombre immense de Juifs, car, au jour de Ma réjouissance, Je veux les confondre. L'œil impie de toutes ces âmes restera ouvert car Je veux qu'il voie Ma puissance ...

Je leur réserve de voir de leurs yeux l'**astre radieux que Je ferai sortir du fond de l'exil (le Grand monarque) sous un épouvantable orage de feu et sous les signes de ma colère** ».

*

* *

Chapitre IV

La Franc-Maçonnerie fondée et dirigée par le pouvoir juif

Passons maintenant plus spécialement à la Maçonnerie.

La Franc-Maçonnerie se compose, en fait, de deux organisations distinctes. En bas, et ignorant l'autre, la Maçonnerie symbolique composée des trois grades d'apprenti, compagnon et maître. Cette Maçonnerie-là n'a d'autre but que d'étudier ses membres pour y recruter ceux qui seront considérés par leur valeur, leur intelligence et leur dévouement comme susceptibles d'accéder à la Haute Maçonnerie et à ses grades supérieurs qui effectivement dirige la première, car c'est elle seule qui agit et se réunit en chapitres ou consistoires : maçonnerie essentiellement occultiste et qui touche au Luciférisme : on l'appelle celle des arrières loges. Son existence est prouvée par les articles 356 et 357 des *Statuts et règlements généraux de l'ordre maçonnique en France*.

Copin-Albancelli, dans *Comment je suis entré dans la Franc-Maçonnerie et comment j'en suis sorti*, raconte que le F∴ Amiable lui proposa d'entrer dans la Maçonnerie supérieure :

« J'eus à ce sujet, avec lui, une longue conversation au début de laquelle je commençai par hésiter, en raison du discrédit dans lequel sont tenus les hauts grades dans la Maçonnerie inférieure. Mais le F∴ Amiable m'expliqua que si on laissait les bas gradés se méprendre sur la véritable importance des hauts gradés, c'était par tactique, afin de n'éveiller ni leurs curiosités ni leurs inquiétudes ; mais qu'on se réservait de les instruire au moment voulu, s'ils étaient jugés dignes ».[28]

Pierre Virion écrit :

« Pour remonter à l'origine de courants ou de campagnes déversés sur le monde, il faut atteindre, autant qu'il est possible, jusqu'aux hautes maçonneries et à certaines sociétés occultes. Là, le jeu du secret et la pénétration des grades plus élevés dans les loges inférieures permettent de transmettre des consignes et d'irradier jusque dans le public des influences descendues de centres plus élevés. C'est un phénomène classique dans ces sociétés secrètes dont le propre n'est pas d'être nécessairement clandestines. Tout au long de leur histoire, les maçonneries ont été soumises à ce téléguidage ».[29]

La Franc-Maçonnerie, comme il a été vu précédemment, n'est que l'un des bras de la pieuvre dont la tête est le Pouvoir Occulte aux mains des Juifs, qui possèdent l'argent, et dont Lucifer est l'inspirateur, l'intelligence et le chef. Les rites maçonniques, nous l'avons vu également, sont inspirés de la Kabbale juive et c'est très justement que Monseigneur Meurin l'appelle la Synagogue de Satan, et avec non moins de raisons que la plupart des Papes, de Clément XII à Paul VI, et très spécialement Léon XIII dans l'Encyclique *Humanum genus*, ont formellement condamné la Franc-Maçonnerie et les diverses sectes et interdit aux catholiques d'en faire partie sous peine d'excommunication.[30] Nous y reviendrons par la suite. Pierre Virion continue :

---

[28] Chez Perrin à Paris, 1905, pages 61 et 62.
[29] Pierre Virion, *Les forces occultes dans le monde moderne*, p. 1 et 2.
[30] Condamnations des Sectes par les Souverains Pontifes :
— 1738, 28 avril, Clément XII, Encyclique *in Eminenti*, valable à perpétuité : « S'ils ne faisaient point le mal, ils ne haïraient pas la lumière … »
- 18 mai 1751 Benoît XIV, Encyclique *Providas*.
- 13 septembre 1821 Pie VII, Bulle *Ecclesiam a Jesu Christe*.
- 13 mars 1826 Leoni XII, Bulle *Quo graviora*.

« La Kabbale, la doctrine des Rose-Croix inspirèrent (les sectes) dès le début. Au XVIIIème siècle, le Swedenborgisme marque de son empreinte les loges Nord-Européennes, le Martinisme du juif Martinez Vesces et l'Illuminisme du juif Weishaupt.

Arrêtons-nous un peu à Weishaupt. Il écrit :

« Les Francs-Maçons doivent exercer l'empire sur les hommes de tout état, de toute nation, de toute religion, les dominer sans aucune contrainte extérieure, les tenir réunis par des liens durables, leur inspirer à tous un même esprit, dans le plus grand silence et avec toute l'activité possible, diriger tous les hommes sur la terre pour le même objet. C'est dans l'intimité des Sociétés Secrètes qu'il faut savoir préparer l'opinion ».[31]

- 4 mai 1829 Pie VIII ; Encyclique *Traditi humilitati nostræ*.
- 15 août 1832 Grégoire XVI, Encyclique *Mirari vos*.
- 9 novembre 1846 Pie IX ; Encyclique *Qui puiribus* et quatre autres condamnations. Bref, *Ex Epistola* qui déclare : « Ces sectes coalisées forment la Synagogue de Satan ». (26 octobre 1865)
- 20 avril 1884 Léon XIII, Encyclique *Humanum genus*.
- 1950 Pie XII, note rappelant aux évêques que les Canons 684 et 2335, qui excommunient, sans distinction de rit, tous ceux qui donnent leur nom à la Franc-Maçonnerie. Cela était une réplique au bruit qui courait selon lequel certain rit maçonnique n'était plus en opposition avec l'Église. (note publiée dans l'*Osservatore Romano*).

1974 Paul VI Lettre du Cardinal Seper, préfet de la Congrégation pour la Doctrine de la foi, au Cardinal Krol, Président de la Conférence épiscopale des États-Unis. Lettre publiée dans *La Documentation Catholique* du 20 octobre 1974.
On annonce que le nouveau Droit Canon supprime l'excommunication pour les catholiques entrant dans la franc-maçonnerie. Cela ne peut surprendre quand on a eu entre les mains une liste d'évêques francs-maçons publiée par plusieurs bulletins, notamment en Italie, et que dans cette liste se trouve l'actuel secrétaire d'état, Casaroli ... Cela vient confirmer tout ce que l'on dit sur l'entourage actuel du Saint Père, car cela constitue une trahison formelle et cela expliquerait — comme cela se chuchote, que Jean-Paul II, constatant qu'il ne peut plus gouverner l'Église, profite des voyages qu'on lui fait faire pour rappeler quelques vérités au peuple chrétien ...

[31] *Écrits originaux de l'Ordre et de la secte des illuminés*, 1787 à Munich, par l'Imprimeur de la Cour. Réédité par Henry Coston en 1979.

De son côté, Maurice Talmeyr, qui luttait contre la Franc-Maçonnerie, décrit la manœuvre et sa terrible efficacité : « Lorsque des hommes sont ostensiblement d'une secte ou d'une école, lorsqu'ils se reconnaissent pour en être, l'opinion est prévenue contre leur esprit de corps, elle est en garde. Mais des hommes que rien ne montre unis entre eux, qui ne savent pas eux-mêmes s'ils le sont, mais qui pensent et jugent de même sur tout, ces hommes-là réalisent précisément ce qu'il s'agit de réaliser, c'est à dire un consensus. Un consensus artificiel, un consensus fabriqué, mais qui semble spontané et qui impressionne fortement ».[32]

Et Weishaupt donne le mot d'ordre mensonger :

« Notre doctrine est cette doctrine divine telle que Jésus-Christ l'enseignait à Ses disciples, celle dont développait le vrai sens dans ses discours secrets :

« ... Il enseigna à tout le genre humain le moyen d'arriver à la délivrance ... Personne n'a frayé à la liberté des voies aussi sûres que notre Grand Jésus de Nazareth ... »

A-t-on jamais entendu parler des Discours secrets de Notre Seigneur ? Qu'a-t-il dit au Sanhédrin, Lui qui ne ment pas : « J'ai parlé ouvertement au monde ; J'ai toujours enseigné dans la Synagogue et dans le Temple où tous les Juifs s'assemblent et Je n'ai rien dit en secret ».

Voilà comment ces gens-là écrivent l'Histoire et la falsifient. Menteurs, ils ne sont que cela. Lucifer, leur chef, n'est-il pas le père du mensonge ? ...

Par manque de raisonnement et de foi, trop de chrétiens se laissent impressionner par leurs mensonges.

---

[32] Maurice Talmeyr, *Comment on fabrique l'opinion*.

La Franc-Maçonnerie dans l'Histoire de France

Étudions plus spécialement l'action du Pouvoir Occulte et de la Franc-Maçonnerie dans l'Histoire de France.

En 1715, à la mort de Louis XIV, et malgré le Testament du Roi, le duc d'Orléans, un débauché sans convictions religieuses, usurpe la Régence de l'Enfant-Roi et laisse les incrédules et les libertins préparer le terrain aux Sociétés Secrètes. Pour la première fois, au Sacre de Louis XV, âgé de cinq ans, donc ce n'est pas lui qui est responsable, la Consécration du Royaume à saint Michel n'est pas renouvelée ; dès lors la porte est ouverte à Lucifer et à ses suppôts ; le résultat ne se fait pas attendre.

1717, à Londres, se réunissent les délégués de toutes les sectes secrètes : kabbalistes juifs, alchimistes, rose-croix, débris des Templiers, occultistes, etc. ... Le Gouvernement Anglais, appuyé par le Gouvernement Prussien, gagnés tous les deux, protestants qu'ils sont, aux projets criminels du Pouvoir Occulte, fonde, dans toute l'Europe, entre 1725 et 1750, les loges maçonniques où se préparera le travail secret destiné à saper les Gouvernements des Puissances Catholiques qui doivent être renversés, et à diriger les autres dans le sens voulu par Lucifer.

La langue française, étant la plus universellement répandue parmi tout ce qui pense, va servir de canal pour pervertir les élites dans le monde : les francs-maçons Voltaire, d'Alembert, Diderot, etc. ... tous imprégnés des doctrines lucifériennes, composent l'Encyclopédie. Leur travail de trahison leur est grassement payé. Le franc-maçon Voltaire, qui eut l'audace de féliciter Frédéric II de sa victoire contre la France, recommande à ses amis : « Mentez, mentez sans cesse, il en restera toujours quelque chose ! » et il se vante « d'écraser l'Infâme » et, pour lui, l'Infâme, c'est Dieu !

Diderot, de son côté, écrit en 1768 : « Le genre humain ne sera heureux que quand on aura étranglé le dernier roi avec les boyaux du dernier prêtre ! »

Un futur conventionnel, Mercier, dans un ouvrage aujourd'hui introuvable, L'an 2.440, écrit dans le chapitre intitulé, Pas si éloigné qu'on le pense : « La Souveraineté absolue est abolie par les États Généraux, la Monarchie n'est plus, la Bastille est renversée, les monastères sont abolis, les moines mariés, le divorce permis, le Pape dépossédé de ses États. O, Rome, que je te hais … »

Ainsi, dès la fin du règne de Louis XV, toute la Révolution est annoncée. Quand Louis XVI monte sur le Trône, la Maçonnerie, par l'intermédiaire de Turgot, cherche à dissuader le Roi de se faire sacrer afin de séculariser la Royauté Très Chrétienne, et, comme ce dernier maintient la cérémonie essentielle qui fait du Roi de France le Représentant de Dieu sur terre dans l'ordre temporel et le premier des Souverains, le Pouvoir Occulte fait afficher sur les murs de Reims, le jour du Sacre, la menace suivante :

« Sacré le 11, massacré le 12 ». Et d'Alembert écrit au Roi de Prusse son dépit de voir que la philosophie n'est pas encore assez puissante pour empêcher cette cérémonie.

La secte redouble d'efforts : pour décerveler les esprits, elle fonde partout des Sociétés de lecture et de pensée, et fait imprimer à Londres et en Hollande d'innombrables pamphlets et libelles contre la Royauté et l'Église que ses affiliés distribuent secrètement jusque dans les campagnes. Après la mort du Cardinal de Fleury, qui avait vu clair dans son jeu, elle pousse ses créatures dans les postes les plus importants. Bientôt de nombreux ministres font partie des Loges, le clergé et jusqu'à des évêques sont affiliés ; la censure des livres est dirigée par un initié et, pour se procurer les fonds nécessaires à sa propagande luciférienne, la secte réussit à faire nommer à la garde du Trésor Royal un de ses membres : Savalette de Lange.

Dès 1781, dévoilant douze ans à l'avance le culte de la déesse raison et la profanation dont la basilique sera l'objet, le Père Beauregard, à Notre Dame de Paris, s'écrie :

« Oui, c'est au Roi et à la Religion que les philosophes en veulent ; la hache et le marteau sont dans leurs mains ; ils n'attendent que l'instant favorable pour renverser le Trône et l'autel ... Et, toi, divinité infâme du paganisme, impudique Vénus, tu viens ici même prendre audacieusement la place du Dieu vivant ... »

Les Convents de Wilhemsbad, en 1782, et de Francfort, en 1786, décrètent l'assassinat de Louis XVI, si bien qu'en 1789, à l'ouverture des États Généraux, Mirabeau, l'un des hauts initiés, désignant le Roi du doigt, dira tout haut : « Voilà la Victime ! »

Au retour du Convent de Francfort, le Comte de Virieu, enfin désabusé, dira :

« Je ne vous révélerai pas ce qui s'est passé. Ce que je puis seulement vous dire c'est que tout ceci est autrement sérieux que vous ne pensez. La conspiration est si bien ourdie qu'il sera, pour ainsi dire, impossible à la Monarchie et à l'Église d'y échapper », et il se retira aussitôt de la secte dès qu'il comprit qu'elle poursuivait la ruine de la Religion, le déshonneur de la Reine et la mort du Roi.

Mirabeau a dit que la Maçonnerie connaissait « le caractère, la justesse d'esprit et la fermeté de la Reine » aussi, ajoute-t-il : « C'était donc elle qui serait le premier objet de l'attaque comme la première et la plus forte barrière du Trône et comme la sentinelle qui veille de plus près à la sûreté du Monarque ».

De fait, la secte monte alors de toute pièce l'Affaire du Collier pour déshonorer la Reine dans l'opinion publique et discréditer du même coup la Monarchie et l'Église. L'historien Funck-Brentano prouve irréfutablement l'innocence de la Reine Marie-Antoinette et ajoute :

« La vertu même de la Reine, sa pureté leur étaient une insulte et c'est cette pureté qu'ils s'efforcent de détruire aux yeux du peuple. Mais, dès lors, la brèche est ouverte dans le « front populaire de la Monarchie ».

Soutenue par les subsides du futur citoyen Égalité, Philippe d'Orléans, comme aussi par ceux du Comte de Provence, la Maçonnerie répand à profusion des pamphlets et des libelles infâmes contre la Reine, pendant que les Cagliostro, Saint-Germain, Balsamo et autres agents du Pouvoir Occulte achèvent de tourner les têtes par le spiritisme, tout comme, de nos jours, ils déboussolent les esprits avec les Adventistes, les Témoins de Jéhovah, l'hindouisme, les sectes comme celle de Moon et autres, et depuis peu le Pentecôtisme, le Charismatisme, etc. ... sans oublier tous les groupements lucifériens sur lesquels nous allons revenir.

Le travail de perversion générale des esprits étant suffisamment avancé, le Grand-Orient, en juin 1788, envoie à toutes les loges de province les Instructions secrètes pour déclencher la révolution en 1789.

« Aussitôt que vous aurez reçu le paquet ci-joint, vous en accuserez réception. Vous y joindrez le serment d'exécuter fidèlement et ponctuellement tous les ordres qui vous arriveront sous la même forme, sans vous mettre en pensée de savoir de quelle main ils partent ni comment ils vous arrivent. Si vous refusez ce serment ou si vous y manquez, vous serez regardé comme ayant violé celui que vous avez fait à votre entrée dans l'Ordre des Frères. Souvenez-vous de l'AQUA-TOPHANA ; souvenez-vous des POIGNARDS qui attendent les traîtres ! »

« À ce moment, il y a 629 loges en France, dont 63 à Paris, 442 en province réparties dans 282 villes, 39 aux colonies et 69 dans l'Armée et la Marine, qui, toutes, obéissent au même mot d'ordre secret.

« Ce sont les loges qui préparent les élections aux Assemblées des Notables et qui, ayant obtenu la convocation des États Généraux, rédigent les Cahiers de doléance, tous dans les mêmes termes en

Bretagne comme en Bigorre, en Dauphiné comme en Alsace ou dans l'Ile de France, et font élire les initiés : sur 605 députés, 477 sont francs-maçons. Un peu plus tard à la Convention, 27 prêtres apostats siégeront ![33]

« La prise de la Bastille devait être le signal de la Révolution. Alors on put assister à ce spectacle :

« Les Français d'alors semblent obéir à une sorte d'harmonie pré-établie qui leur fait faire les mêmes actes et prononcer les mêmes paroles partout, en même temps, et qui connaît les faits et gestes de tels bourgeois du Dauphiné ou de l'Auvergne, sait l'histoire de toutes les villes de France au même moment ».[34]

Partout le mot d'ordre maçonnique s'exécutait.

Avec emphase, les manuels scolaires parlent de la « bataille de Valmy » comme d'une victoire héroïque qui a changé la face du monde ! Que fut-elle en réalité : une ample comédie, un simulacre de bataille organisé et arrêté d'avance entre le duc de Brunswick, grand-maître de la franc-maçonnerie allemande (qui commandait l'Armée Prussienne à cette pseudo-bataille) et Mirabeau, un des chefs de la Maçonnerie en France. Pour l'exécution de son plan la secte avait besoin de proclamer à tous les échos du monde que les petits soldats de l'An II avaient héroïquement vaincu la vieille Garde de Frédéric II ! Comédie qui serait bouffonne si les résultats n'en avaient été aussi tragiques pour la France et pour le monde.

Une des devises de la Maçonnerie était : « Lilia destrue pedibus ! » et lors de la cérémonie initiatique de l'un des hauts grades de la secte, celui de Chevalier-Kadosch, le récipiendaire devait jurer haine à la Papauté et à la Royauté (française) et plonger un poignard dans le cœur de deux

---

[33] de la Franquerie, *La Mission Divine de la France*, pp. 154 à 158.
[34] Augustin Cochin & G. Charpentier, *La campagne électorale de 1789 en Bourgogne*.

mannequins couronnés, l'un d'une tiare et l'autre de la Couronne de France.

Le Manuel d'histoire de la Franc-Maçonnerie Française, reconnaît : « La Société des Jacobins, qui a été le grand auteur de la Révolution Française, n'était que l'aspect extérieur de la Loge Maçonnique ». (p. 41)

Toute la révolution est essentiellement maçonnique et donc satanique, luciférienne.

« On ne saurait mettre en doute que la Révolution, qui fit tomber la tête du Roi n'ait voulu abattre le principe de l'Autorité Divine ».[35]

C'est ce que reconnaît le Pape Pie VI, futur martyr, lui aussi, de la Révolution, dans son Allocution sur le Martyre de Louis XVI :

« Après avoir aboli la Monarchie, le meilleur des gouvernements, (la Convention Nationale) avait transporté toute la puissance publique au peuple, qui ne se conduit ni par raison, ni par conseil, ne se forme sur aucun point des idées justes, apprécie peu de choses par la vérité … .

« Qui pourra jamais douter que ce Monarque n'ait été principalement immolé en haine de la Foi et par un esprit de fureur contre les dogmes catholiques ».

L'abbé Joseph Lémann écrit très justement dans *La Prépondérance juive*, (pages 1 et 2) :

« Deux faits d'une incalculable gravité se juxtaposent au début de la Révolution française : le renvoi du Christ et l'admission des Juif …

« Premier fait historique : **Le Christ rejeté en tête de la déclaration des droits de l'homme ;**

---

[35] Abbé Auguste Delassus, Louis XVI *et sa Béatification*.

« Second fait historique : **Les Juifs admis dans la société, en vertu de cette même déclaration des droits.**

« Ces deux faits, enchaînés l'un à l'autre, rappellent un contraste douloureux du passé ; la préférence donnée à Barrabas sur Jésus ; conséquemment l'échange de Barrabas contre Jésus, puisque l'auguste fils de David appartenait, en propre, au peuple d'Israël, par Son sang, Ses miracles, Son patriotisme. Ils rappellent cette préférence, cet échange ; hélas ! Ils devaient aussi faire entrer le peuple français dans des phases de déception, de décadence et d'appauvrissement, où les Juifs ont marché les premiers ... »

Par l'assassinat monstrueux de son Roi, la France a renié le Pacte plus que millénaire qui la liait au Christ. Le Pouvoir Occulte avait réalisé la première partie de son plan luciférien : elle avait proclamé les Droits de l'Homme, lesquels, dit le Cardinal Pie, ne sont que « la négation formelle des Droits de Dieu »[36] et jeté bas le plus puissant appui et le rempart temporel de l'Église de Jésus-Christ !

La Révolution dite française ! Permit à Lucifer de poser des jalons très importants et de répandre en Europe, puis dans le monde, les principes de mort qui logiquement devaient lui permettre, à plus ou moins longue échéance, de réaliser son but.

*

* *

LES HAUTS INITIÉS DU POUVOIR OCCULTE À LA TÊTE DES GOUVERNEMENTS

---

[36] Le Cardinal Pie, lors de l'audience que Napoléon III lui accorda le 14 mars 1859.

Au XIXème siècle, le Pouvoir Occulte va placer ses adeptes à la tête de la plupart des Gouvernements.

En France, il fait tomber la Monarchie en 1830 et instaure une Monarchie usurpatrice avec un Orléans qui n'est plus le Roi de France mais devient roi des Français ; puis un carbonaro, le second Napoléon ; enfin le pire : la république, incarnation de la haine de Dieu.

En Angleterre, les premiers Ministres Palmerston, puis le juif Disraéli.[37]

---

[37] L'Angleterre a toujours été le principal ennemi héréditaire de la France et le roi d'Angleterre se permettait de s'intituler Roi d'Angleterre et de France. Sans remonter jusqu'à Jeanne d'Arc, ni même jusqu'au siège de La Rochelle sous Louis XIII, ouvrons l'Histoire à la fin du règne de Louis XIV. Quatre ans après avoir signé la paix avec la France au Traité de Ryswick, qui termine la Guerre de la Ligue d'Ausgsbourg. À l'occasion de l'affaire de la Succession d'Espagne, la perfide Albion rompt la paix, et devient l'âme de la coalition contre la France qu'elle veut abattre définitivement et qui se terminera par les traités d'Utrecht et de Rastadt qui permettront au Protestantisme de porter un coup terrible aux puissances catholiques. Avant la conclusion de la paix, successivement disparaîtront

- le 14 avril 1711, le Grand Dauphin ;
- le 18 février 1712, le Duc de Bourgogne, fils aîné du précédent ;
- Fin 1712, le duc de Bretagne, fils aîné du précédent ;
- 1714, le duc de Berry, troisième fils du Grand Dauphin, qui, par suite de la mort de son frère aîné, et de la renonciation de son frère cadet, le duc d'Anjou, devenu Roi d'Espagne, était le régent présomptif du futur Louis XV ;
- 1715, Louis XIV, qui tombe subitement malade et meurt quelques jours après.

Sans en avoir la preuve, on peut se demander si ces morts, celle du Roi et de trois héritiers de la Couronne sont naturelles ou si, plus vraisemblablement, elles n'ont pas été provoquées. D'autant plus que lors des Apparitions de la Sainte Vierge à Benoîte Rencurel, au Laus, de 1684 à 1709, l'ange précise : Qu'on pria et qu'on fasse prier Dieu … afin que personne ne puisse trahir le Roi … que ses ennemis ont grand désir de l'empoisonner … s'il venait à mourir, ce serait un grand malheur pour la France … »(voir *Annales de NotreDame du Laus*, février 1935 : *La Reine du Ciel protectrice de la France*, de 1684 à 1709, par Pierre Médan, pages 1 à 4)

Sous Louis XV, la duplicité anglaise se manifeste éclatante ; après avoir poussé la France à déclarer la guerre à l'Autriche, pour affaiblir par leur rivalité les puissances catholiques, elle se joint à l'Autriche contre la France pendant que les loges et les philosophes démantèlent la foi et l'intelligence des français par L'Encyclopédie. Le Roi est amené à avoir une double politique étrangère, Le Secret du Roi. Mais la France y perdra le Canada et les Indes, au Traité de Paris.

Louis XVI, ayant redressé la situation, reconstitué la Marine et complété le Pacte de Famille, peut appuyer l'Indépendance Américaine. Alors, Lord Chatam, lancera aux Communes ce cri d'angoisse et de haine qui annoncera et confirmera le plan de destruction de la France et de sa Monarchie : « La gloire de l'Angleterre est passée ; elle faisait hier la loi aux autres ; aujourd'hui elle doit la subir. L'Angleterre ne parviendra jamais à la suprématie des mers tant que la dynastie des Bourbons existera ! »

Huit ans après, la Révolution commence, Louis XvI monte sur l'échafaud et la Monarchie des Bourbons disparaît. Remontent-ils sur le Trône et redressent-ils le Pays après les désastres de la Révolution et de l'Empire et donnent-ils à la France l'Algérie, contrairement à la volonté de l'Angleterre, celle-ci les renverse à nouveau en 1830 pour faire arriver au pouvoir la monarchie usurpatrice des Orléans, puis l'ancien carbonaro devenu empereur, dont elle tirera les ficelles.

Dès 1846, Lord Palmerston expose le plan de destruction de la France, plan qui sera divulgué par le journal anglais *Le Globe*, le 12 mai 1848, qui préconise la rupture avec la Russie, réalisée par la guerre de Crimée ; la réunion des principautés italiennes — ce qui sera exécuté au profit de la Maison de Savoie ; enfin l'unité allemande constituée en Empire — ce que la Guerre de 1870 assurera au profit de la Prusse protestante dont le roi sera élevé à l'Empire ...

Le *Sun* — journal anglais — dans son numéro du 17 décembre 1899 annonce le démembrement de la France qu'il dit devoir être réalisé en 1910, et donne la nouvelle carte de l'Europe où le nom de la France a disparu.

Les événements survenus en France, depuis l'élaboration de ce plan diabolique, qui prévoyait non seulement les événements extérieurs mais aussi les luttes intestines, confirment son exécution : les Loges provoquent, ou au moins soutiennent la lutte des classes, la rivalité des partis politiques, la persécution anti-religieuse, la destruction du patriotisme, la diminution de nos forces militaires et navales et l'anti-militarisme érigé en vertu ; etc. ... œuvre systématiquement poursuivie par la Troisième République et qui devait aboutir au plus grand désastre de l'Histoire de France en 1940, avec — fil d'Ariane caractéristique — le projet d'union anglo-française sous le giron de la perfide Albion. Projet à rapprocher de cette déclaration de Lord Palmerston à la Chambre des Communes : « Les deux pays (Angleterre et la France) n'ont qu'un seul et même cabinet, dont quelques membres habitent les rives de la Seine et les autres celles de la Tamise ». Comme aussi de celle du Prince consort Albert : « La France est prête à faire tout ce que nous voudrons ». Dans Lavisse Seignobos, *La Révolution de 1848, Le Second Empire*, pp.303-309

On conçoit que, dans ses *Révélations*, Marie-Julie Jahenny, la stigmatisée bretonne, ait reçu pour la France la mise en garde suivante : « La France devra toujours se méfier de l'Angleterre ! »

Sur ce sujet, voir les ouvrages suivants :
- E. Morand, *L'Angleterre maîtresse des destinées de la France*, Edition du Colombier Paris 1939.
- J. Saintoyant, *Une Œuvre maçonnique en France*, chez Guilleminot et de Lamothe Paris-Limoges, *Un aspect de la politique anglaise*, Id, 1941
- Ch. Fronzac, *Le Fil d'Ariane* «*(il leur fallait que la France mourut)* » 1944.

En Prusse, qui va devenir Allemagne : Bismarck ;

En Italie : Cavour, appuyé par Garibaldi et ses bandes révolutionnaires et anarchistes, etc. ...

Résultat : Abaissement des Puissances Catholiques au profit des Puissances protestantes ou révolutionnaires.

L'Église, désarmée préventivement par la chute du Roi de France, perd son Pouvoir Temporel, sauvegarde de son pouvoir spirituel ! Les États de l'Église sont rattachés au royaume révolutionnaire d'Italie.

L'Autriche catholique est vaincue à Sadowa et la France à Sedan.

L'Unité Allemande et l'Unité Italienne sont achevées et les Armées de ces deux pays, sur le Continent, jointes à la Flotte anglaise sur les Océans, sont destinées dès lors à assurer la maîtrise du Pouvoir Occulte sur le Monde.

* *

*

Le désastre de 1870 et la Commune avaient provoqué en France un sursaut qui eut pu assurer son salut : une Chambre monarchiste fut

---

- Emile Flourens, *La France conquise : Edouard vii et Clemenceau*. Ouvrage que l'Ambassade d'Angleterre a fait rafler le jour de sa publication, et qui est devenu quasi-introuvable, même dans les bibliothèques publiques.
- Oscar Havard, *La Révolution dans nos ports de guerre*, 1912
- Pouget de Saint André, *Les Auteurs cachés de la Révolution Française*, Paris Perrin 1923.
- Max Doumic, *La Franc-Maçonnerie est-elle juive ou anglaise ?*, 1906. L'auteur n'a pas compris que si l'Angleterre a, en effet, été la grande organisatrice de la Franc-Maçonnerie dans le monde, elle était elle-même le grand instrument de la domination du Pouvoir Occulte et des Juifs.
- Pierre Fleurines, *Les Anglais sont-ils nos amis ?*, Baudinière 1941
- Henri Valentino, *Les Anglais et nous*, Jean Renard, 1941.
Edmond Caraguel, *Angleterre contre la paix*, Chez Baudinière 1933 et 1940.

élue, et la Providence avait suscité à ce moment comme Chef de la Maison Royale de France un Prince accompli en la personne de Monsieur le Comte de Chambord, dont le Pape Pie IX avait dit :

« Tout ce qu'il dit est bien dit ; tout ce qu'il fait est bien fait. »

Un Prince qui avait solennellement proclamé le programme qui, s'il avait été appliqué, eut assuré le Salut de la Chrétienté et de la France en même temps que le règne de Dieu :

« Pour que la France soit sauvée, il faut que Dieu y rentre en Maître pour que j'y puisse régner en Roi ! » (au Comte de Mun, le 20 novembre 1878)

« On dit que l'Indépendance de la Papauté m'est chère et que je suis résolu à lui obtenir d'efficaces garanties. On dit vrai. La liberté de l'Église est la première condition de la paix des esprits et de l'ordre dans le monde ». (à M. de Carayon-Latour, le 8 mai 1871)

Et dans une autre circonstance :

« La vérité nous sauvera, mais la vérité toute entière. Oui l'avenir est aux hommes de foi, mais à la condition d'être en même temps des hommes de courage ne craignant pas de dire en face à la révolution triomphante ce qu'elle est dans son essence et à la contre-révolution ce qu'elle doit être dans son œuvre de réparation et d'apaisement ».

Ce magnifique programme était en irréductible opposition avec celui du Pouvoir Occulte. Ce dernier devait donc, à tout prix et par tous les moyens s'opposer à la restauration monarchique en France.

Alors, l'un des chefs de la Secte, le Prince de Bismarck, chancelier de Guillaume Ier, intervient ; il envoie les instructions suivantes à l'ambassadeur d'Allemagne à Paris, le Comte d'Arnim :

« ... Nous devons enfin désirer le maintien de la République en France pour une dernière raison qui est majeure ; la France monarchique était et sera toujours catholique ; sa politique lui donnait une grande influence en Europe, en Orient et jusque dans l'Extrême-Orient. Un moyen de contrecarrer son influence au profit de la nôtre, c'est d'abaisser le Catholicisme et la Papauté, qui en est la tête. Si nous pouvons atteindre de but, la France est à jamais annihilée. La Monarchie nous entraverait dans cette tentative ; la république nous aidera.

« J'entreprends contre l'Église Catholique une guerre qui sera longue et peut-être terrible ... On m'accusera de persécution et j'y serai peut-être conduit ; mais il le faut pour achever d'abaisser la France et établir notre suprématie religieuse et diplomatique, comme notre suprématie militaire ...

« Eh bien ! Je le répète : ici encore les républicains nous aideront ils jouent notre jeu ; ce que j'attaque par politique, ils l'attaquent par fanatisme anti-religieux. Leur concours nous est assuré ! »

« ... Oui, mettez tous vos soins à entretenir cet échange de services mutuels entre les républicains et la Prusse ! C'est la France qui en paiera les frais ! ... »[38]

Bismarck, le grand ennemi de la France, est le premier fondateur de la troisième république. Le second, Gambetta, petit-fils d'un juif Wurtembergeois et franc-maçon, parlant de la devise républicaine, avouait :

« L'Égalité, c'est à dire pour l'Armée l'indiscipline et l'incohésion ; la Liberté, c'est à dire la critique poussée jusqu'au dénigrement et à la calomnie contre les chefs et contre les lois de répression ; la Fraternité, c'est à dire le cosmopolitisme, l'humanitarisme, la bêtise internationale

---

[38] M. Gaudin de Vilaine au Sénat, le 6 avril 1911, *Journal Officiel* du 7 avril 1911. J. Bainville, *Bismarck et la France, Correspondance du Comte d'Arnim et de Bismarck*, etc. ...

nous dévoreront et, au bout de quelques années, nous jetteront comme une proie facile sous les pieds des Teutons, unis aux latins d'Outre-Monts ».[39]

Ainsi, le tribun, qui auparavant avait eu des entretiens secrets avec Bismarck, savait fort bien ce qu'il faisait contre la France quand il assurait le triomphe de la république et lançait le mot d'ordre : « Le cléricalisme, voilà l'ennemi ! »

Le Pouvoir Occulte, ayant ainsi placé les siens à la tête de la France, va dès lors, en pleine sécurité, poursuivre l'exécution de son plan : la république passe à l'attaque pour aboutir, tout d'abord, au ralliement des catholiques au régime.

Émile Flourens, ancien ministre républicain, ensuite rallié à la Monarchie par saint Pie X, raconte l'entretien qu'il eut avec le franc-maçon Constans, directeur des cultes, le 16 février 1892 :

« Il paraît que vous allez vous jeter dans les bras du Pape ? » — Il sourit et me répondit :

« Je ne fais rien, vous le savez, que d'accord avec Brisson et les loges ... Jusqu'ici le clergé a été le centre autour duquel se sont groupés les partis hostiles à la République ... Il a été l'instrument de leur union, nous voulons qu'il devienne l'instrument de leur désunion. Il a servi à les rallier, nous voulons qu'il serve à les disperser. Le Pape commandera aux Catholiques de se rallier à la République. Parmi les Royalistes et les Bonapartistes certains obtempéreront à cet ordre ; d'autres non. D'où discorde entre eux ... Les catholiques qui se rallieront seront honnis par leurs anciens amis qui les traiteront de renégats et croyez-moi, les républicains ne leur accorderont pas plus d'estime. Ils n'auront aucun crédit dans le Pays et aucune autorité dans la Chambre parce qu'ils manqueront de programme politique. Leur conduite ne sera qu'un amoncellement d'illogisme et leur vie qu'un perpétuel reniement de

---

[39] Daniel Halevy, *Léon Gambetta connu par ses lettres*.

leur passé. Ils ne compteront pas. Ce sera une poussière qui ne saura où s'accrocher ... »[40]

Léon XIII avait voulu se rapprocher de la république pour obtenir une détente dans la guerre antireligieuse. Il y avait été poussé par son Secrétaire d'État, le Cardinal Rampolla, mais il ne se doutait pas que ce dernier était franc-maçon et avait reçu une double consigne dans les Loges : pour la France, obtenir le ralliement des catholiques à la république, et, pour démanteler l'Église, créer à l'intérieur même du Vatican une arrière-loge destinée à devenir la pépinière des hauts dignitaires du Saint-Siège : Rampolla était l'inspirateur de l'odieuse manœuvre ; il trouva un autre frère franc-maçon, aussi cardinal, pour l'exécuter : Lavigerie par son toast d'Alger.[41]

---

[40] E. Flourens, *Revue Catholique des institutions et du Droit*, avril 1914.
[41] Note confidentielle du F∴ Floquet au F∴ Constans : 30 octobre 1890 (vignette maçonnique imprimée)
« Le manuscrit A est incompréhensible sans le manuscrit B et dérouterait ainsi les profanes, le cas échéant.
« Vous vous méprenez sur le compte de M. Lav ... rie (secret). Vous ignorez donc qu'il est notre F∴ en M∴ et H B of L. et qu'il travaille pour notre cause ? Les faits que vous alléguez ne sont que pour sauvegarder les apparences. Vous comprendrez qu'il est tenu à une grande circonspection. Il lui faut louvoyer. Il incline ... et a l'air ensuite de se conformer ... (à l'antipôle (*)
incliné lui-même)
« Ci-joint une planche décisive (pl∴ incluse). Que vous faudrait-il de plus ? J'espère bien que, sous main, vous n'allez plus maintenant lui ménager votre appui ... D'ailleurs notre F∴ Borreo, d'Alger, actuellement ici doit vous voir ».
La planche annexe (estampillée de vignettes et de cachets ma∴ parafée du Vén∴ et du chancelier était un duplicata du Diplôme d'affiliation et initiation du F∴ Lavigerie (nom ici en toutes lettres) reçu au 17° degré, Chevalier d'Orient et d'Occident (O∴ et∴).
* — L'antipôle désignait Léon XIII, qui d'abord opposé à la république, finit par y être *incliné* lui-même par le cardinal Rampolla.
Maurice de Charette, dans *itinéraires*, n° 1 39 (janvier 1970, p. 134, écrit dans son article, *Léon xiii et le Pouvoir Temporel :*
« Lorsque M. de Parseval, envoyé par le Comte de Paris, s'étonne au Vatican du toast imposé au Cardinal Lavigerie, un membre de la Curie lui répond : « Nous n'en avons trouvé aucun autre qui fut assez coglione pour le faire ».
« Et de fait, ni le Cardinal Archevêque de Reims, ni le Cardinal Primat de Bretagne, ni les quelques autres sollicités, ni Charette lui-même, aucun n'avait voulu se montrer assez « *coglione* ».

À la fin de sa vie, tristement, Léon XIII, reconnut qu'il avait été dupé et déclara, en 1902, parlant des républicains : « Puisqu'ils sont inconvertissables, il n'y a qu'à les renverser ! et le 21 avril 1903, il ajoutait d'une voix vibrante : « La France reviendra aux traditions de Saint Louis, ou elle périra dans la honte et la ruine ! »

Quant à Saint Pie X, il avait compris que le régime républicain en France, incarnait le règne de Lucifer :

Le 13 décembre 1908, lors de la lecture du Décret de Béatification de Jeanne d'Arc, il donnait la directive salvatrice : « Vous direz aux Français qu'ils fassent leur trésor des testaments de saint Remy, de Charlemagne et de saint Louis, qui se résument dans ces mots si souvent répétés par l'héroïne d'Orléans : « Vive le Christ qui est Roi de France ! »

En 1909, à l'ancien ministre républicain français, Emile Flourens, il disait : « Croyez-moi, je connais vos Français, ils sont naturellement catholiques et monarchistes. Ils le redeviendront tôt ou tard ».[42]

Et Flourens revint de Rome rallié à la Monarchie par saint Pie X.

À Dom de Saint-Avit, que j'ai bien connu, le pape déclara lors de son ordination : « Je ne conçois pas qu'un catholique français puisse être républicain ».[43]

Saint Pie X n'avait-il pas eu, à plusieurs reprises, l'apparition de la Vierge dans sa radieuse beauté, tenant le Lys de France ![44]

« Comme devait le dire un jour le Général de Charette : « Quand le Saint Père parle doctrine ou morale, je me mets à genoux et je crois ; lorsqu'il parle discipline, je reste debout mais j'obéis ; lorsqu'il parle politique, je demeure assis et j'écoute ... par déférence ».

[42] Charles Maurras, *Le Bienheureux* Pie *x, Sauveur de la France*, p. 22.
[43] de la Franquerie, *Le Caractère sacré et divin de la Royauté en France*, p79.
[44] Harry Mitchell, Pie *x, le Saint*, p. 211.

Le Cardinal Merry del Val, qui fut le Secrétaire d'État de Saint Pie X durant tout son pontificat et dont la Cause de canonisation est introduite, confirme la conviction du Saint Pape. Au Directeur du Bloc Catholique, Félix Lacointa, en 1925, il dit : « Rappelez-vous le discours dans lequel Pie X déclara que les républicains français se comportaient de façon à démontrer qu'il était impossible, en France, d'être à la fois catholique et républicain ».[45]

* *

*

À l'intérieur du pays, du fait de l'action des sillonistes, des socialistes et des communistes, la démocratie organise le désarmement de la France et prépare son asservissement à l'Allemagne. Afin d'éliminer les meilleurs chefs de l'Armée, la Franc-Maçonnerie organise l'ignoble Affaire des Fiches, pendant que, dans les écoles de l'État les instituteurs inculquent aux enfants de France la haine de Dieu et de la Patrie. Conséquence : l'invasion du Pays en 1914, le Pouvoir Occulte espérant en finir avec la Fille Aînée de l'Église qui, dans ses plans, nous l'avons vu, devait disparaître. Il comptait sans la Sainte Vierge qui la sauva miraculeusement lors de la Victoire de la Marne et arrêta l'ennemi. Mais pendant quatre ans les poitrines des soldats français devront protéger leur terre mal défendue pour remplacer le matériel et les armements inexistants.

Le Sacré-Cœur qui veut préserver et sauver la France, apparaît à Claire Ferchaud, à Loublande, et demande que Son Sacré-Cœur soit apposé sur le drapeau national. Après une nuit en prière à la Basilique de Montmartre, Claire est emmenée par le marquis de Baudry d'Asson à l'Élysée ; c'était le 21 mars 1917. Comme Jeanne d'Arc à Charles VII, elle transmet le Message divin et donne des preuves personnelles pour le Chef de l'État profondément ému. Mais, alors que le Roi, lui, accepta et sauva la France, le Président Poincaré, du fait du régime anti-chrétien

---

[45] *Le Bloc Anti-révolutionnaire*, février 1930, p. 274.

qu'il présidait, ne put répondre au désir divin. Alors Claire Ferchaud écrivit aux Généraux Français pour leur transmettre le Message du Sacré-Cœur, qui promettait le salut et la victoire si la réponse était favorable, mais qui mettait le Pays en garde contre ses ennemis cachés, les Francs-maçons :

« Le peuple de France est à deux doigts de sa perte, le traître vit au cœur de la France. C'est la franc-maçonnerie qui, pour obtenir la perte éternelle de ce Pays, d'accord avec l'Allemagne, a engendré cette guerre. Les trahisons se poursuivent et si quelqu'un pouvait pénétrer dans l'intérieur de plusieurs cabinets, il en découvrirait les pièges. Sans Moi, la France serait perdue ; mais Mon amour qui veut la vie de cette France, arrête le fil électrique qui communique le secret de la France à l'ennemi ... La secte maçonnique et le gouvernement actuel seront châtiés, on découvrira tous leurs engins et plusieurs seront mis à mort... »[46]

Notre Seigneur dévoile ainsi, par Claire, les trahisons du ministre de l'Intérieur, Malvy, de Caillaux et des autres ... , trahisons découvertes, en effet, peu après et qui seront châtiées.

*

* *

L'ACTION DU POUVOIR OCCULTE CONTRE L'AUTRICHE-HONGRIE CATHOLIQUE

Passons maintenant à l'Empire d'Autriche-Hongrie. L'action du Pouvoir Occulte y eut également de terribles conséquences.

---

[46] Claire Ferchaud, *Notes autobiographiques, Mission Nationale*, II p.39. Voir aussi, Claude Mouton et Henri Guillemain, *Le Moyen du Salut*, p. 21. Cette lettre aux Généraux est du 7 mai 1917.

L'Archiduc héritier était hostile à l'Allemagne ; celle-ci le fit assassiner à Meyerling et l'attentat du 30 janvier 1889 fut grimé en suicide.[47]

Dans sa Chronique Autrichienne, la *Revue internationale des Sociétés Secrètes* du 15 septembre 1912 publie la note suivante :

« L'Empereur (François-Joseph) reste fidèle au Pape, et l'Empereur de demain passe pour lui être plus fidèle encore. « Or, cela, les sectes ne sauraient l'accepter sans résistance.

« Dès lors, on s'explique qu'en 1898, quand le Parlement Autrichien vota par acclamation des crédits pour les fêtes jubilaires de son vieil Empereur, deux députés s'écrièrent : *Nous saurons empêcher ces fêtes.* Et l'Impératrice tomba sous le couteau d'un assassin à Genève, où la peine de mort avait été abolie. Les fêtes n'eurent pas lieu. Aujourd'hui, le couteau d'un assassin visant le Prince-Archevêque de Vienne a failli faire manquer le Congrès Eucharistique et ses fêtes.

« Peut-être s'expliquera-t-on aussi un jour ce propos tenu par un haut franc-maçon en Suisse à l'égard de l'Archiduc Héritier :[48]

« Il est bien. C'est dommage qu'il soit condamné. Il mourra sur les marches du Trône ».

De fait l'Archiduc François-Ferdinand fut assassiné à Sarajevo le 28 juin 1914, cet assassinat entraînant la première conflagration mondiale.

L'Empereur François-Joseph étant mort le 21 novembre 1916, L'Empereur Charles Ier monta sur le Trône d'Autriche. Il avait épousé une Princesse Royale de France, Zita de Bourbon-Parme. Les nouveaux Souverains, qui n'avaient eu aucune responsabilité dans le déclenchement de la conflagration mondiale, s'empressèrent de faire des

---

[47] Voir Victor Wolfson, *Mayerling, la mort trouble*. Ce livre ouvre bien des horizons …
[48] *Revue internationale des Sociétés Secrètes*, Chronique Autrichienne, 15/9/1912, sous la signature de P. Esma, pp 787 et 788.

propositions de paix, en Chrétiens qu'ils étaient, afin d'arrêter les flots de sang et d'assurer une paix juste et durable. Mais le Pouvoir occulte, qui veut dominer le monde par la ruine et l'épuisement, les fait échouer. Il convoque à Paris un Congrès International en vue d'étudier les moyens de déclencher la révolution dans les Empires Centraux dans le but d'y établir le régime de son choix : la démocratie républicaine. Les 28, 29 et 30 juin, toutes les loges alliées et neutres sont réunies

sous la présidence du f∴ Corneau et élaborent la charte de la *Société des Nations* et la codifient en treize points, le frère André Lebey déclare :

« Elle revendique la Société des Nations, et celle-ci devient le but même de la guerre, la préface au Traité de Paix ... S'il y a une guerre sainte, c'est celle-là, car elle offre « l'occasion unique » de proclamer le droit des peuples à disposer d'eux-mêmes et d'établir la démocratie universelle ; et le Congrès maçonnique proclame :

« Un peuple qui n'est pas libre, c'est à dire qui ne possède pas les institutions démocratiques et libérales indispensables à son développement, ne peut constituer une nation ».

Quand, le 1er août 1917, Benoît XV tentera une démarche auprès des belligérants pour faire cesser la guerre, le président du Conseil français, le protestant Ribot, transmettra les instructions de la Franc-Maçonnerie à Lord Robert Cecil, à Londres ; ce dernier les rapportera à Lord Bertie :

« Monsieur Ribot me prie de vous faire connaître ses appréhensions et de vous dire qu'il ne saurait se laisser conduire dans la voie où le Vatican parait vouloir l'entraîner ; il espère que le Gouvernement Britannique partage son sentiment et donnera à Monsieur de Salis des instructions en vue de décourager toute tentative ultérieure du Cardinal Secrétaire d'État, tendant à une intervention officieuse entre belligérants ».

Le 12 octobre, Ribot consomme son infamie : il divulgue et travestit les propositions de paix de l'Empereur Charles et le 9 décembre le f∴ Lebey déclare au Conseil de l'Ordre de la Maçonnerie :

« Patrie, République, esprit révolutionnaire et socialisme sont indissolublement liés ».

La Franc-Maçonnerie transmet alors au Président des États Unis, le F∴ Wilson, l'ordre de publier les quatorze points et en avise au début de décembre tous les Vénérables de Loges par une circulaire ainsi résumée par l'un des destinataires :

« Le Pape n'a pu faire la paix, n'ayant aucune autorité morale, financière et militaire. Nous, nous l'avons. Nous abandonnons le Kaiser qui n'a pu nous rendre maîtres de l'univers ... Comme nous tenons les Gouvernements de France, d'Italie, d'Angleterre et des États-Unis, c'est par Wilson que nous aurons la paix, et les catholiques la paieront ! Wilson nous rendra maîtres de l'univers ... »[49]

Le 8 janvier suivant (1918), Wilson publiait le fameux manifeste proclamant les quatorze points prescrits par le Pouvoir Occulte.

« La secte avait décrété que la paix ne se ferait qu'autant qu'elle assurerait l'abaissement de la France, son asservissement aux puissances financières judéo-internationales et aussi la disparition de l'Empire catholique des Habsbourg.

« Anatole France a eu raison d'écrire : « L'Empereur Charles a offert la paix ; c'est le seul honnête homme qui ait paru au cours de cette guerre, et on ne l'a pas écouté ... Un Roi de France, oui, un Roi aurait eu pitié de notre pauvre peuple exsangue, exténué, n'en pouvant plus. Mais la

---

[49] Cité dans *Fides intrepida*, n° du 9 août 1932, notes des pp. 122 et 123. Voir aussi notre étude, *Le Péril allemand, quelques leçons d'histoire opportunes*, 1933 chez Perry et Taupiac à Toulouse, pp. 55 et 59. Et également du Prince Sixte de Bourbon, *L'Offre de paix séparée de l'Autriche*.

démocratie est sans cœur et sans entrailles. Au service des puissances d'argent, elle est impitoyable et inhumaine ».

« La preuve la plus péremptoire que ces Traités de Paix sont bien l'œuvre des suppôts de Satan, c'est qu'avant de consommer la ruine de la multi-séculaire Maison d'Autriche et de son Empire, la Judéo-Maçonnerie voulut tenter d'obtenir de l'Empereur Charles un engagement qui l'eut rendue maîtresse de l'Empire ».

Citons les *Nouvelles Religieuses* :

« Au moment des négociations pour la paix, l'Empereur Charles reçut des propositions fermes et explicites. On s'engageait à le maintenir sur son trône, en rectifiant quelques frontières, à trois conditions :

« ... 3°, il s'affilierait à la Franc-Maçonnerie.

« Charles Ier acceptait les deux premières conditions, il refusait fièrement de se soumettre à la troisième. À plusieurs reprises, on insista (toujours vainement) auprès de lui ... Alors il fut entendu qu'on disloquerait l'Autriche ».[50]

Et l'Empereur Charles fut conduit sur un bateau anglais à Funchal où il ne tarda pas à mourir, martyr de sa foi. On conçoit que l'Église ait ouvert un Procès d'information canonique en vue de la Béatification de l'Empereur-Roi.

Wilson aura rempli le rôle que lui avait attribué le Pouvoir Occulte. Il mourra fou mais aura imposé les volontés des sectes lucifériennes. Quant à la France, après avoir perdu un million sept cent mille hommes, exsangue et ruinée, elle verra surgir le soi-disant Père la

---

[50] *Les Nouvelles Religieuses* du 15 mars 1926, p. 132, Le Rattachement de l'Autriche catholique à l'Allemagne protestante. Voir aussi Jérôme Troud, *Charles ier Empereur d'Autriche, Roi de Hongrie*, la note de la page 196.

Victoire, l'homme du Pouvoir occulte de l'Angleterre, Clemenceau, arrivée au pouvoir pour lui faire perdre la paix ...[51]

---

[51] Émile Flourens, *La France conquise : Edouard vii et Clemenceau*. Lors de sa publication, cet ouvrage ayant été raflé par l'Angleterre, fut secrètement réédité par M. Bunau-Varilla, directeur du *Matin*. Voir à partir de la page 136 de cette réédition. Clemenceau, qui a toujours été l'homme de l'Angleterre, appartenait à une secte dont les membres se faisaient enterrer debout, en haine de Dieu. C'est ainsi qu'il se fit enterrer.
Voir également J. Saintoyant, *Un aspect de la politique Anglaise*, p. 225. Et la Franquerie, *Le Péril allemand*, pp 58 et 63, spécialement la déclaration du Maréchal Foch à Clemenceau, en date du 6 mai 1919, lors de la remise des conditions du Traité de Paix des Puissances Alliées, le Maréchal avait toujours été systématiquement tenu à l'écart des négociations et on avait toujours refusé de suivre les avis motivés qu'il avait donnés : « Monsieur le Président, je me demande si je vous accompagnerai demain à Versailles. Je me trouve devant le cas de conscience le plus grave que j'aie connu dans mon existence. Ce traité **je le répudie et je ne veux pas, en m'asseyant à vos côtés, en partager la responsabilité ; il y aura peut-être une Haute Cour pour nous juger, parce que la France ne comprendra jamais que de la victoire nous ayons fait sortir la faillite. Ce jour-là, je veux me présenter la conscience tranquille et mes papiers en règle** ».

L'Emprise du Pouvoir Occulte sur le monde

Il impose tout d'abord les Traités de paix qui consomment la ruine des puissances catholiques. Après avoir établi le communisme, il instaure l'Hitlérisme et pose les jalons de la seconde conflagration mondiale.

Les Traités de Versailles, Trianon et Saint-Germain consomment l'abaissement et la ruine des Puissances Catholiques au profit des Puissances Protestantes : la France, malgré sa victoire, tombe au rang de puissance secondaire, parce que la république avait refusé de répondre à la demande que le Sacré-Cœur avait faite par l'intermédiaire de Claire Ferchaud (Apparitions de Loublande) ; l'Autriche est démembrée parce que catholique,[52] alors que l'unité de l'Allemagne parce que protestante, est consacrée et son rapide relèvement assuré en vue de la prochaine conflagration mondiale dont les jalons sont déjà posés ; et la perfide Albion assure son hégémonie maritime par la destruction ou la prise de la flotte allemande et le sabotage, dans un port anglais, de la partie de cette flotte destinée à la France ; l'Empire des Tzars s'écroule et le communisme s'établit en Russie, d'où il fera la conquête du monde ; enfin par l'instauration d'une tentative de Gouvernement Mondial avec la Société des Nations.

---

[52] la Franquerie : op. cit. et *Nouvelles Religieuses*, idem.
Pour se rendre compte de la nocivité des Traités de Versailles, Trianon et Saint-Germain, il convient d'étudier les ouvrages suivants : Charles Maurras, *Le Mauvais Traité*, et Jacques Bainville, *Les Conséquences politiques de la Paix*.

Résultats d'une importance capitale obtenus par le truchement des hommes de paille de ce Pouvoir occulte : Wilson, Lloyd-George et Clemenceau. Quoi de surprenant quand on sait :

1. que le Président Wilson était surveillé et inspiré par le rabbin Stephen Wise et par Morgenthau, Baruch Lévy, le colonel House, tous israélites, et qu'il y avait cent dix-sept juifs dans son entourage.
2. que Llyod-George, premier ministre anglais, avait auprès de lui le juif Sasoon.
3. que Clemenceau était entouré de Mandel, Mordach etc. …
4. que Staline avait épousé la juive Kaganovitch et était entouré des juifs Molotov, ministre des Affaires Étrangères, Litvinof, ancien ambassadeur à Washington, Maisky, ambassadeur à Londres …

Pour favoriser tout d'abord le redressement économique de l'Allemagne et faire obstacle à celui de la France, le Pouvoir occulte commença par empêcher cette dernière de toucher les réparations que lui octroyait le Traité de Paix. Puis, pour aboutir à la seconde Conflagration mondiale qui espère-t-il fera avancer puissamment l'instauration du Gouvernement mondial du Roi d'Israël préconisé par *les Protocoles des Sages de Sion*, il suscite et appuie par le truchement de financiers américains israélites, Hitler et le Nazisme en Allemagne.

Peu après l'arrivée d'Adolf Hitler à la Chancellerie du Reich, les éditions Van Holkemann et Warendorf publièrent une étude d'une centaine de pages sur Les Ressources Financières du National-Socialisme et sur les conversations que le Führer eut avec Sidney Warburg.[53] Mrs Fry écrit :

---

[53] Les ouvrages qui traitent de cette question sont, entre autres, les suivants :
De Gellbronnen van het National-Socialisme, drie gespret Hitler door Sidney Warburg (<u>Les Ressources financières du NationalSocialisme. Trois conversations entre Hitler et Sidney Warburg</u>), publié par les éditions Van Holkeman & Warendor à Amsterdam, en 1933.
Fritz Thyssen, *i paid Hitler* (*Je payais Hitler*).

« On est parvenu à savoir que deux exemplaires au moins du fameux ouvrage Les sources financières du National-socialisme, de Sidney Warburg étaient en possession de Dolfuss ; lui et son chancelier, K. Schuschnigg, ainsi que quelques autres, avaient étudié son contenu. Ici, on doit se référer à deux sources d'information. La première est fournie par le livre de Fritz Thyssen, Je payais Hitler, dans lequel l'auteur impute le meurtre de Dolfuss à la connaissance qu'avait reçue Hitler que le Chef du Gouvernement Autrichien avait préparé un document exposant l'origine juive d'Hitler. Cette histoire avait circulé depuis longtemps dans plusieurs pays, juste avant que Hitler n'arrive au pouvoir et en liaison avec son livre Mein Kampf. On disait que sa

---

Kenneth Goffs, *Hitler and the 20th Century Hoax*, en 1954. P.O. Box 116 Englewood, Colorado (*Hitler et la mystification du xxème Siècle*). Cet auteur assure qu'Hitler avait été l'instrument d'une conjuration juive et que certains de ceux qui y avaient été mêlés disparurent tragiquement, notamment Georg Bell, et il cite arguments et documents à l'appui.
Mrs Fry dans *Womans voice* du 27 Août 1953.
Severin Reinhard (de son vrai nom : René Sonderegger), *Spanisher Sommer*, ainsi que dans un magazine *Der Sperber*, 1936.
Henry Coston, Hitler fut-il commandité par des financiers américains ?, dans *Lectures Françaises*, numéro spécial sur *La Haute Finance et les Révolutions*, de la page 24 à 37.
Ajoutons que la Banque Warburg avait ouvert un compte en 1917 à Trotsky : voir les documents 9 et 10 de *Papers relating to the Foreign Relations of the United States*, Tome 1 pages 375 — 376.
Pierre Saint Charles, dans le même numéro de *Lectures Françaises* écrit page 43 : « Quelle était cette Banque Warburg qui venait d'ouvrir un compte à Trotsky pour financer son entreprise ? Un établissement de Hambourg dont les dirigeants étaient associés à Jacob Schiff. Un des Warburg d'Amérique, Félix, était le gendre du banquier de New-York, tandis qu'un autre, Paul, avait épousé la belle-sœur du patron de Kuhn Lœb et C. Le cercle se referme ».
Paul Warburg, le sénateur américain, ne devait-il pas déclarer en 1950 au Sénat américain : **« Qu'on le veuille ou non, nous aurons le Gouvernement mondial. La seule question qui se pose est de savoir si le Gouvernement mondial sera établi par consentement ou par conquête ».** Oui, le Cercle se referme ...
Trois subventions furent accordées à Hitler et à ses lieutenants : la première de **DIX MILLIONS DE DOLLARS**, par la Banque Mendelsohn, d'Amsterdam (Hitler aurait rendu compte de l'emploi des fonds par lettre d'octobre 1929). La seconde de **QUINZE MILLIONS DE DOLLARS** par les Montagu Norman, Rockfeller, Carter et Mac Dean, par l'intermédiaire de la Banque Mendelshon précitée et par la Rotterdamische Bank et la Banca Italiana. Enfin, la troisième de **SEPT MILLIONS DE DOLLARS**, soit **TRENTE DEUX MILLIONS DE DOLLARS**. Mais quoi de surprenant si, comme on l'assure, Hitler était le petit-fils d'un Rothschild et d'une servante séduite ...

grand'mère Shickelgruber avait été séduite par un baron de Rothschild dans la maison où elle était servante à Vienne. Ce n'était pas un secret bien gardé, mais une rumeur publique. Comme Thyssen l'écrit, c'était la preuve des origines juives d'Hitler que le Docteur Dolfuss préparait en secret dans un document qu'il rendrait public ... »

Et Fritz Thyssen écrit de son côté (p. 160) :

« Le document compromettant fut alors donné au baron von Ketteler, le secrétaire de l'Ambassadeur du Führer à Vienne, von Papen ... Incidemment, une copie du document en question passe maintenant pour être entre les mains du service secret britannique. À quelque degré que ce soit, il peut être présumé que l'assassinat du Chancelier Dolfuss était en rapport avec l'enquête sur la généalogie d'Hitler ... »

Le baron von Ketteler, qui avait transporté le document secret de Dolfuss, fut ensuite assassiné par les nazis ... Il en savait trop ...

*

* *

Pendant l'entre-deux guerres, le démantèlement spirituel et matériel de la France est systématiquement poursuivi. Le peu de matériel militaire, voté à contrecœur par le parlement français, est envoyé aux rouges espagnols et quand, en 1939, la république déclara la guerre à l'Allemagne, celle-ci plus armée que jamais, ce sera le plus grand désastre de l'Histoire de France.

Alors, comme toujours en pareil cas, la Providence suscite un Sauveur à la France, en la personne du Maréchal Pétain. Il montre aux Français les causes morales et spirituelles de la catastrophe et cherche à faire rentrer le Pays dans sa mission providentielle. Il dissout la Franc-Maçonnerie, restaure les valeurs spirituelles et consacre la France au

Cœur Immaculé de Marie, le 28 mars 1943 en l'Église Saint Louis de Vichy.

Le Pouvoir Occulte maître de la France par la trahison de De Gaulle

Le Pouvoir occulte va prendre sa revanche :

Avant la dernière conflagration mondiale, il est un individu, devenu lors du conflit général à titre temporaire, qui avait écrit dans Au fil de l'épée, page 81 : « **Ce n'est point affaire de vertu et la perfection Évangélique ne conduit pas à l'Empire ... L'homme d'action ne se conçoit guère sans une forte dose d'égoïsme, d'orgueil, de dureté, de ruse ...** »

Machiavel lui-même n'avait pas osé pousser le cynisme aussi loin ... Ce triste sire s'était inspiré de la première séance des Protocoles des Sages de Sion.

Dans la onzième séance, les Sages de Sion avaient annoncé ainsi que cité précédemment, qu'ils feraient nommer des présidents de république « **ayant à leur passif un scandale comme le Panama ou quelqu'autre affaire louche** » parce qu'un président de cet acabit sera le fidèle exécuteur de nos plans ... »

Ce n'était pas une affaire comme le Panama qui devait en faire l'esclave du Pouvoir occulte, mais sa désertion en 1916, quand, sans être blessé, il avait levé le drapeau blanc et rendu son épée au capitaine Albrecht du 19è régiment de réserve de la Reichswer, à la redoute de Hardaumont, avance du fort de Vaux, lors de la bataille de Verdun ...

L'ancien Grand-Maître de la Franc-Maçonnerie, Zeller, relate dans son livre *Trois Points, c'est tout*, la réception par De Gaulle des délégués de la Grande Loge et du Grand Orient de France venus le voir à Alger, en

1943. Celui qui se qualifiait lui-même de « Chef de la France libre » — ô ironie ! — leur déclara :

« Je vais redonner la république à la France, je puis aussi lui redonner les Francs-maçons »[54]

En 1973, Fred Zeller avait déclaré à un journaliste de la revue *Europe-Parlement* :

« C'est le général De Gaulle qui nous a rendu force et vigueur ».[55]

C'est en effet ce qu'il a fait. Tenu par la Secte et lui devant sa carrière et sa réussite, il fallait s'exécuter. Véritable incarnation de l'orgueil, de la haine et du mensonge, les trois caractéristiques de Lucifer, véritable possédé du démon, il achève de détruire la France, tout d'abord en lui imposant une Constitution qui est un reniement formel et officiel de sa mission providentielle et donc une suprême insulte à l'égard de Dieu, car elle proclame, au Titre I, article I :

« **La France est une république indivisible, LAÏQUE, démocratique et sociale** ».

Constitution qui n'est, en réalité, que celle que veulent imposer les Sages de Sion notamment dans leur onzième séance relatée ci-dessus. Constitution qu'il violera lui-même dans son indivisibilité quand il abandonnera sciemment et volontairement l'Empire colonial. Voir sur ce point un peu plus loin l'action synarchique sur le misérable.

Ensuite, il sape toutes les institutions du Pays dont il fausse tous les rouages : Armée, Justice, Économie, etc. ... Enfin, il arrache à la France son Empire et provoque une crise économique qui entraînera fatalement le chômage et les troubles sociaux pour permettre aux

---

[54] Fred Zeller, *Trois Points, c'est tout*, page 320.
[55] *Carrefour* du 19 avril 1973.

Soviets de venir rétablir l'ordre et achever d'établir leur mainmise sur le reste de l'Europe, car **telle est la volonté du Pouvoir occulte.**

Depuis lors, et très particulièrement depuis l'accession au pouvoir de Giscard, une fois de plus les conservateurs benêts, sous prétexte du moindre mal, se laissent berner. Avant même la mort de son prédécesseur, il aurait commencé sa campagne électorale dans les Loges. Le Pouvoir occulte, peut-être en accord avec les Soviets, appuie secrètement sa candidature parce qu'il sait que ce dernier réalisera le plan luciférien plus rapidement que n'aurait pu le faire l'homme notoirement connu comme étant le candidat des Loges et de la révolution ; d'où la note à payer : décret sur l'Éducation sexuelle, loi sur l'avortement, loi sur le divorce, en attendant celle sur l'euthanasie, etc. ... attirant sur lui, mais hélas aussi sur la France, le châtiment divin ...

Certains se montreront peut-être sceptiques. Voici la preuve :

Le 13 septembre 1969, la Grande Loge de France faisait connaître son programme :

« Afin de réduire les déséquilibres sexuels, il réclame une nécessaire information dès le plus bas âge : dans la famille d'abord, à l'école ensuite. Pour cela, il propose des cours d'éducation sexuelle à classe mixte pour démystifier le problème.

« Il demande aussi la fixation à dix-huit ans de la majorité légale et une modification de la législation sur la famille : égalité des droits dans le couple, défense des intérêts de la concubine, possibilité de séparation par consentement mutuel.

Enfin, en ce qui concerne la contraception, il réclame la suppression du carnet à souche et de l'autorisation des parents pour obtenir la pilule. Il demande que l'avortement soit reconnu légalement.

C'est exactement le programme que Giscard a fait voter ... Y a-t-il besoin d'une preuve supplémentaire qu'il est sous le joug du Pouvoir occulte ?

Ajoutons que la *Trilatérale* le faisait surveiller par l'ex-premier ministre Barre.

Dans le plan du Pouvoir occulte, le rôle qui était attribué à Giscard était de préparer l'arrivée au pouvoir de Mitterrand et de son gouvernement socialo-communiste ; ce dernier devant amener la révolution et l'invasion soviétique, maintenant à la veille de se produire.

On serait incomplet si on n'ajoutait pas que si le Grand-Orient de France reste fondamentalement matérialiste, d'autres groupes maçonniques beaucoup plus dangereux, agissent à un degré beaucoup plus élevé et dirigeant. La Grande Loge de France, par exemple, qui se dit spiritualiste mais qui, en fait est occultiste et préternaturelle, c'est à dire luciférienne. Ces groupes se réclament d'un syncrétisme ésotérique qui, depuis la seconde conflagration mondiale, fait des ravages très inquiétants dans les milieux dits intellectuels, ou qui se croient tels, lorsque, trop souvent, ils agissent beaucoup plus par snobisme ou sensiblerie. Le drame aujourd'hui est qu'on ne sait plus raisonner : on est agi par le sentiment qui ouvre la porte d'abord à la sensiblerie et celle-ci à toutes les erreurs et à toutes les hérésies, comme aussi à toutes les sectes ... quand ce n'est pas à la drogue ...

LES ÉTATS-UNIS ET LES SOVIETS TÉLÉCOMMANDÉS PAR LE POUVOIR OCCULTE

Allez dire que, de par la volonté du Pouvoir occulte, il y a une collusion certaine entre le Gouvernement des États-Unis et celui des Soviets, c'est à dire avec le Communisme, on vous rira au nez. Et pourtant les faits sont là[56] :

Il ne faut jamais oublier que les membres influents du Gouvernement américain appartiennent pour la plupart à The American Establishment, qui n'est autre que la Synarchie de l'autre côté de l'Océan.

---

[56] En 1961 un ouvrage fort intéressant a été publié par Charles Bonnamaux, *L'Amérique trahie, Mac Carthy avait raison*.
Il n'est pas inutile de résumer l'action du Pouvoir occulte en Russie. Cette action a toujours tendu vers la destruction du Tzarisme et l'établissement du Communisme.
Dès 1770, les Loges russes, sous la direction de Novikoff et sous l'influence des Rose-Croix allemands, puis des Martinistes, travaillent activement. Entre 1817 et 1825, 145 Loges, la plupart martinistes, conspirent et provoquent le soulèvement des décembristes en 1824. Joseph de Maistre écrit : « Les illuminés de ce genre pullulent à Saint-Pétersbourg et à Moscou. Le gouvernement impérial écrase le mouvement et, en 1825, interdit la franc-maçonnerie. Celle-ci se reconstitue alors secrètement sous les titres, L'Alliance du Salut et Les Slavoniens Unis, qui sont très actifs notamment dans la région de Kiew. Le Catéchisme des Slaves révèle le plan maçonnique pour la Russie :
« Par une alliance fédérative et un gouvernement républicain, mais sans porter préjudice à leur indépendance respective, unir les huit pays slaves : la Russie, la Pologne, la Bohême, la Moravie, la Dalmatie, la Hongrie avec la Transylvanie, la Serbie avec la Moldavie et la Valachie » (A)
Dès la fin du XIXème siècle, les milieux gouvernementaux et les classes dirigeantes russes sont infestés par l'occultisme qui les envoûte littéralement d'autant plus facilement que l'âme slave y prédispose, avec la complicité du rosi-crucisme, du swedenborgisme, et surtout du martinisme. Dès 1880, les mages ou occultistes Henri de Langsdorff, Jean Hitsch, Philippe, Papus, le lama thibétain Bodmeieff, puis pour finir Raspoutine, préparent le terrain en déboussolant les esprits. (B)
Les B'nai B'rirth, la Grande Loge d'Angleterre, l'Ecossisme, l'Ordre du Temple d'Orient agissent de leur côté.
Enfin, la finance juive internationale, une fois le complot arrivé à maturité, paie la révolution : Jacob Schiff, Kuhn Lœb et Cie Gugenheirn, etc. ... Un wagon plombé traverse l'Allemagne, en pleine guerre, en 1917, qui emmène Lénine et ses compagnons. Ces derniers, en arrivant en Russie, trouvent leurs comptes en banque bien approvisionnés (Lénine, Sumenson, Koslowsky, Trotsky, etc. ...) par ordre de la Reichsbank N° 7433 du 2 mars 1917 (C). Ainsi, dès le départ, le communisme était tout à la fois soutenu et endigué par le Pouvoir occulte ... et cela n'a jamais cessé ...

    (A) — Pierre Virion, *Bientôt un Gouvernement mondial*, pp 128 — 129
    (B) — *Revue internationale des Sociétés Secrètes* du 22 février 1931, page 180, La Voix de la Russie, par XX.
    (C) — Documents Parlementaires des États-Unis.

Après Munich et les événements de Tchécoslovaquie, se tinrent à partir d'octobre 1938 une série de réunions de membres des organisations du Pouvoir occulte qui, en mai 1939 établirent un premier mémorandum qui fut ensuite mis au point et aboutit le 31 octobre 1940 à un véritable plan d'organisation du monde que, grâce à la guerre, il s'efforcera d'instituer, The City of Man — A Declaration on World Democracy (La Cité de l'Homme — Une Déclaration de la démocratie dans le monde).

Le franc-maçon d'origine israélite hollandaise, Roosevelt, Président des États-Unis et exécuteur des volontés du Pouvoir Occulte, écrivait à Zabrousky la lettre suivante destinée à être communiquée à Staline, datée de 1943 et publiée dans le Figaro du 7 février 1951 :

« Les États-Unis et la Grande Bretagne sont disposés, et cela sans aucune réserve morale, à donner la parité de vote absolue à l'U.R.S.S. dans la réorganisation future du monde d'après-guerre. Elle sera membre ... du groupe directeur au sein du Conseil de l'Europe et du Conseil de l'Asie ... sur un même pied d'égalité et d'égalité de voix avec les États-Unis et l'Angleterre et fera partie du haut tribunal que l'on devra créer pour résoudre les divergences existant entre les différentes nations ; qu'elle interviendra de même dans la sélection et la préparation des forces internationales de l'armement et du commandement de ces forces ... On donnera en outre à l'U.R.S.S. un port en Méditerranée. Nous cédons à ses désirs, en ce qui concerne la Finlande et la Baltique en général ... Il reste à Staline un vaste champ d'expansion dans les petits pays de l'Europe orientale ... »

Quoi de plus surprenant encore quand on sait que :

1° ce Président Roosevelt avait comme ministre des Finances le juif Morgenthau et comme Ministre des Affaires Étrangères Cordell Hull qui avait épousé la juive Rosa Witz.

2° Winston Churchill, Premier Ministre anglais, était le petit-fils de la juive Jacobson-Scheidan, et que Anthony Eden était le cousin du juif Weiseman. Etc. ... ...

En ce qui concerne la France, il écrivait dans le même document :

« Le secrétariat toutefois est destiné à la France, avec voix consultative, mais non délibérative, comme récompense de sa résistance et punition de son fléchissement antérieur... la France devra demeurer dans l'orbite anglaise ... »

C'est le plan synarchique de 1935 !

Le 11 février 1945, à Yalta, les deux compères du Pouvoir occulte se partageaient le monde. C'est avec raison que Pierre Virion écrit, parlant du sinistre De Gaulle :

« L'homme qui en réalité exécute un plan qui n'est pas le sien ».

Il est l'homme que le Pouvoir occulte a dirigé, parfois sans qu'il s'en doute, en agissant sur son orgueil incommensurable et sur son despotisme. Il suffisait de lui inspirer adroitement ce qu'on voulait lui faire exécuter de telle sorte qu'il s'imaginait que l'inspiration venait de lui ! En réalité, il n'exécutera que le plan de la Synarchie établi avant lui par le Pouvoir occulte luciférien, puis adapté aux nécessités de l'heure par les Saint-Yves d'Alveydre, Coudenhove-Kalergi, Kadmi-Cohen, etc. ... Dans son ouvrage sur la Synarchie, J. Weiss écrit au sujet de De Gaulle :

« Il est qualifié pour proclamer la nécessité d'une Synarchie et propager la doctrine correspondante. Sans l'ombre d'un doute le Pouvoir enseignant de cette synarchie le désignerait comme chef du gouvernement s'il le désirait ».

C'est en effet ce qui eut lieu trois ans plus tard, quand il reprit le pouvoir pour permettre à la Synarchie de détruire les Empires Coloniaux, car l'article n° 106 du Pacte Synarchique portait :

« L'ère capitaliste et colonialiste est révolue pour la France : le socialisme s'installe sous des formes différentes dans l'Occident Européen, comme dans le reste du monde à des cadences variables.

« n° 107 Par delà le socialisme en voie de réalisation mondiale et d'adaptation nationale, l'ère synarchique commence pour la France initiatrice de la Révolution des temps modernes ... .

« n° 136 L'ère Synarchique impériale commence pour la France et par la France, pour le monde ».

De fait l'Empire colonial français, puis l'Empire colonial anglais ont disparu et le socialisme s'est installé pratiquement un peu partout dans le monde ; la politique de Giscard n'a pas eu d'autre but. Et il y a encore des Français pour considérer De Gaulle comme un grand homme. Il fut, hélas, le plus grand malfaiteur de l'Histoire de France ...

Quelques preuves encore de la collusion américano-soviétique :

La manière dont le Général Mac-Arthur, alors qu'il avait raison, fut rÉlevé de son commandement.

Le lâchage de Tchang Kaï Chek au profit de Mao-Tsé-Tung et du communisme chinois. La politique américaine contre la France en Indochine, puis le lâchage par les Américains et l'assassinat de Diem au profit du communisme indochinois. L'affaire de Suez, car ce n'est pas la menace russe qui a arrêté la France et l'Angleterre mais bien l'intervention américaine ; la politique américaine manœuvrant pour obtenir la destruction de l'Empire colonial français, en faveur de l'indépendance des peuples noirs et de l'Algérie, alors que ces peuples n'avaient pas encore atteint le degré de civilisation compatible avec leur indépendance.

Le lâchage du Shah d'Iran par l'Amérique de Carter, au moment même où la connivence de Giscard l'obligeait à couver à Neauphle le Château l'ayatollah Komeiny au plus grand profit des Soviets parce que le président français se voulait le partenaire privilégié de Moscou ...

Enfin, la politique suivie à l'encontre de l'Afrique du Sud ... etc. ... .

Le 8 Septembre 1958 — ô ironie ! — dans le palais du Roi de France — fut signée par trente-huit pays la Charte dite de Versailles, dans le but de préparer l'instauration du gouvernement mondial voulu par le Pouvoir occulte. Citons en quelques passages :

« Les peuples, parlements et gouvernements du monde entier doivent décider l'établissement d'une autorité mondiale chargée de la responsabilité du maintien de la paix.

« L'autorité mondiale doit détenir les pouvoirs nécessaires et les moyens pour accomplir cette tâche ... »

Et les signataires demandent aux gouvernements et parlementaires de réunir une conférence mondiale pour étudier comment créer :

« 1° Un parlement mondial pour établir des lois mondiales en vue d'assurer et de maintenir une paix durable.

« 2° Un pouvoir exécutif pour appliquer ces lois.

« 3° Des Cours internationales de Justice ayant pouvoir de juridiction pour tous les conflits concernant ces lois mondiales.

« 4° Une force de police mondiale chargée de faire respecter ces lois universelles par tous ceux qui commettent ou risquent de commettre une violation de ces lois universelles et de rendre ainsi possible le désarmement universel, simultané et total de toutes les nations ».

Le Dan Smoot Report confirme cette collusion américano-sovietique. Dan Smoot faisait partie du Federal Bureau Investigations (F.B.I.) :

« Il est évident, dit-il, que le programme immédiat du Président Eisenhower pour le monde (comme il l'a dit dans son discours à l'O.N.U. du 22 septembre 1960) **est identique à celui des communistes** ...

« L'objectif dernier du programme communiste de nivellement et de socialisation du monde consiste à intégrer toutes les nations dans un **Super-État mondial Socialiste.**

« Le Président Eisenhower a annoncé le même objectif dans son discours du 22 septembre : « Nous envisageons une unique communauté mondiale ... Ainsi voyons-nous notre but, non comme un super-État au-dessus des nations, mais comme une communauté mondiale les embrassant toutes ».

Passons à Kissinger. Lui aussi est un des membres influents du Pouvoir occulte. Examinons un peu son curriculum vitae : Juif allemand d'origine, il entre dans l'intelligence Service Soviétique au cours de la seconde conflagration mondiale et est placé à l'Odra sous la direction du général Zelanzuikoff.

En 1954 il entre en contact avec le C.I.A.

Comme toutes les marionnettes du Pouvoir occulte, qui apparaissent aussi rapidement qu'elles disparaissent dès qu'elles ont accompli la tâche qui leur est assignée, son ascension politique est très rapide.

En 1955 il collabore à une publication pro-communiste *Confluence* ; en 1959 il devient secrétaire d'investigation d'un des Groupes du Conseil des Relations Extérieures au sujet des problèmes politiques et stratégiques de dissuasion nucléaire.

En 1961, il cumule les hautes fonctions de Conseiller spécial du Président Kennedy sur la crise de Berlin, membre du Bureau d'Investigation des Opérations du *Weapons System Evaluation Group*, du *Opérations Coordinating Board*, du *Psychologic Strategy Board*, du *National Security Board et du Arms Control and Disarmement Agency*. À ce moment le C.I.A. est prévenu du rôle que joue réellement l'individu ... Mais cela n'empêche pas son ascension spectaculaire aux postes les plus influents qui lui permettront d'être au courant des secrets les plus importants de la politique des États-Unis pour le plus grand profit des Soviet ... et aussi d'agir dans le sens voulu par Moscou ...

Il devient ensuite membre du *Bilderberger Group* et du *Pugwash* et assiste à leurs réunions secrètes. Ce dernier groupe a été fondé par le millionnaire pro-soviétique Cyrus Eaton qui lui fait rencontrer Herbert Marcovitch qui, à son tour, le met en rapport avec un ami personnel d'Ho-Chi-Minh. Il les utilisera tous les deux dans ses négociations secrètes avec le gouvernement communiste du Vietnam-Nord. Il reçoit secrètement à Washington, le 24 novembre 1971, l'agent soviétique australien Burchett.

Il est aussi l'inspirateur des Traités sur les deux Allemagnes, sur le Mur de Berlin et fait introduire l'Allemagne de l'Est communiste aux Nations-Unies.

L'ambassadeur qu'il envoie en Thaïlande, Léonard Unger, ne tarde pas à faire renverser le Ier Ministre anticommuniste Thanom Kittikachorn ; ce travail accompli, il l'envoie comme ambassadeur en Chine libre bien que cet individu lui ait été dénoncé par M. Scott Lc Leod, le chef du bureau des Affaires de Sécurité, comme constituant « un grand danger pour la sécurité nationale et étroitement associé à des activités d'espionnage communiste ».

En 1973, la fiche de renseignement le concernant est remise tant au F.B.I. américain qu'au Service de Sécurité Britannique. Rappelons qu'alors il est le principal conseiller du Président des États-Unis ...

« Kissinger a fait davantage pour l'Union Soviétique que toute une série d'agents du K.G.B. Il introduisit la politique de la détente avec l'U.R.S.S., qui a servi pour livrer des trésors de technologie américaine aux communistes russes et accorder un crédit d'un milliard de dollars pour son commerce avec les États-Unis ».

Il est à l'origine de l'abandon de la Chine libre et de la détente avec la Chine rouge.

Le 7 février 1974, il conseille aux États-Unis de renoncer au Canal de Panama — vital pour permettre à la flotte américaine — suivant les circonstances — de passer du Pacifique en Atlantique ou inversement ...

Dans le *Washington News intelligence Syndicats* du 7 janvier 1974, Paul Scott révéla que l'ambassadeur soviétique à Washington, Anatoly F. Dobrynin, mentionna ses fréquentes entrevues avec Kissinger et s'adressant aux diplomates des pays de derrière le Rideau de Fer leur déclara textuellement que durant la crise du Moyen-Orient, le Secrétaire d'État, Henry Kissinger **« servait de négociateur autant pour l'union Soviétique que pour les États-Unis »**.[57]

Il est admirablement secondé par son adjoint et congénère juif, Helmut Sonnenfeldt qui, en 1958, fut à l'origine de fuites de documents secrets au profit des Soviets. L'enquête ouverte à ce sujet fut mystérieusement

---

[57] *La volte-face de Kissinger*, par Frank A. Capell, dans *The Review of the News*, cité par Poitiers-Université n° de décembre 1976, pp. 3 et 6. Un livre du plus haut intérêt a été publié à Cologne chez VZD, en 1954, *KiSSiNGER — Person — Politik – Hintermânner*, par Ismerk Az Igazsagot. Cet ouvrage contient une liste fort instructive des participants à la conférence des Bilderbergers à Megève du 19 au 21 avril 1974, et une bibliographie intéressante.

étouffée.⁵⁸ Cet Helmut Sonnenfeltd qui, lui aussi membre du *Council on Foreign Relations* déclarait aux Ambassadeurs américains en Europe, réunis secrètement à Londres en décembre 1975 :

« L'incapacité des Soviétiques à obtenir l'adhésion réelle des pays de l'Europe de l'Est pourrait avoir des conséquences tragiques : l'éclatement du bloc de l'Est pourrait provoquer une nouvelle guerre mondiale. **Aussi notre politique doit faire en sorte que les liens entre l'Europe de l'Est et l'Union Soviétique deviennent organiques** ». (*Hérald Tribune*, 22 mars 1976)

Ce qui est confirmé par le *New York Times*, cité par *Le Monde* du 8 avril 1976, ce Sonnenfeldt qui, au lieu d'envisager la libération de ces peuples asservis aux Soviets, ce qui serait logique et dans l'intérêt américain bien compris, préconisait, au contraire, qu'ils demeurassent **« dans le contexte d'une sphère géopolitique soviétique »**, ce qui à ses yeux, constituerait un **« développement organique souhaitable pour l'équilibre international »**.⁵⁹

Ainsi, comme le constate très judicieusement Christian Lagrave, les dirigeants de la politique américaine jusqu'en janvier 1977 étaient deux israélites d'origine germanique qui considéraient qu' **« il importe de renforcer la cohésion du Bloc Soviétique et d'aider la dictature moscovite à asservir définitivement ses vassaux en un ensemble organique irréversible »**.

Nous ne pouvons que faire nôtre sa conclusion qui montre que si les États-Unis ont « accepté l'iniquité de Yalta, laissé écraser les Polonais puis les Hongrois en 1956, laissé envahir la Tchécoslovaquie en 1968 et permis au communisme de prendre partout dans le monde des positions stratégiques décisives », c'est parce que **« cette politique criminelle résulte d'un dessein mûrement réfléchi, longuement**

---
⁵⁸ *Monde et vie* du 10 avril 1976 et *Bulletin indépendant d'information Catholique*, publié à Bruxelles, n° 1 29 mai 1976.
⁵⁹ *Lecture et Tradition*, mars, avril 1976. C'est nous qui soulignons.

concerté et cyniquement exécuté » afin de détruire la Chrétienté pour aboutir à « **la démocratie universelle chère à la maçonnerie », but ultime de la révolution** » maîtrisée ensuite, ajouterons-nous, par le gouvernement mondial du Pouvoir occulte luciférien incarné alors par le règne du Roi d'Israël.

L'arrivée au pouvoir de Jimmy Carter ne pouvait qu'accentuer cette politique destinée à désarmer moralement, matériellement et surtout militairement les États-Unis et leurs alliés, Brzezinsky étant le nouvel *ange gardien* du président américain.[60]

Devant la peur de trop de révélations concernant ce nouveau gouvernement américain, Léonard Silk écrit dans le *New York Times* du 7 janvier 1977 : « Ceux qui croient à la thèse d'une conspiration vont sûrement considérer la Commission Trilatérale comme un *front* de l'Establishment ». La Trilatérale fondée par David Rockefeller en 1973 — nous y reviendrons, poursuit, en y ajoutant le Japon, le même but que le *Council on Foreign Relations* — présidé par ce même D. Rockefeller.

Monsieur Pierre de Villemarest démontre qu'aucun gouvernement américain n'a été aussi complètement livré au Pouvoir occulte que celui de Carter.[61]

Le Président Carter est un fervent de la Commission Trilatérale.

Le Vice-Président — gauchiste — est membre du *Council on Foreign Relations*, des Bilderbergers et de la Commission Trilatérale.

Six membres du Département d'État sont membres de l'un ou l'autre de ces groupements, souvent de plusieurs, quand ce n'est pas des trois :

---

[60] Voir la note concernant la *Trilatérale*.
[61] *Monde et vie*, 21 janvier 1977, Pierre de Villemarest, *Les hommes-clefs du Gouvernement Américain*, pp 8 et 9.

Cyrus Vance, Warren M. Christopher, Philip C. Habib, Richard N. Cooper, Richard M. Moose, Matthew Nimetz.

À la défense : Brown, d'origine juive, partisan d'un désarmement mondial en coopération avec les Soviets (C.F.R. et Trilatérale)

À la Sécurité Nationale : Z. Brzezinsky (C.F.R., Bilderberg, directeur de la Trilatérale). Polonais naturalisé en 1954, partisan d'une communauté des nations englobant les États Communistes qui sont coopératifs et qu'aux Patries, il convient de substituer les élites transnationales.

Au Trésor : M. Blumenthal (C.F.R., plus Trilatérale) juif allemand naturalisé en 1951.

À l'O.N.U. : Andrew Young a participé aux manifestations sanglantes en 1960, comme noir, est passé par une école spéciale du Parti Communiste Pro-soviétique mais dialecticien habile.

Etc. ... ...

Est-il surprenant alors que la première déclaration du Président Carter soit adressée au monde et ait préconisé un accord avec les Soviets sur le désarmement nucléaire, comme si un accord signé par ces derniers pouvait avoir une valeur quelconque : ils signeront l'accord mais se garderont bien de désarmer chez eux, alors que de l'autre côté on aura la faiblesse d'esprit — à moins que ce ne soit une trahison volontaire — de le faire si bien que quand ceux-là voudront procéder à l'envahissement du reste de l'Europe, ils seront les maîtres et rien ne pourra s'opposer à l'invasion, quitte même — car tout est possible — à ce que les complices des deux bords ne soient amenés par le Pouvoir occulte, qui les commande tous, à provoquer la troisième conflagration mondiale le jour où il jugera à propos de le faire.

Après la disparition de la scène politique internationale du grand défenseur de la détente entre l'Est et l'Ouest, Henry Kissinger, la seconde déclaration de Carter à Andrea Sakharoff, sous prétexte de défendre les droits de l'homme — qui vise directement les Soviets — indiquerait-elle que le Pouvoir occulte aurait décidé la reprise de la guerre froide, en attendant l'autre ? ... car, au même moment est publié le discours secret de Brejnev à Prague en 1973, devant les chefs d'États ou de partis des pays membres du Pacte de Varsovie, publication qui ne peut qu'exciter à la guerre froide mais confirme d'une manière éclatante ce qui a toujours paru évident aux esprits réfléchis demeurés indépendants, à savoir qu'on ne traite pas avec les soviets dont les engagements et les traités signés par eux n'ont, à leurs yeux aucune valeur, la seule qui compte ayant toujours été leur intérêt immédiat, seule loi inviolable pour eux.

Brejnev déclare

« Sous le couvert de la détente, nous en avons accompli bien plus en peu de temps qu'en des années de confrontation avec l'OTAN ... »

« **La détente n'est qu'un stratagème** destiné à camoufler un changement décisif dans la balance des forces entre les pays de la communauté socialiste et ceux du Pacte de l'OTAN ».

Cette publication a été insérée dans un rapport annuel, le *National intelligence Estimate* établi en décembre 1976. Kissinger avait dissimulé le document, car sa publication eut été à l'encontre de sa politique ...[62]

Et Brejnev, en indiquant ses objectifs, ajoute :

« Le résultat de ce que nous sommes en train d'obtenir grâce à la détente, **c'est que nous aurons atteint en 1985 la plupart de nos objectifs en Europe Occidentale** ».

---

[62] Publié dans *valeurs Actuelles*, n° 21 00 du 28 Février 1977, pp. 17 à 19.

Dans une autre circonstance, touchant la Sainte Église, cette collusion américano-soviétique semble bien avoir joué lors du Conclave qui a suivi la mort de Jean XXIII (mort naturelle ou provoquée ?), la fumée blanche est sortie une première fois. Le Cardinal Siri, dit-on, aurait été élu à une très faible majorité et aurait alors demandé qu'un autre tour de scrutin ait lieu pour lui permettre d'obtenir une majorité plus importante. Le Cardinal Tisserant serait sorti et aurait prévenu l'Étranger. Alors, dit-on, encore, une action concomitante se serait produite tant de la part des États-Unis que de celle des Soviets en vue d'obtenir une certaine élection et le Cardinal Siri aurait ainsi été éliminé ... dans le but de faire triompher la politique du Pouvoir occulte qui règne depuis lors au Vatican, très spécialement depuis le règne de Paul VI.

Mais revenons à l'Amérique : Le Président Carter, ayant accompli la tâche qui lui était assignée, à savoir le désarmement moral et matériel des États-Unis, fut dès lors écarté du pouvoir. À ce moment, il convenait qu'un président énergique et clairvoyant fut élu pour relancer le patriotisme américain et permettre au Pouvoir occulte de déclencher plus facilement la troisième Conflagration mondiale ; mais, bien entendu, un ange gardien fut placé auprès du Président Reagan en la personne du Vice-Président ... Tous les pions sont ainsi déjà en place en vue du déclenchement de la crise ultime ... Enfin, la mort de Brejnev remplacé très opportunément par Andropov, qui pendant tant d'années fut le chef le plus dur et le plus dangereux du K.G.B. a activé la mise en .place de tous les pions en vue du déclenchement de la crise voulue ... maintenant à nos portes ...

* *

*

Les peuples libres ne devraient jamais oublier cette déclaration faite par Dmitri Manuisky, à Moscou en 1930 à l'École Lénine — véritable école politique — et que nous risquons de voir se réaliser dans les prochains mois :

« Une guerre d'extermination entre communisme et capitalisme est inévitable. Aujourd'hui, nous ne sommes pas assez forts pour attaquer. Notre temps viendra dans vingt ou trente ans. Pour gagner il nous faudra l'élément de surprise. La bourgeoisie devra être endormie. Aussi nous commencerons par lancer le Mouvement pour la Paix le plus spectaculaire qui soit, battant tous les records. Il y aura des ouvertures électrisantes et des concessions inédites. Les pays capitalistes stupides et décadents se réjouiront de coopérer à ce qui sera leur propre destruction. Ils sauteront sur une autre chance d'être amis. Aussitôt qu'ils ne seront plus sur leurs gardes, nous les écraserons de nos poings fermés ».

C'est aussi la raison pour laquelle les Soviets — quand c'est leur intérêt — pour mieux tromper leurs adversaires, proposent le désarmement, car ils savent que les États Occidentaux, s'ils acceptaient ce désarmement, auraient la naïveté d'en appliquer les décisions, alors que les Soviets — eux — ne les appliqueraient pas afin qu'ayant ainsi désarmé leurs adversaires, ceux-ci soient dans l'impossibilité absolue de se défendre le jour où Moscou aurait décidé de les envahir. Moscou qui a, en effet, tout préparé en vue de cette invasion. Les déclarations du Général Dubicki — ancien homme de confiance du chef du Gouvernement polonais, Jaruzelsky — , passé à l'Ouest à l'automne 1981, sont, hélas, fort éloquentes à ce sujet et d'autant plus graves qu'il a eu accès aux plans les plus secrets des Soviétiques. Remarquons que ses déclarations ont été publiées en novembre 1982, donc peu avant la mort de Brejnev ; elles n'en ont donc que plus d'importance maintenant qu'Andropov est arrivé au pouvoir. Le général Dubicki distingue deux intentions de Moscou :

À Les partisans de Brejnev comptent, grâce au renoncement (esprit de démission) croissant de l'Occident, sur une finlandisation de l'Europe de l'Ouest.

B Les tenants de l'ancien chef du KGB, Andropov, considèrent l'U.R.S.S. comme contrainte à la défensive et veulent, en accord total avec les maréchaux rouges, prendre les devants par une action militaire.

« Comme l'on sait que l'ère de Brejnev va sur sa fin, l'OTAN et les gouvernements de l'Europe occidentale doivent compter avec la 2è variante (guerre éclair conventionnelle).

« Du côté russe, l'État-Major militaire a, depuis le 15 décembre 1980 mis en route les premiers préparatifs pour une percée vers l'Ouest (par exemple, redéploiement des troupes soviétiques aux frontières ouest des satellites, grandes manœuvres). **On compte sur une période de deux ans pour mener a bien des préparatifs et sur une éventuelle invasion de l'Occident au cours de l'hiver 82/83.** (Dubicki participa à l'étude des plans très secrets de mobilisation et d'engagement pour une confrontation militaire avec les Pays de l'OTAN).

« Sur quels axes se déroulera l'invasion soviétique ? Le général Dubicki présente comme suit les secrets qui lui furent confiés et qui furent à nouveau en 1981 essayés, vérifiés, et adaptés à la situation.

« A Sur le territoire de la République Démocratique Allemande stationnent trente-huit divisions des forces nationales (ISK) qui doivent s'enfoncer comme un couteau dans du beurre en Allemagne Fédérale, dans le Bénélux, la France et le Danemark. Direction générale : Berlin, Bonn, Paris. L'Europe centrale sera coupée en deux : au Nord de ce coin sont prévues treize divisions qui prendront et occuperont le Danemark, la Hollande, et la côte sud de la Mer du Nord. Plus au Nord, dix divisions combinées mer-terre (aéroportées) seront engagées pour s'emparer du sud de la Suède et des détroits danois.

« B Au Sud de la direction principale, sont stationnées en Tchécoslovaquie vingt divisions prévues pour une attaque sur l'axe : Prague, Munich, Strasbourg, Marseille. Mission principale : mettre la main sur l'Allemagne du Sud et l'Est de la France.

« C Une flotte aéroportée de huit divisions a pour mission de s'emparer de tous les dépôts atomiques et Postes de Commandement, ainsi que des bases et terrains d'aviation de l'OTAN. Ultérieurement, ces unités devront paralyser les gouvernements des États Européens, les États-Majors de l'OTAN, également les systèmes de communications et de ravitaillement de chaque armée. Tous les principaux nœuds de communication et les principaux ponts sur le Rhin seront tenus.

« Le Général Dubicki, qui a lui-même lu ces plans très secrets, estime que dès le premier jour de l'invasion jusqu'à soixante-quinze divisions (blindées, mécanisées, aéroportées) seront engagées sur le territoire compris entre la Suède du Sud et la frontière germano-suisse. Simultanément un deuxième échelon opérationnel de trente divisions de différentes armes seront en alerte en Pologne et en Tchécoslovaquie.

« Un rôle important sera joué par les Unités chimiques équipées principalement d'Artillerie. Au total, le Général Dubicki estime à plus de trois millions d'hommes du côté du Pacte de Varsovie, quarante-cinq mille blindés, cinquante mille véhicules mécanisés, vingt-cinq mille pièces d'artillerie et lance-roquettes ainsi que treize mille avions et hélicoptères pour soutenir directement cette invasion éclair. Officiers et soldats du Pacte de Varsovie sont prêts à tout moment à commencer la conquête des richesses occidentales, ou, autrement dit, le pillage de l'Ouest doré.

« En ce qui concerne le jour J, beaucoup dépend du moment où le corridor polonais sera de nouveau fermement dans la main des Soviets ».[63]

C'est clair, net, précis. L'Occident est prévenu. Or Andropov, le nouveau chef de la Russie soviétique — et donc du communisme mondial — a, comme ancien chef du K.G.B. toujours préconisé les

---

[63] *Vertrauliche Mitteilungen, informations Confidentielles, Bulletin Politique et Économique* créé le 1er janvier 1951 par Arthur Missbach à Bucken, République Fédérale Allemande n° 2408 32ème année 2 novembre 1982.

mesures les plus dures. L'Occident ne doit donc pas se laisser influencer par ses simagrées faussement pacifistes

... Il est beaucoup plus dangereux encore que son prédécesseur.

Chapitre V

Les bras de la pieuvre luciférienne

Le Pouvoir Occulte est une pieuvre aux multiples tentacules dont il est le cerveau directement inspiré par Lucifer. Il dispose de très nombreux groupements ou organisations qu'il crée ou supprime suivant les besoins et qui se compénètrent et agissent parallèlement afin que toutes les religions, les gouvernements et les classes, en un mot toutes les puissances religieuses, économiques, politiques, financières et sociales, etc. ... soient infiltrées et dirigées par personnes interposées — souvent sans qu'elles s'en doutent — vers le but suprême : la destruction de l'Église Catholique et des peuples chrétiens d'Europe pour aboutir à l'instauration du Roi d'Israël et du Gouvernement Mondial, dirigé lui-même par Lucifer.

Faut-il ajouter qu'ayant été formé à l'étude des Sociétés Secrètes et du Pouvoir occulte par Monseigneur Jouin, j'ai depuis ma jeunesse, toujours continué à me documenter sur ces questions afin de voir plus clair dans les événements religieux nationaux et politiques. En 1947 se tint à Paris un Congrès spiritualiste mondial dont toute l'action ne pouvait être que luciférienne. Au même moment une campagne fut déclenchée dans la presse avec infiltrations très marquées jusque dans les revues et œuvres catholiques (ou se prétendant telles). Devant accomplir mon service de Camérier secret auprès de Pie XII à la fin de juillet 1947, j'avais préparé tout un dossier afin de le communiquer au Souverain Pontife.

Le 24 juillet, nous l'avons étudié à Rome avec un vénéré Ami, le Très Révérend Père Garrigou-Lagrange, éminent théologien très lié avec Pie

XII, et nous avons arrêté ensemble la lettre suivante que j'ai remise le lendemain, en main propre, au Souverain Pontife :

Rome, le 25 Juillet 1947,

« Très Saint Père,

« Je prie Votre Sainteté de m'excuser de Lui transmettre une documentation aussi abondante, mais aussi significative, dont les passages soulignés sont le reflet d'ouvrages occultistes prétendus très savants et qui mériteraient d'être examinés.

« Il est surprenant, en effet, que des ouvrages comme ceux de GUENON et de son école, qui exposent un syncrétisme religieux prétendu supérieur au Christianisme, n'aient pas été mis à l'Index ou n'aient pas fait l'objet d'études théologiques pour prémunir les fidèles contre des doctrines si dangereuses, dont on retrouve toutes sortes **d'influences** et de ramifications dans les centaines d'ouvrages qui paraissent actuellement sur ces questions.

« Depuis la mort de PAPUS (Docteur ENCAUSSE), d'autres auteurs continuent son œuvre en particulier GUENON, OSSENDOWSKY, LECOURT, et MAROUES-RIVIERE que plusieurs avaient cru converti et qui est devenu occultiste bouddhique.

« Ces livres mériteraient d'être examinés par le Saint-Office, spécialement par des théologiens de profession et quelques-uns d'entre eux par des théologiens spéculatifs déjà au courant de ce qu'était la Kabbale juive, les interprétations rationalistes de l'Ancien et du Nouveau Testament. Il y a là tout un vocabulaire spécial qui n'est connu que par des initiés et sans la connaissance duquel on n'entend rien à ces ouvrages qui sont écrits par les doctrinaires des Puissances Occultes les plus secrètes mais les plus influentes.

« Cet enseignement est ensuite monnayé dans une foule de publications à caractère ésotérique qui pervertissent les intelligences à propos de la dignité de la personne humaine, de la démocratie et de toute une idéologie entendue dans un sens qui n'a plus rien de chrétien et ne conserve plus de nos dogmes que le nom.

« Daigne Votre Sainteté agréer l'hommage filial d'un de Ses fils humblement prosterné à Ses pieds et qui aime à se dire,

« Très Saint Père, de Votre Sainteté,
le très humble, très fidèle et très dévoué serviteur et fils ».

Au cours de l'audience que nous eûmes, le Comte Affre de Saint Rome, Président des Camériers Français et moi, le Souverain Pontife me remercia et, en me précisant qu'il prendrait personnellement connaissance du dossier, me demanda de continuer à le documenter.

Ayant réuni la documentation demandée par le Saint Père et établi la liste des ouvrages que je considérais comme utiles à examiner avec noms des auteurs, titres des livres, éditeurs et année de publication, je vins à Paris pour faire parvenir le tout à Pie XII, me demandant comment y parvenir d'une manière sûre. La Providence allait tout arranger dans des conditions inespérées.

Son Altesse Royale le Prince Xavier de Bourbon déjeunait chez ma mère à Versailles. Le Prince et moi travaillons beaucoup à la Cause de Canonisation de Madame Élisabeth de France et il était le parrain de mon fils Xavier. Tout naturellement je Lui exposai mon problème et Il me dit : « Je pars demain matin à Rome où je dois voir Pie XII. Apportez-moi votre dossier à la gare de Lyon ».

J'ajoutai donc au dossier la lettre suivante pour le Souverain Pontife :

« Très Saint Père,

« Au cours de mon service de Camérier Secret, Votre Sainteté a bien voulu m'accorder le 25 juillet dernier une audience avec le Comte AFFRE de SAINT ROME.

« J'ai eu l'honneur, à ce moment, de Lui remettre un commencement de documentation sur les plans de l'Occultisme relatifs au Tibet et à MAHA-CHOHAN et Votre Sainteté a bien voulu m'assurer qu'Elle étudierait Elle-même le dossier. Je Lui ai demandé, sur le conseil du Révérend père GARRIGOU-LAGRANGE qu'une Commission de Théologiens au courant des questions occultistes fut désignée pour étudier ces questions, condamner les ouvrages de plus en plus nombreux qui pervertissent les âmes, les intelligences et les cœurs spécialement de la jeunesse, et pour mettre en garde les fidèles contre ces doctrines particulièrement séduisantes au premier abord et d'autant plus dangereuses qu'elles font appel à l'idéal et aux nobles sentiments afin de poursuivre ensuite leur œuvre séductrice et véritablement démoniaque avec plus de facilité.

« Votre Sainteté m'avait demandé une liste des principaux ouvrages traitant ces questions. Je saisis donc une occasion sûre pour faire remettre à Votre Sainteté par Son Altesse Royale le Prince Xavier de Bourbon :

1° Une liste d'ouvrages sur ces questions, avec les références.

2° L'analyse de certains de ces ouvrages, dont quelques-uns sont introuvables pour des non-initiés. L'analyse de ces ouvrages sera poursuivie au fur et à mesure des possibilités et envoyée à Votre Sainteté.

3° Quelques renseignements complémentaires ou publications sur le Congrès Spiritualiste Mondial de Paris, sur les réunions tenues à Paris par Maha-Chohan et sur le Réarmement Moral (Moral Re-Armement = M.R.A.), continuation du Mouvement d'Oxford.

« Daigne ... ...

« Le 4 Novembre 1947 ».

Étaient mentionnés les ouvrages de PAPUS, SAINT YVES D'ALVEYDRE, GUENON, Alexandra DAVID-NEEL, Frédéric BOUTET, Paul LECOUR, LANZA del VASTO, Jacques MARCIREAU, etc.

L'année suivante, lors de mon service auprès de Pie XII, quand j'ai demandé mon audience habituelle, après mon service de Camérier, le Maître de Chambre, Mgr. C ..... V ..... me dit sur un ton glacial et voulant m'intimider : « C'est vous qui, l'an dernier, avez remis tout un dossier au Saint-Père ? » Ce à quoi j'ai répliqué, aussi froidement et les yeux dans les yeux, pour bien lui marquer que personne ne m'empêcherait de continuer : « Oui, Monseigneur, c'est moi ! » Et c'est lui qui a baissé les yeux.

Ce qu'il était possible de faire sous le Règne de Pie XII, ne le serait plus de nos jours, hélas ! À peu près tout l'entourage du Souverain Pontife étant occupé par des membres de la secte luciférienne ...

Citons entre-autres organisations lucifériennes ou très dangereuses. L'*Agartha* ; la *Rose-Croix* ; les *Templiers* ; la *Synarchie* qui en Amérique est incarnée par *The Américan Establishment* ; la *Table Ronde* qui crée à son tour le *Council on Foreign Relations* ; le *Bilderbergergroup* ; et depuis peu, la *Trilatérale* ; etc. ... Étudions quelques-unes d'entre elles :

L'Agartha

L'Agartha est peut-être l'un des centres les plus secrets et les plus influents du Gouvernement occulte du monde. Voici ses prétentions :

« Pour jouer son rôle civilisateur et transmettre des traditions cent fois millénaires, il était préférable que l'Agartha laissât ignorer son existence à l'Europe jusqu'au XIXème siècle ...

« L'Inde a pour mission d'apporter à l'Europe **LA SAGESSE** et **LA SCIENCE** des cultes bouddhiques et brahmaniques. La caractéristique du culte bouddhique est la sagesse, celle du culte brahmanique est la science universelle. La mission de la race blanche ne consiste donc nullement à enseigner les sciences en Asie. C'est l'inverse qui est vrai, car les réalisations bruyantes et encombrantes de notre science matérialiste ne supportent pas la comparaison avec celles des centres initiatiques d'Orient. Là-bas, tous les résultats que l'Occident recherche sont obtenus depuis longtemps par des procédés infiniment plus savants et plus simples harmonieusement conformes aux lois qui régissent le monde visible et LE MONDE INVISIBLE.

« Les temps approchent où **la vérité doit sortir de son puits** et où il faudra que s'accomplissent les Écritures : « il n'est rien de caché qui ne sera révélé, rien de secret qui ne sera connu ».

« C'est pourquoi, depuis 1875, c'est à dire vingt-cinq ans avant la fin de l'ère astronomique des Poissons, les Initiés d'Asie ont commencé à révéler leur existence à la race blanche, avec une sage lenteur. Madame Blavatsky fut une des premières à écrire des livres mentionnant l'existence de Maîtres de la Sagesse contemporaine. L'ensemble du mouvement Théosophique et de ses publications confirme leur influence ...

« Les bibliothèques qui renferment depuis 55.700 ans la véritable **synthèse** de tous les arts et de toutes les sciences sont inaccessibles aux profanes. Elles se trouvent dans les entrailles de la terre.

« Le jour où l'Europe aura fait succéder la Synarchie Trinitaire à son gouvernement général anarchique, toutes ces merveilles et bien d'autres deviendront accessibles ... La Sainte Agartha ... n'attend qu'un geste synarchique de la race blanche pour lui donner peu à peu la communication fraternelle de tous les arts et de toutes les sciences qu'elle pratique, avec le secret de tous les mystères ».[64]

Et les volontés synarchistes et occultes de l'Agartha sont révélées dans une lettre au Pape, en date du 17 juillet 1949 :

« En 1870, un dernier Concile pontifical s'est senti impuissant à rénover la doctrine catholique. Il s'est alors abdiqué lui-même en votant **l'INFAILLIBILITÉ pontificale** ... Autrement dit, vous avez reçu des évêques latins un blanc-seing absolu qui vous libère de tout sectarisme, afin de libérer Vous-même votre clergé de son impuissance sociale ...

« Aujourd'hui vous pouvez décider que tous les évêques seront reçus dorénavant à l'Examen et que les candidats n'appartiendront pas nécessairement au culte catholique. Vous pouvez prendre les dispositions voulues pour que des **examens initiatiques** ouverts se poursuivent jusqu'à votre Haute Fonction et que Vos successeurs soient nécessairement des **initiés**. Enfin, Vous pouvez décider de **changer le Siège de la Papauté**. **Rome est suspecté** à cause de son **impérialisme** sanglant, de son monopole **italien** et de **sa politique**.

« Supposez que vous vous installiez à **Jérusalem, universellement aimée et respectée**. Il vous serait plus facile d'**internationaliser** le Conseil Directeur qui préside aux destinées catholiques, et de jouer réellement le rôle de Souverain Pontife de la race blanche. Si vous accomplissiez ce redressement, d'**accord avec l'Agartha**, ne croyez-vous pas que **Vous rallieriez** immédiatement **tous les Chrétiens du monde** occidental **Protestants et Orthodoxes** compris ? ... »

---

[64] Jacques Weiss, disciple de Saint-Yves d'Alveydre : *La Synarchie, l'Autorité face au Pouvoir*, livre III.

Et cette lettre au Pape se termine par la menace luciférienne :

« Si vous ne faites pas ce geste en pleine lumière, et en pleine sincérité, **votre gouvernail Vous sera retiré par les grands initiés.** La pression mondiale montante de la conscience universelle deviendra trop forte pour que votre Église puisse y résister ...

« **En vain lutterez-Vous contre le Communisme** ... Le Communisme est outillé pour submerger un monde **non synarchique**. Donnez-leur un idéal à l'échelle mondiale, intégrez-les dans une véritable Église Universelle, c'est-à-dire mettez-les en place comme partie intégrante d'une **Synarchie**.

« Le monde **exige** absolument **une religion scientifique**. Si Vous n'êtes pas en mesure de la lui donner, demandez le secours de l'Agartha qui s'empressera de Vous aider si Vous amorcez une Synarchie sincère. Si votre carence est intentionnelle, **d'autres que Vous donneront cette science au monde** ».[65]

SYNARCHIE

Nous avons vu les liens étroits existant entre l'**Agartha** et la **Synarchie** en vue du même but. Ce but suprême de toute l'action du Pouvoir Occulte n'a jamais varié : la destruction de l'Église Catholique et de la civilisation chrétienne plus spécialement incarnée dans l'Occident chrétien, en vue d'aboutir à un gouvernement mondial destiné à promouvoir le triomphe d'une socialisation technocratique synarchique qui est d'assurer le règne de Lucifer.

« Les hautes instances synarchiques peuvent utiliser des sectes maçonniques ou para-maçonniques diverses ou opposées et, suivant les besoins de la cause, provoquer l'essor ou le dépérissement après usage de telle ou telle Société, secrète ou discrète, de tel groupe d'influence ou

---

[65] Jacques Weiss, idem, pages 316 à 319.

école philosophique, lorsque la dite Société a fait son temps ou rempli son office. Ajoutons qu'à des fins de contrôle, les Sociétés supérieures installent toujours certains de leurs membres au sein des Sociétés inférieures, dans les points stratégiques, et cela sans dévoiler leur appartenance supérieure, bien entendu ... ».[66]

LA ROSE-CROIX & L'ORDRE ROSICRUCIEN A.M.O.R.C.

Le fondateur de la Rose-Croix serait le juif J. Valentin-Andréa.

Le siège mondial de l'Ordre Rosicrucien A.M.O.R.C. est aux États-Unis : Rosicrucian Park — San José — Californie. Ouvrons la plaquette, abondamment et richement illustrée, destinée à la propagande de l'Ordre : « *La Maîtrise de la vie* — Documentation privée publiée sous l'égide de l'**ancien et mystique ordre ROSÆ CRUCIS** — 1966 — publié sous le sceau de l'archiviste suprême ».

Tout d'abord une remarque, car les signes ont une grande importance surtout dans ces sortes de sociétés de pensée : on peut constater que le sceau de l'archiviste contient un triangle dont la pointe est en bas — triangle qui est donc l'inversion du triangle divin et est donc démoniaque. En outre la plaquette se termine par une image symbolique où, sous les bras de la croix se trouvent deux triangles contenant une croix : dans celui inversé pointe en bas, donc luciférien, la croix est placée normalement du fait que le triangle est inversé ; dans l'autre, pointe en haut, la croix est la tête en bas. C'est donc bien, dans l'un comme dans l'autre le signe de l'inversion luciférienne ...

Dans cette plaquette, les Rose-croix revendiquent comme des leurs ou de leurs amis : saint Albert le Grand, Dante, l'alchimiste Cornelius Agrippa, Francis Bacon, Descartes, Newton, Leibnitz, Swedenborg,

---

[66] Document du Groupe Nation Nouvelle, *Le Gouvernement occulte et l'Ordre de la Rose-Croix*, 1e partie page 3.

l'alchimiste et père de la médecine hermétique Paracelse, Benjamin Franklin, le romancier Balzac, le révolutionnaire italien Mazzini, etc. ...

La Rose-Croix, qui prétendait remonter au XIVème siècle, fut certainement très active à partir de 1604 en Allemagne. En 1619, un pamphlet anonyme Rosas Cruels frater, prouve son existence à ce moment, et Campanella dans son De Monarchie Hispanica discursus, publié à Amsterdam en 1640, dénonce la confrérie des Rose-Croix comme poursuivant systématiquement « le bouleversement de la Société » (page 537 et suite).

Pour attirer les orgueilleux et les curieux :

« Cette brochure vous montrera comment vous mettre à l'unisson de ceux qui en édifiant avec persévérance leur existence sur une connaissance initiatique transmise d'âge en âge, ont pris place parmi l'élite du monde ».

L'auteur de la plaquette expose, à sa manière, « comment il y a — dit-il — plusieurs millions d'années, l'homme commença à étudier les mystères qui l'environnaient ».

Certains « se groupèrent donc en écoles de mystères pour étudier de façon approfondie les arcanes de la connaissance et se rendre ainsi maîtres des forces vitales et naturelles dont ils constatèrent l'action.

« Dans les temples imposants de la région du Nil, les membres de la fraternité se rencontraient secrètement, formant une école d'arcane sagesse.

« Une grande partie de l'étonnante sagesse ainsi acquise fut résumée par eux sur leurs tablettes de pierre ou sur leurs papyri ; mais une autre partie non moins importante fut secrètement transmise de l'un à l'autre **de bouche à oreille**. (p. 10)

« Les révélations de ces anciens chercheurs sont surprenantes même pour le monde scientifique d'aujourd'hui. Les vérités éternelles qu'ils découvrirent, les faits et les lois naturelles inconnus jusqu'alors dont ils pénétrèrent les secrets ... tout cela fut à l'origine des légendes qui nous sont parvenues à ce jour sur ces anciens **faiseurs de miracles** ». (p. 12)

La brochure devient alors alléchante pour le lecteur par l'indication de possibilités quasi infinies :

« Certains psychologues disent aujourd'hui que l'homme n'utilise que dix pour cent des pouvoirs dont il est doué en tant qu'être humain. Il y a des siècles que les fraternités secrètes savent comment contrôler et utiliser les quatre-vingt-dix centièmes de ces pouvoirs pour améliorer la vie, la rendre plus riche et plus belle. La plupart des prétendus mystères sont des lois universelles dont l'explication est à la portée de toute intelligence humaine et que peut mettre à profit celui qui a la connaissance ésotérique ». (pp. 13 et 14)

Alléchés ainsi, vous vous attendez à ce qu'on vous découvre le secret de vérités si importantes et si profondes ... mais la plaquette avec une outrecuidante assurance déclare alors :

« Cette connaissance ne peut non plus être donnée même maintenant à tout venant ... Elle a été cependant sauvegardée jusqu'à nos jours grâce à la vigilance, au travail et aux soins désintéressés des écoles de mystères et de certaines sociétés fraternelles.

« La plus ancienne de ces sociétés **qui se sont dévouées** au bien de l'humanité est l'ordre rosicrucien A.M.O.R.C. et il est répandu dans le monde entier. **Ce n'est pas une secte religieuse.** Il vous offre cette connaissance aussi vieille que le monde ... libre de toute intolérance religieuse ou politique, et de tout préjugé ». (p. 14)

« ... Les traditions rosicruciennes qui se sont transmises de bouche à oreille ... disent que l'ordre tire son origine de l'une de ces écoles de mystères de sagesse secrète de l'ancienne Égypte à l'époque de la dix-huitième dynastie, sous le règne d'Amenhotep IV vers 1350 avant l'ère chrétienne. Son symbolisme et ses rituels d'un intérêt puissant le rattachent indiscutablement à la sagesse éclairée des égyptiens et des grands centres d'études des anciens pays orientaux ... La tradition nous relate aussi que les premiers disciples de ces écoles de mystères se rencontraient dans les chambres secrètes de la grande Pyramide. Ils étaient initiés dans des temples magnifiques comme postulants aux **grands mystères.** » (p. 15)[67]

Et la plaquette conte « également comment les adeptes, les grands maîtres, les instructeurs firent profiter les constructeurs du splendide et symbolique temple de Salomon, d'une partie de leur sagesse ». (p. 16)

Sous le titre « L'ordre rosicrucien A.M.O.R.C. n'est pas un culte », elle poursuit :

« Depuis sa naissance l'ordre rosicrucien A.M.O.R.C. est resté libre de toute affiliation religieuse ou sectaire ... et a toujours lutté, de façon systématique contre la superstition, l'ignorance ... Nous tenons à préciser que nous n'avons aucun lien avec la franc-maçonnerie. Nous sommes d'ailleurs **strictement** indépendants de tout autre mouvement quel qu'il soit ... » (p.17)

La chose est possible, vraisemblable même car, par son origine et son action l'A.M.O.R.C. se situe très au-dessus de la Franc-Maçonnerie comme nous le verrons.

---

[67] Sur l'Égypte ancienne et la grande pyramide, voir les publications des *cahiers de Ceshe* à Tournai (Belgique) sur l'œuvre de Fernand Crombette, notamment, *Joseph Maître du Monde et Maître es-sciences* et *L'Œuvre Égyptologique* de Fernand Crombette. Voir également *Le véritable secret de la Grande Pyramide de Kéops et du grand sphinx de Giseh*, par Ittahor (H. Brahy) — De son côté, Georges Barbarin, occultiste notoire, a publié *Le secret de la grande pyramide — L'énigme du grand sphinx*.. Du fait de l'occultisme de son auteur, ce dernier ouvrage ne doit être utilisé qu'avec la plus expresse réserve.

« L'ordre est connu actuellement sous son titre traditionnel et complet d'ancien et mystique ordre rossæ crucis, dont une abréviation a été tirée qui donne, pour plus de simplicité : A.M.O.R.C. » (p.17)

Sous le titre : « *Signes de reconnaissances* » :

« Vous recevrez une carte de membre établissant votre affiliation à l'ordre rosicrucien A.M.O.R.C. Vous serez informé des signes traditionnels de reconnaissance et des mots de passe qui vous donneront, le cas échéant, le droit d'admission dans les divers groupements de l'ordre **dans le monde entier**. Où que vous alliez vous y serez reconnu par ces signes et salué comme frater ou soror de l'A.M.O.R.C.. De même vous y pourrez recevoir de très impressionnantes et symboliques initiations aux divers degrés de l'ordre. Ces belles mais simples cérémonies auront un effet spirituel, moral et psychique qui restera longtemps dans votre mémoire comme une heureuse et unique expérience ». (pp. 25 et 26)

« Vous aurez également l'occasion d'une **association personnelle** ... avec d'autres membres lorsque vous aurez atteint un certain stade dans les enseignements de l'ordre ». (p.28)

Et niant effrontément l'un des dogmes fondamentaux de l'Église catholique, la plaquette déclare :

« L'ignorance est le vrai péché originel ». (p.30)

Ajoutons que, pour entrer dans l'A.M.O.R.C., le récipiendaire doit obligatoirement signer l'engagement suivant :

« Je prends l'engagement formel de considérer comme confidentiels les enseignements qui me seront envoyés et je m'engage en outre, sans aucune restriction, au cas où pour quelques raisons, il serait mis fin à mon affiliation, à renvoyer immédiatement au siège de l'ordre rosicrucien A.M.O.R.C., Domaine de la Rose-Croix (94) Villeneuve

Saint Georges France, les monographies, les messages, les leçons, les bulletins mensuels et d'une manière générale tous les documents qui auront pu m'être adressés pendant le temps qu'aura duré mon affiliation ».

Pourquoi tant de secrets si tous les enseignements étaient clairs et ... avouables ? Léon XIII, dans son Encyclique *Humanum genus*, du 20 avril 1884 écrit :

« Il existe dans le monde un certain nombre de sectes qui, bien qu'elles diffèrent les unes des autres par le nom, les rites, la forme, l'origine, se ressemblent et sont d'accord entre elles par l'analogie du but et des principes essentiels ... Si l'on va au fond des choses, on peut voir qu'elles appartiennent à la famille des sociétés clandestines et qu'elles en gardent les allures. Il y a en effet, chez elles, des espèces de mystères que leur constitution interdit avec le plus grand soin de divulguer, non seulement aux personnes du dehors, mais même à bon nombre de leurs adeptes ...

« Vivre dans la dissimulation et vouloir être enveloppé de ténèbres ... ce sont là de monstrueuses pratiques condamnées par la nature elle-même. La raison et la vérité suffisent donc à prouver que la Société dont nous parlons est en opposition formelle avec la justice et la morale naturelle ».

Cette condamnation sans appel de Léon XIII s'applique d'une manière très grave et opportune à l'ordre rosicrucien A.M.O.R.C. ainsi que nous allons le constater sans discussion possible.

Il convient d'ajouter que l'AMORC s'intéresse actuellement très spécialement à la jeunesse pour l'attirer et la dominer. Il déclare dans *Les Maisons Secrètes des Rose-Croix*, pp. 62, 63 :

« La jeunesse radicalement différente de ses aînés et libérée de nombreux tabous et interdits ...

« Jamais il n'y eut avec le passé une rupture APPARENTE aussi considérable ... Cette situation est due au changement d'Ère opéré le 5 février 1962 (Cycle cosmique nouveau). **La jeunesse ne se satisfait plus des principes religieux de ses Pères.** Ils ne correspondent pas aux besoins intérieurs qu'elle ressent. Elle aspire à **autre chose** qui lui permettrait de comprendre les anciens principes et peut-être de les accepter grâce à une **compréhension nouvelle.** C'est là, précisément, que des organisations traditionnelles et l'Ordre rosicrucien AMORC au tout premier rang ont leur responsabilité fondamentale vis à vis du cycle actuel. Ces organisations ne peuvent plus être *réservées.* Elles **doivent** montrer à la jeunesse qu'elles constituent pour elle l'**alternative** et que ce qu'elle recherche existe déjà. Cela est si vrai qu'une masse de plus en plus grande de jeunes se presse aux portails de l'Ordre rosicrucien AMORC et tous **reconnaissent** que c'était bien là **la voie dont ils avaient besoin et qu'ils cherchaient inconsciemment** ».

Le Grand Maître de l'AMORC, Raymond Bernard, approuve et recommande les ouvrages de Robert Charroux, notamment *Le Livre du mystérieux inconnu*, et il ajoute :

« **Le moment est venu où l'occulte doit être désocculté avec prudence** ».[68] Maha, le fameux *Roi du Monde*, écrit à son tour :

« Certains auteurs extrêmement rares, recherchent une solution aux plus grands problèmes. Ils refusent de s'enliser dans les marécages obscurs du conformisme ou, au contraire, de l'incontrôlable ... Ce qui les guide, c'est d'abord le « pourquoi pas » et pour ce « pourquoi pas », ils font usage de leurs observations et de leur intuition, tout autant que de leur raisonnement. Il en résulte des **œuvres valables où le problème est posé et où la réponse est suggérée, sinon incluse. Parmi tous les auteurs actuels, Robert Charroux dans ce domaine se situe au premier plan ... il est sincère et il est vrai ... Il fait œuvre utile** ».

---

[68] Raymond Bernard, *Rencontres avec l'insolite*, p. 33, publié par AMORC.

Or, qu'écrit ce Robert Charroux ?

« **Lucifer, le dieu ami et initiateur des hommes, celui qui leur apporte la sagesse et la science,** celui qui sous le déguisement du serpent murmura à Ève, première mortelle initiée, le bon Conseil d'où sortit l'**homo-sapiens** et toutes les civilisations.

« Calomnié, vilipendé, sali, diabolisé, le **Bon Lucifer**, qui perdit son paradis par amour pour les hommes (don de lui-même) devint par une injustice scandaleuse une sorte de démon.

« Or les connaissances qu'il apporta d'une autre planète vont miraculeusement ressurgir **par la magie des drogues hallucinogènes** ».[69]

Cette citation montre ce qu'est réellement la Rose-Croix et l'A.M.O.R.C ! Légitimement, on peut se demander si cela ne recouvre pas des pactes avec Lucifer ... Certainement cela relève du culte luciférien.

LES TEMPLIERS ET L'ORDRE RÉNOVÉ DU TEMPLE

Les organisations occultistes et maçonniques prétendent, d'une manière générale, se rattacher à l'Ordre des Templiers. Le Père Deschamps écrit :

« L'Ordre du Temple a-t-il été complètement détruit en 1312 ? On a vu comment une tradition constante dans les loges affirmait sa perpétuation. Selon certains écrivains, il n'aurait jamais cessé d'exister en France à l'état d'association occulte Jacques Molay aurait institué un grand-maître, Larmeny, dont les pouvoirs auraient été successivement transmis

---

[69] Robert Charroux, *Le livre des maîtres du monde*, p. 219.

« Si les Templiers modernes ne peuvent pas prouver leur filiation directe, il n'en paraît pas moins certain que la doctrine du Temple a été conservée par des groupes cachés, qui l'ont modifiée avec le cours du temps dans un sens conforme à la marche des esprits et de manière à les faire coïncider avec le déisme judaïque ...

« La Kabbale, cette science des arts démoniaques, dont les Juifs étaient les initiateurs, a eu une existence trop réelle dans tout le Moyen-Age. L'étonnant serait que tous ces éléments du mal ne se fussent pas recherchés et groupés dans l'ombre ».[70]

De son côté, le franc-maçon Clavel reconnaît :

« Déjà on voit, en 1155, les loges des francs-maçons anglais administrées par l'Ordre du Temple,[71] qui en conserva la direction jusqu'en l'année 1299, c'est à dire jusqu'au commencement à peu près des procédures contre lui ».[72]

La Chartre maçonnique de Cologne, en date du 24 juin 1535, vouée à Saint Jean Baptiste, déclare — mais pour nier la chose, car son intérêt devait donner le change — :

« On accuse en outre les membres de l'Ordre — afin d'attirer sur nous le mépris des prof∴ et de nous vouer d'une manière plus sure à l'exécration publique et parce que nous sommes tous liés par un pacte et des mystères inviolables religieusement gardés et observés par nous tous d'être coupables de vouloir rétablir l'Ordre des Templiers ...[73] Très justement, Jean-Gaston Bardet constate :

---

[70] N. Deschamps, *Les Sociétés Secrètes et la Société*, tome I, pp. 312 et 313.
[71] Ce que reconnaissent également pour l'Angleterre et l'Ecosse, des auteurs maçonniques comme Thory, Mossdorff, Kloss et autres, et le maçon allemand Findel.
[72] Clavel, *Histoire pittoresque de la Franc-Maçonnerie*, pp. 90 et 92.
[73] Cette Charte se trouve aux Archives de la mère-loge d'Amsterdam, qui conserve également l'*Acte de Constitution*, daté de 1519. Voir N. Deschamps : op. cit. pages 318 à 323 et la note 1 p. 323.

« Si la maçonnerie basse ignore la Kabbale, il suffit de jeter les yeux sur la « Patente de Chev∴ de l'Aigle blanc et noir, Grand Élu, Chevalier Kadosch » pour être convaincu de l'introduction de multiples symboles hébraïques dans l'élément aryen, représenté par les Templiers. Le diplôme comporte outre l'aigle à deux têtes, blanc et noir, deux Templiers porteurs de bouclier avec Croix de Malte et Croix de Lorraine ».[74]

Au XIXème Siècle, L'ORDRE DU TEMPLE D'ORIENT (*Ordo Templi Orientis*) s'était manifesté et Monseigneur Jouin avait publié des études le concernant dans *La Revue internationale des Sociétés Secrètes*.

Depuis peu, on constate des résurgences très nettes de l'Ordre ancien :

En 1973, dans son numéro du 10 novembre, *Match* publie un article intitulé, *Les Templiers sont revenus*, avec plusieurs photographies : la crypte de la *Commanderie mère* au château d'Arginy à Morgon (sans doute Villie-Morgon, dans le Rhône) (?) — celle du 23ème Grand-Maître : Frère Jean et de ses collaborateurs : un grand-maréchal et un grand-maître de justice, mais aucun nom n'est mentionné. On indique que les femmes sont admises sous le nom *d'amazones*.

« Nous ne sommes plus des moines-soldats, déclare le Grand-Maître, mais nous restons un Ordre religieux ». « **Ordre Souverain du Temple Solaire** ».

Il semble que les Templiers aient reçu depuis quelques années l'ordre de rouvrir les anciennes Commanderies de France. Citons notamment à Roaix, en Vaucluse, une ancienne Commanderie que le Second Grand-Maître du Temple avait fait construire au XIIème Siècle, à été rouverte par L'Ordre rénové du Temple. Roger Vigneron, dans *Le Dauphiné libéré*, à la mi-octobre 1976, reprend le titre de l'ouvrage de Gérard de Sède, *Les Templiers sont parmi nous* et, ayant assisté à une cérémonie,

---

[74] Jean-Gaston Bardet, *Le Trésor secret d'ishraël*, page 376.

ajoute : « Ils ont rétabli leur rite près de Vaison-la-Romaine ». Depuis lors, on y aurait vu des Allemands, des Japonais et des noirs.

L'auteur de l'article relate les déclarations du Grand-Maître, déclarations qui ne disent évidemment que ce que l'Ordre veut bien faire connaître :

« L'Ordre du Temple, m'a-t-il dit, n'a pas seulement rempli un créneau de l'histoire de 1118 à 1314. Il est de tout temps, car il appartient à l'Ordre Universel. Et il apparaît sur la terre chaque fois que cela est nécessaire pour remplir une mission bien précise. »

Roger Vigneron poursuit :

« Au XIIème Siècle, les Templiers ont rapporté de Palestine en Europe le *Dépôt de Moïse*, qu'ils sont allés chercher dans le Temple ruiné de Jérusalem. Et c'est la possession de ce trésor et en particulier de *L'ARCHE D'ALLIANCE*, qui leur a permis d'infléchir, durant trois siècles, le sort des nations dites chrétiennes.

« Par ailleurs, les moyens financiers n'ont jamais manqué aux Templiers, qui ont été les *BANQUIERS DE L'EUROPE*. Il poursuit, et cela nous oblige à ouvrir l'œil :

« L'Ordre Rénové du Temple, m'a dit le Grand-Maître, n'est pas le refuge des nostalgiques du passé. Il est la structure puissante capable d'accueillir tous ceux qui ne veulent pas subir passivement les événements qui accablent le monde. Par **une formation initiatique** et son enseignement pratique, l'Ordre permet à ses membres de saisir les moyens propres à œuvrer pour rendre au monde la grande LUMIERE qu'il a perdue ».[75]

Roger Vigneron ajoute, et cela ne peut qu'attirer l'attention de ceux qui sont quelque peu au courant de l'action du Pouvoir occulte :

---

[75] C'est nous qui mettons en caractères gras.

« Ceux d'aujourd'hui, bien qu'ils s'enveloppent d'un **manteau de mystère**, par souci de sécurité, ne cachent pas certains points essentiels.

« Comment ne pas retenir, quand on vous en fait la confidence, que l'**Ordre initiatique du Temple** n'est pas revenu à l'existence du seul fait de la volonté de quelques hommes, mais qu'il a été « **voulu d'en-haut** » et que « **le mandat qu'il a reçu lui a été délivré par de mystérieux maîtres de la Lumière** ».

« Comment ne pas dresser l'oreille lorsque les Templiers d'aujourd'hui vous disent qu'en toute indépendance et liberté, ils ont individuellement « **reconnu leur prédestination** » et que leur rassemblement n'est autre qu'un « **regroupement sur la terre d'êtres qui ont accepté leur réincarnation pour servir l'humanité** ».

« Les Templiers annoncent des événements qui **changeront la face des choses. ils ne se feront pas sans eux, car ils sont** — comme on dit dans l'Armée — les « **éléments précurseurs** ».

Au début de son article, Roger Vigneron avait remarqué : « Plusieurs chevaliers du Temple, revêtus du blanc manteau frappé à l'épaule de la croix pattée rouge, entouraient l'autel. **Parmi eux, on distinguait une grande jeune femme dent la silhouette faisait penser à Jeanne d'Arc ...** » (!)

Et il ajoute qu'à la fin de l'office : Ils ont quitté la chapelle **après que la belle jeune femme blonde au grand manteau blanc, ayant porté sa main droite sur son cœur, comme un soldat qui présente les armes, eut lancé la formule qui mettait fin à la cérémonie : « Templiers, à l'ordre !** »

À l'exemple de Diana Vaughan, de Clotilde Bersone et d'autres, cette jeune femme n'était-elle pas une grande prêtresse de Lucifer ? ...

En 1976, aurait eu lieu l'inauguration officielle de la Commanderie d'Alsace, dans une localité où il en existait une autrefois. À les croire, **après la mort de Jacques de molay, ceux des Templiers qui auraient pu échapper, se seraient réfugiés chez les chevaliers Teutoniques et s'y seraient affiliés. ils se disent œcuméniques et ouverts à tous.**[76]

Dernièrement, un voyageur, au cours d'un pèlerinage, ayant remarqué qu'un Chevalier de Notre Dame portait la croix pattée, lui posa une question à laquelle il lui fut répondu : « Nous sommes du Temple » ... Curieux ? ...

Certains pourraient nous objecter : « Ce sont des articles de journaux, ce ne sont pas des documents émanants de l'Ordre des Templiers ». Pour répondre à cette objection, ouvrons les documents publiés par l'Ordre, ils confirment ces articles de presse.

Six documents providentiellement sont tombés entre nos mains :

1. — Une polycopie d'une circulaire intitulée, « *Ordre rénové du Temple : Les Templiers* ».
2. — Une publication imprimée reproduisant en un format plus restreint le document ci-dessus mentionné, avec quelques variantes, le fond restant le même. C'est cette petite plaquette que nous citons, avec l'adresse : B.P. 19 — 27220 Saint André de l'Eure.
3. — Une circulaire du Sénéchal, non datée.
4. — Une circulaire du grand Prieur, datée du 19 mars 1975, Anno Ordinis 857.
5. — Une circulaire de l'Ordre (B.P. 41 — 82300 Caussade)

---

[76] Nous relevons dans *Rivarol* du 27 juillet 1978 le placard sans doute de publicité, *Sovereign Military Teutonic Order of the Levant* (Ordre Teutonique) contacts : Commanderie de l'Ordre Manoir de Kernéguez, B.P. 109, 22300, Lannion. Les Chevaliers Teutoniques tenteraient-ils de resurgir au côté de l'Ordre rénové du Temple ? — question à suivre ...

6. — « *Chevalerie Chrétienne : les Templiers : Les Templiers … Quand le voile se lève — Cercle du Temple et du Saint Graal* », à Mercury, en Savoie.

En première page de la plaquette est reproduite une citation d'un certain V. E. Michelet, l'historien s'appelait Jules, ce n'est donc pas de lui, mais combien, par inattention ou ignorance, penseront que la citation est de lui … :

« De tous les Ordres de Chevalerie, aucun n'eut une destinée aussi extraordinaire que les Templiers.

Aucun n'eut une telle influence **sur la direction du monde.** » Suit une apologie de l'action templière :

« Les templiers ont fait l'objet de nombreux travaux historiques et, cependant, le véritable visage de l'Ordre du Temple reste, à l'heure actuelle, tout à fait méconnu. Seuls quelques **ésotériques**, parmi lesquels René Guénon, ont pressenti la vérité : l'Ordre du Temple était **un ordre initiatique.**[77]

« **L'existence d'un ésotérisme chrétien** est attesté par de nombreux indices. Nous ne citerons ici comme exemple que saint Irénée, évêque de Lyon (IIème siècle) déclarant que :

---

[77] La volonté du Pouvoir occulte est d'établir une super-religion universelle en opposition avec le catholicisme afin de le détruire. René Guénon, avec une inlassable activité, a toujours agi dans ce but ; il a fait la synthèse des ésotérismes orientaux en vue de les introduire en Occident. Très justement Daniel Jacob écrit :
« Sous le nom de métaphysique, sa théorie s'insère dans la tradition des gnoses, ou connaissances, qui, venues des âges les plus lointains, n'ont cessé d'alimenter le fond de plusieurs hérésies avant et depuis la Rédemption …
« En fait, la pensée de Guénon rejoint les perspectives d'une nouvelle Cité, où l'homme serait la mesure et le but de toutes choses ». (*Permanences* N° 34-novembre 1966, p. 31 : René Guénon. *Une super-religion pour initié.*
Rappelons que Guénon fut membre de plusieurs sociétés initiatiques : Martinisme, Memphis, Église Gnostique, Loge Thébah dépendant de la Grande Loge de France, puis Hindouisme, pour finir mahométan.

« Quoique l'Écriture soit la règle immuable, elle ne renferme pas tout. Comme elle est obscure en plusieurs endroits, il est nécessaire de recourir à la **tradition**, c'est-à-dire à la doctrine que Jésus et Ses apôtres nous ont transmis de vive voix ».

« L'Ordre rénové du Temple (O.R.T.), résurgence de l'ancien Ordre du Temple, est l'expression adaptée à notre temps de cette **Église intérieure** de toujours ».

« En 1118, neuf chevaliers « choisissent de défendre le défilé d'Athlit, le plus dangereux de tous ceux qui conduisent au Saint-Sépulcre. Ils s'installent près du Temple de Salomon ... » D'où leur nom. Ils préparent l'élaboration de l'Ordre.

« En 1128, le travail de préparation est terminé et le Concile de Troyes promulgue la Règle de l'Ordre, inspirée par Saint Bernard.

« Saint Bernard, héritier de la Tradition druidique, grand mystique chrétien, fait, dans le *De laude Novæ Militiæ*, l'éloge de la nouvelle chevalerie ... » (page 2)

« La Papauté accorde à l'Ordre de nombreux privilèges ... L'Ordre connaît un essor prodigieux et comptera jusqu'à neuf mille commanderies en Europe occidentale ...

« Les activités de l'Ordre intéressent **tous** les aspects de la vie.

« L'Ordre militaire qui participe à la défense de la Terre Sainte, à la protection des pèlerins ...

« Les Templiers sont des bâtisseurs (châteaux et forteresses militaires, chapelles, commanderies). Ils financent et dirigent la construction des grandes cathédrales gothiques (Chartres, Paris, Amiens, Evreux, Bayeux ...)

« L'Ordre joue un rôle social important en libérant les serfs et en les protégeant des exigences seigneuriales. Il donne des franchises aux divers corps de métier et réorganise le compagnonnage. Sa lutte contre les barrières sociales lui attire la sympathie populaire ». (p. 3)

Suit la persécution dont l'Ordre dit avoir été l'objet et sa suppression et l'auteur affirme l'injustice absolue du procès et l'innocence de l'Ordre. Puis il déclare que la filiation templière fut assurée :

« 1° — par des centres de préservation qui perpétuèrent secrètement la Tradition Templière (nous rappellerons uniquement ici le rôle de Dante, la mission de Jeanne d'Arc, les **activités du Père Abbé Cornelius Agrippa de l'Ordre Cistercien**) »

Nous avons vu que l'Ordre de la Rose-Croix revendiquait Dante comme l'un des siens ; il aurait alors, si la chose est vraie, ce qui reste à prouver, car dans le premier ordre comme dans celui-ci, on affirme, mais on n'apporte aucune preuve, appartenu aux deux Ordres. Mais prétendre que la Mission de Jeanne d'Arc appartenait à la tradition templière … ! Cela passe les bornes du mensonge et de l'insanité !

Continuons ce qui est dit sur la filiation templière

« 2° — par les Maîtres (gardiens) de la Tradition.

« Un Ordre initiatique et traditionnel ne renaît pas du seul fait de la volonté de quelques hommes : ceux-ci **doivent être mandatés au moment voulu par les maîtres gardiens de la tradition.** C'est ce qui a effectivement eu lieu pour l'Ordre rénové du Temple.

« Le premier Grand-Maître a reçu la transmission des pouvoirs le 23 septembre 1968 dans la crypte de la Cathédrale de Chartres … »

« L'Ordre rénové du Temple est à la fois une **émanation de la tradition** et une voie d'accès vers la **connaissance. il est un sentier de la gnose** ». (p. 4)

« C'est un Ordre religieux.

« Cependant l'Ordre Rénové du Temple n'est inféodé à aucune religion et ne constitue en aucune façon une secte religieuse parmi tant d'autres ...

L'Ordre Rénové du Temple se réclame de la Tradition mystique antique de saint Jean ...

« L'Ordre Rénové du Temple se réclame de la tradition **chrétienne, c'est-à-dire de l'ésotérisme universel**. Son christianisme est donc le plus pur qui soit. À ce titre, il s'élève contre le galvaudage actuel du sacré et de la Tradition.

« C'est un Ordre initiatique.

« L'initiation est un processus destiné à réaliser le passage d'un état, réputé inférieur, de l'être à un état supérieur.

Elle consiste essentiellement dans la transmission d'une influence spirituelle...

« L'Ordre Rénové du Temple permet l'acquisition de ce haut degré de spiritualité :

« 1° — par un enseignement progressif portant sur tous les aspects de la Tradition : **alchimie, astrologie, cabale, yoga, mystiques tant orientales qu'occidentales** ...

« Cet enseignement comprend : Une partie écrite adressée mensuellement aux membres, une partie orale (en conformité avec la Tradition) qui est **plus importante** et qui n'est dispensée que dans les divers organismes de l'Ordre **après une période de probation.**

2° — par des cérémonies initiatiques et religieuses avec participation effective.

3° — par l'existence de **trois grades** : frère servant, écuyer, chevalier ; le passage d'un grade à l'autre n'est nullement automatique, mais **fonction de l'évolution spirituelle et du dévouement des membres.**

« Conformément à la Tradition, l'Ordre est ouvert aux femmes comme aux hommes. C'est une chevalerie adaptée à l'ère nouvelle.

« École de valeur, d'honneur et de liberté, la chevalerie puise ses forces dans la Tradition et le mysticisme (saint Michel, saint Jean, le Temple, le Graal, la Toison d'Or)

« C'est une fraternité...

« C'est une association légale.

« Elle s'interdit toute discussion ou activité politique. Elle a pour devise : **indépendance et liberté** ...

« **La mission de l'Ordre Rénové du Temple.**

« L'Ordre du Temple n'apparaît qu'à certaines périodes de l'histoire et plus précisément aux époques durant lesquelles l'humanité se trouve en état de transition ou de danger. Il est devenu un lieu commun de dire que l'humanité effectue en cette fin du XXème siècle le **passage de l'ère des poissons à celle du verseau** et qu'elle connaît, lors de cette transition, des difficultés de tous genres : économiques, sociales, politiques, religieuses, morales, la mettant en péril mortel.

« L'Ordre Rénové du Temple a pour mission de faciliter ce passage et de préparer les élites pour le monde de demain. La résurgence de l'Ordre du Temple apparaît donc comme une nécessité impérieuse et voulue car elle répond à un besoin ressenti par tous les hommes et les femmes de bonne volonté.

« La mission de l'Ordre rénové du Temple se situe d'abord sur le plan spirituel. Il s'agit de **transmettre la Tradition** et de lutter contre l'occultisme dévoyé, sexualisé et commercialisé de notre époque. **il s'agit de réconcilier science et tradition, religion et tradition, de revaloriser la notion de *sacré*.** (p. 6)

« L'Ordre a également pour mission de redéfinir les véritables valeurs de l'éducation de la culture et de l'art, et, par des réalisations concrètes, telles des **centres d'éducation, d'enseignement et de recherches**, d'amorcer et de réaliser **la transformation** de la société.

« Ainsi sera assuré l'avenir de l'humanité tant sur le plan moral que biologique. L'homme se retrouvera alors en harmonie avec la nature qui doit être sauvegardée ... »

« Cette plaquette est destinée aux êtres libres, à tous ceux qui ne sont enchaînés par aucune compromission, ni aucune crainte envers d'obscurs tabous spirituels ou physiques.

« Destinée à ceux de toute race, âge et condition qui désirent simplement que la lumière se fasse, ne pouvant vivre sans elle, et prêt à tout sacrifier pour cet ultime combat des forces de lumière contre les forces de l'ombre, gestation alchimique d'un cycle nouveau ...

« C'est pourquoi l'Ordre Rénové du Temple, dans sa mission affirme scientifiquement et philosophiquement la foi universelle (catholicos) à travers le christianisme ésotérique, restaure l'idée de l'âme et l'idée de Dieu. Elles seules pourront rendre aux sciences leur unité organique, aux arts leur idéal compromis, à l'humanité dissociée son équilibre, à l'âme humaine sa dimension perdue, à la vie terrestre son aspiration et sa foi divine ... » (p. 7 et 8)

« Il est donc clair que **l'Ordre n'est pas le refuge des nostalgiques du passé**, et qu'il se sent concerné par tous les problèmes actuels.

« Par sa formation initiatique et son enseignement pratique, l'Ordre permet à ses membres de se développer spirituellement et d'avoir ainsi les moyens d'œuvrer **efficacement** afin de rendre au monde la Grande Lumière qu'il a perdue ...

« Il est là pour affirmer que l'intelligence est éternelle et que notre vie est un des maillons sacrés de la grande chaîne de la **connaissance initiatique** qui nous entraîne d'éternité en éternité jusqu'à la communion totale ».

C'est signé : « La chancellerie de l'Ordre ».

Dans la circulaire du Grand Prieurendatedu 19 mars 1975, cedernier, qui signe Jeand' « Héliopolis », après avoir justement écrit qu' « on confond allègrement le psychique et le spirituel » ... « beaucoup se laissent séduire et égarer ... trop de nos contemporains sont à la recherche de prétendus pouvoirs, c'est-à-dire, en fin de compte du sensationnel, certains mêmes pour le commercialiser par la suite. Les états inférieurs atteints sont alors pris pour des supérieurs. C'est ainsi que bon nombre de voyages dans l'astral, ne sont en effet, créés que par des imaginations maladives ... Il existe également, parmi nous, bon nombre de maîtres ; la plupart étant comme il se doit orientaux ou membres d'une fraternité X ou Z, ayant fait des études poussées (de la naïveté humaine) ... ils se proposent de nous révéler tous les secrets de l'Orient ou encore donnent des exercices de prétendu yoga dangereux pour les Occidentaux. Ils réussissent à faire croire aux naïfs qu'ils détiennent une transmission spirituelle issue d'un de ces mystérieux centres de l'Himalaya où ils n'ont jamais mis les pieds (mais où, bien entendu, ils se sont rendus en Astral) ... »

Il ajoute : « Pour nous, la Tradition n'a point besoin d'adjectifs. Elle n'est ni orientale, ni occidentale, elle est la Tradition ... Aussi, et nous tenons à le préciser, notre critique ne s'adresse nullement au **Taoïsme**, au **Tantrisme**, au **Yoga**, au **Bouddhisme**, au **Zen**, à l'**hindouisme**, mais **à tous ceux qui en font commerce** ... Les véritables maîtres orientaux sont au-dessus de tout ce tintamarre et de ces relents de cuisine. Ils vivent dans l'impersonnalité, l'humilité et l'abandon de leur propre volonté.

« Abordons maintenant la question des Maîtres dits Cosmiques : Nous ne doutons pas de leur existence et nous savons, de bonne source, qu'ils sont surtout préoccupés de la faiblesse actuelle de l'Esprit humain. Ces Maîtres, que dans notre terminologie, nous appelons les Connaissants, n'ont rien de commun avec ceux qui se prétendent tels ... avec ceux qui exploitent ignominieusement la crédulité humaine ... (p. 2)

« Depuis une cinquantaine d'années, **l'Occident a découvert la réincarnation**, bien entendu nous ne nions point que l'âme humaine soit sujette à la réincarnation jusqu'à ce qu'elle atteigne le plan divin ... il est temps de regarder la réalité en face : de nos précédentes incarnations, nous ne gardons que de vagues réminiscences et, seuls, les grands initiés retrouvent la trame de leur passé lointain ...

« Si dans l'Ordre Rénové du Temple, **nous dispensons un enseignement oral** dans nos maisons et nos Commanderies, si nos cérémonies initiatiques se font avec la présence réelle et effective du postulant, c'est **parce que nous savons qu'aucun livre ne peut transmettre l'influence spirituelle de la Tradition** ».

Et, parlant du « nombre toujours plus grand ... d'églises ou de sociétés s'affirmant initiatiques ou universelles ... », il ajoute : « Précisons ... que **seules des personnes mandatées par les connaissants sont habilitées à créer des organisations initiatiques ...** »

« Nous voyons aussi beaucoup de nos contemporains gagnés par la fièvre du soucoupiste. Certes, **il existe des civilisations extra-terrestres et les O.V.N.I.** n'appartiennent pas au domaine du rêve mais bien à celui des réalités. Mais autour de ces phénomènes se développent d'hallucinantes spéculations au point que certains se croient missionnés par les extra-terrestres ! Outre l'effarante banalité des messages qu'ils transmettent, ils oublient que **seuls les responsables des organisations initiatiques authentiques sont susceptibles d'être contactés** ... »

Dans sa circulaire, le Sénéchal écrit : « Notre mission actuelle est celle d'**apôtres des derniers temps et des temps à venir.** Notre rôle est celui du passeur ... Nous devons conduire la barque d'une berge à l'autre au travers des remous. Haler la barque, en nous accrochant au filin qui a pour nom **le Christ !** Là est notre mission. Mais comprenons bien qu'au travers de cette mission essentielle, il y en aura d'autres complémentaires. **Tout est à refaire !** ... »

Ainsi, sous des apparences traditionnelles — (mais lesquelles ?) — et même religieuses — (encore lesquelles ?) — en affichant un idéal très élevé et en se mettant sous le patronage du Christ — (mais lequel ?) — que propose-t-on ?

Il convient de remarquer les rapprochements qui s'imposent entre les Rose-Croix et les Templiers sur l'initiation, l'ésotérisme, les méthodes d'enseignement : écrits et traditions passés de bouche à oreille, devises, formules d'engagement, indépendance totale à l'égard de toute religion, etc. ...

Leurs prétentions sont sans bornes : à les croire, ce n'est pas saint Louis qui a fondé les corporations, ce n'est pas la foi ardente de toutes les classes de la population qui a construit nos cathédrales, c'est eux ; eux aussi qui ont écrit l'histoire du monde ... ! Ce sont eux les grands libérateurs dans tous les domaines ... ! Mais ils n'apportent que des affirmations sans preuves ... !

Ordre initiatique, gardien de l'ésotérisme universel qui s'inspire tout à la fois d'un soi-disant catholicisme, mais en même temps du Graal, de la Toison d'Or, de toute la Tradition alchimie, astrologie, cabale, sans oublier le Taoïsme, le Tantrisme, le Bouddhisme, le Zen, l'Hindouisme, le tout mêlé à la réincarnation, etc. ... Qu'est-ce donc, sinon l'œcuménisme luciférien ?

Le tout, toujours entouré de mystère : « Si je suis accepté, je m'engage à considérer comme strictement confidentiel tout ce qui me sera envoyé du siège de l'Ordre Rénové du Temple, en particulier les enseignements, et je m'engage en cas d'interruption de mon affiliation à renvoyer aussitôt à l'*Ordre Restauré du Temple*, B.P. 19 — 27220 Saint André de l'Eure, tout ce que j'aurai reçu, en fait de manuscrits et autres communications de toutes natures, au cours de mon affiliation templière ».[78]

Redisons avec Léon XIII : « Vivre dans la dissimulation et vouloir être enveloppé de ténèbres ... ce sont là de monstrueuses pratiques condamnées par la nature elle-même ... en opposition formelle avec la justice et la morale naturelle ... »

*

* *

Le Pouvoir occulte affirme l'innocence des Templiers. Qu'en est-il réellement ? Étudions l'histoire impartialement.

La culpabilité des Templiers est formellement établie :

1° — par les interrogatoires, faits à Paris en 1307 par le Tribunal de l'Inquisition et par les Procès-verbaux des sept commissaires du Pape d'août 1309 à mai 1311. Ces documents contiennent les aveux d'une part de cent quarante chevaliers et d'autre part de cent trente et un chevaliers et du grand-maître, Jacques de Molay.

---

[78] On nous signale qu'une branche de l'Ordre du Temple, de tradition espagnole, se propagerait actuellement, dont ferait partie un ancien ministre : Les *Chevaliers de Montréal*.

2° — par les *Actes originaux de la procédure faite en Angleterre*, contenant les aveux des Templiers anglais.

3° — par la Bulle de suppression de l'Ordre du Temple, *VOX IN EXCELSO*, en date du 3 avril 1312 et par la Bulle, *CONSIDERANTES DUDUM AD CERTITUDINEM*, du 6 mai 1312.

On prétend que Philippe le Bel, par avarice, voulut s'emparer des biens des Templiers, qui étaient en quelque sorte les banquiers du monde civilisé. Cela est totalement faux, et la Bulle *VOX IN EXCELSO* le reconnaît, car les biens des Templiers furent attribués aux Chevaliers de Saint Jean de Jérusalem, appelés Chevaliers de Rhodes.

Cette Bulle reconnaît également qu'au début le Pape témoigna au Roi son vif mécontentement pour l'action qu'il avait engagée contre les Templiers. Ce ne fut qu'après avoir interrogé lui-même soixante-douze chevaliers puis le grand-maitre et plusieurs hauts dignitaires de l'Ordre, qu'il se décida à ouvrir une enquête universelle. Devant les aveux concordants et réitérés, le Pape reconnaît alors que le Roi de France n'a agi que poussé *par le zèle de la foi catholique*.

Toutes les enquêtes ecclésiastiques furent menées avec prudence, modération et impartialité. Elles durèrent quatre ans. Jules Michelet, en publiant les travaux des trois cardinaux commissaires du Pape, reconnaît que cet « *interrogatoire fut conduit lentement et avec beaucoup de ménagement et de douceur* ». À son tour, le protestant Wilcke observe que si, selon la jurisprudence d'alors, la question fut employée par la justice royale, elle ne le fut pas par les Commissaires Pontificaux qui procédèrent avec circonspection et conscience

Partout, en France, en Angleterre, en Italie, etc. ... les aveux furent les mêmes. Sur huit cents chevaliers interrogés plus de six cents avouèrent les mêmes crimes et souvent réitérèrent leurs aveux.

Toutes les pièces de l'enquête furent soit examinées par le Pape lui-même, soit par une commission nombreuse nommée par lui ; enfin, toute la procédure fut remise au Concile Général de Vienne (1311) et examinée par lui. Il n'y eut donc aucune passion dans la conduite de ce procès.

L'historien Jules Michelet, dans la « *collection des documents inédits sur l'Histoire de France* » reconnaît (dans la préface du tome II, publié en 1851) — lui qui n'était pas précisément favorable à l'Église :

 » Quelqu'opinion que l'on adopte sur la règle des Templiers et l'innocence primitive de l'Ordre, il n'est pas difficile d'arrêter un jugement **sur les désordres de son dernier âge**. Il suffit de remarquer, dans les interrogatoires que nous publions, que **les dénégations sont presque toutes identiques, comme si elles étaient dictées d'après un formulaire convenu** ; qu'au contraire, les aveux sont tout différents, variés de circonstances spéciales, souvent très naïves, qui leur donnent **un caractère particulier de véracité** ».

L'historien protestant Wilcke, dans son *Histoire des Templiers*, (publiée en allemand), malgré ses préventions contre l'Église romaine, reconnaît : « L'Ordre était coupable au point de vue de l'Église catholique » et que la marche de l'affaire fut « **non pas arbitraire, mais conforme à la Justice, à la foi, et à l'Église** d'alors ».

Le franc-maçon Clavel, dans son *Histoire pittoresque de la Franc-Maçonnerie*, (p. 354 et sv) reconnaît, lui aussi, la vérité des accusations portées contre les Templiers : « Les mystères des Templiers, longtemps ignorés du public, furent en 1307, l'occasion et le motif de l'abolition de leur ordre ... On s'est attaché, dans le siècle passé, à innocenter la mémoire de son ordre (de Jacques de Molay), et l'on a contesté la vérité des accusations dont il avait été l'objet dans le cours de son procès ; mais de récentes découverte établissent que la plupart des faits allégués étaient de la plus grande exactitude. Il est démontré aujourd'hui que les Templiers étaient **une branche du gnosticisme** et qu'ils avaient adopté en majeure partie les doctrines et les allégories de la secte des OPHITES ».

Nombreux sont les francs-maçons, historiens de leur ordre qui reconnaissent l'origine templière de la franc-maçonnerie ; entre autres, citons Vuillaume qui, dans son *Manuel maçonnique ou tuilleur de tous les rites de Maçonnerie pratiquée en France* (Paris 1820, p. 10), écrit :

« Les chevaliers connus sous le nom de Templiers, ou leurs **successeurs francs-maçons** paraissent être les auteurs de la majeure partie des degrés de l'initiation ... Nous ne faisons pas de doute, comme on voit, que **les Templiers étaient des initiés, même dès leur institution**. Nous pensons encore que **c'est à eux que l'Europe doit la maçonnerie** et que ce sont là **les pratiques secrètes** qui ont servi de prétexte à l'accusation d'irréligion et d'athéisme qui les a conduits à une fin si tragique. Tout confirme cette opinion ... »

Le F∴ Ragon, à son tour, dans son *Cours philosophique et interprétatif des initiations anciennes et modernes* (1840, pages 31 à 33) écrit : « Ainsi les chevaliers ... plus connus sous le nom de Templiers, reçurent en Asie l'initiation, **avec les formules et le voile judaïques**. Initiés dès l'institution du

Temple, ils propagèrent en Europe les mystères maçonniques ... Ils se seront attachés aux doctrines des **gnosticiens et des manichéens** qui leur paraissaient moins altérés que celle des prêtres de Rome. Les Templiers renoncèrent à suivre la religion de saint Pierre. Il y eut **schisme secret** ».

Le F∴ Redarès, dans ses *Études historiques et philosophiques sur les trois grades de la Maçonnerie symbolique*, publiées en 1853, reconnaît : « Ils ont les mêmes symboles, mêmes emblèmes, mêmes doctrines philosophiques, théories initiatives identiques ». Etc. ...

Consultons maintenant le *Dictionnaire des Sciences Occultes*, (Paris – 1937), tant sur le Baphomet que sur les Templiers.

« **BAPHOMET** : (p. 97) : « On nommait ainsi les figures idolâtriques qu'adoraient les Templiers selon les accusations portées contre eux. On a assimilé ces têtes étranges à Mété, ou la Sagesse, la divinité des Gnostiques. On y retrouvait la croix tronquée ou la clef égyptienne de la Vie et de la Mort, le serpent, le soleil, la lune, le flambeau à sept branches, l'étoile du sceau. (Voyez : Templiers) ».

« **TEMPLIERS** : (p. 336 à 340) : « Ses moines guerriers avaient, en Orient, formé l'avant-garde des armées chrétiennes, ils avaient reçu en récompense de nombreuses donations ; ils avaient, en Occident, acquis des biens immenses et s'étaient faits les banquiers des rois et des princes. Au début du XIVème siècle, leurs richesses qu'ils ne dépensaient plus en armements contre les infidèles, étaient prodigieuses et leur force militaire l'égalait. Ils étaient en Europe quinze mille cinq cents chevaliers auxquels commandait le Grand-Maître, et qu'entouraient en multitude les écuyers et les frères lais, c'est à dire les soldats.

« Ceux qu'on appelait à l'origine les Pauvres de la Sainte Cité possédaient dans toute la chrétienté plus de dix mille manoirs, nombre de forteresses, dont celle du Temple à Paris. Dans le trésor de l'Ordre, il y avait cent cinquante mille florins d'or, en ne comptant ni l'argent ni les vases précieux.

« Ces richesses, ce pouvoir presque illimité, l'orgueil des chevaliers, l'inconduite scandaleuse de certains frères avaient suscité l'envie et la malveillance. On les accusait de pactiser en Orient avec les Sarrasins. Des légendes sinistres couraient sur les criminels mystères qui avaient lieu dans le secret de leurs Maisons, où nul autre qu'eux n'entraient jamais. On les accusait, eux qui ouvertement, s'engageaient à combattre jusqu'à la mort pour le tombeau du Christ, de se livrer à des cérémonies cultuelles bizarres, maléfiques, démoniaques, au cours desquelles ils reniaient Dieu et pratiquaient la magie noire en même temps qu'ils se livraient entre eux à des débauches contre nature et à des impuretés abominables. Hérétiques plus détestables que les Cathares manichéens ... ils avaient une doctrine secrète, des pratiques secrètes qu'ils ne pouvaient sous peine de mort divulguer aux profanes.

« A ces accusations, d'autres s'ajoutaient : les moines guerriers évoquaient les démons, ils se livraient aux plus sinistres pratiques de la sorcellerie, ils avaient fait pacte avec le diable pour augmenter leurs richesses et pour satisfaire les ambitions illimitées que le public leur prêtait ... Enfin, ils s'adonnaient aux plus infâmes débauches ; leur serment secret contraignait les chevaliers à la sodomie ».

Le même ouvrage cite Jules Garinet qui, dans son Histoire de la Magie, décrit la réception d'un récipiendaire templier et précise en latin les obscénités qui se produisaient. Il fait également la description du Baphomet.

Henri Martin, dans son *Histoire de France*, parlant des Templiers, écrit : « Chaque chapitre en possédait une image (du Baphomet) ... On en avait saisi une au Temple de Paris ».

Ajoutons qu'un savant orientaliste autrichien, Monsieur de Mammer, a trouvé sculptées sur un grand nombre de monuments appartenant aux Templiers, châteaux, églises et tombeaux, tant en Orient qu'en Occident, une multitude de figures de **mété** et de **Baphomet**. Il les a reproduites dans Les Mines de l'Orient, ainsi qu'une foule de hiéroglyphes et de symboles se rapportant aux mystères ténébreux des Templiers. L'idole Mété est représentée, conformément aux idées des ophites, sous une forme humaine réunissant les attributs des deux sexes, avec une barbe, une poitrine de femme et des cornes sur la tête. Elle est accompagnée de la croix en forme de thau et du **serpent** si fameux dans toutes les mythologies. Les Baphomets à peu près de la même manière : ils portent des **serpents à la ceinture**, comme symbole de la sodomie. Ils ont la coupe et la représentation du baptême du feu. De plus, détail caractéristique et important, **ces diverses figures sont entourées de tous les symboles maçonniques** qui s'étalent dans les loges.

« De cette découverte ressortent encore deux choses évidentes : la culpabilité des Templiers, qui furent réellement des sectaires gnostiques et l'origine templière de la Franc-Maçonnerie ».[79]

Les crimes consignés dans les aveux des Templiers sont les suivants :

- APOSTASIE : par reniement du Christ lors de la réception dans l'Ordre.
- IDOLATRIE : dans les Congrégations générales ou les grands chapitres de l'Ordre, les Templiers adoraient des idoles *in figuram Baphometi*, ou sur lesquelles était *depicta figura Baphometi*.
- SACRILEGE : les récipiendaires, lors de leur réception, étaient obligés de cracher sur la croix et de la fouler aux pieds. Des nombreux membres de l'Ordre exécutaient ce sacrilège le vendredi saint ou un jour de la semaine sainte. Parfois des outrages plus scandaleux encore étaient perpétrés.
- LUXURE : le crime infâme était permis, les récipiendaires en étaient informés.
- VOL : l'Ordre considérait comme permis de s'emparer par tous les moyens du bien d'autrui.

Les réceptions se faisaient toujours en secret et les admis devaient jurer, sous peine de mort ou de prison, de ne jamais rien révéler sur ce qui se faisait dans l'Ordre.

Quand Diana Vaughan, encore Grande-Prêtresse de Lucifer, vint en France, en 1885, elle voulut se faire recevoir Maîtresse Templière au Triangle de Saint Jacques. La réception n'eut pas lieu pour la raison suivante :

---

[79] de Saint André, op. cit. pages 195 à 197.

Selon le rituel des Francs-Maçons de Paris, le récipiendaire devait profaner des Hosties consacrées. Elle refuse de se plier à un rite qu'elle juge absurde. Diana ne croit pas à la Présence réelle. Et précisément, parce qu'elle n'y croit pas, elle estime stupide ce rite profanateur qu'on prétend lui imposer. Elle revient très mécontente en Amérique ».[80]

Cette profanation que l'Ordre du Temple voulait lui imposer, ne rentre-t-il pas, précisément dans le cadre de celles qui, au temps de la suppression des Templiers, leur était reprochées ? Ainsi, une fois de plus, on constate, chez les uns comme chez les autres, leur appartenance au culte luciférien et leur haine du Christ, le vrai, poussée au paroxysme...

*

* *

LES BILDERBERGERS — LA TABLE RONDE — LE COUNCIL ON FOREIGN RELATIONS

Le *Bilderberger Group* fut lancé par l'israélite polonais Joseph Retinger. Il est un autre bras de la pieuvre luciférienne. On assure que ce serait dans sa réunion en Savoie quelques mois avant qu'elle ne se produisit, que toute l'affaire des pétroles arabes aurait été décidée ...

On pourrait vraisemblablement le rapprocher d'un autre groupe secret, lui aussi, LA TABLE RONDE, dont le siège était en Angleterre et qui, le 30 mai 1919, avait jeté les base du COUNCIL ON FOREIGN RELATIONS, qui, lui, siège à Washington et est un des instruments du Gouvernement Mondial et dont le but poursuivi est le triomphe de la révolution. La plupart des hommes politiques influents dans le

---

[80] Chanoine Billaud, *Du Diable à Dieu par Jeanne d'Arc : Diana vaughan*, dans la Revue *Fleurs de Lys*. N° 5, mai 1961.

monde font ou ont fait partie du COUNCIL ON FOREIGN RELATIONS. Le Président Roosevelt notamment qui, avec Churchill, établit en 1941 la CHARTE DE L'ATLANTIQUE, et qui le 2 septembre 1943 partageait le monde en déclarant : « À la Chine l'Extrême-Orient ; le Pacifique aux États-Unis l'Afrique et l'Europe partagées entre l'Angleterre et la Russie.

« L'Organisation des Nations Unies (O.N.U.) est le fruit du Council on Foreign Relations ».

Eisenhower, Kennedy, Nixon en étaient membres comme le plupart des dirigeants américains. Le président en est David Rockefeller, fondateur en 1973 de la *Trilatérale*. Le mouvement est financé par Ford, Carnegie, Rockefeller, etc. ...

Une autre organisation, fondée en 1921, Le *Foreign Policy Association* (F.P.A.), Association de Politique Étrangère fusionna en 1950 avec un autre organisme fondé par le *Council on Foreign Relations*, et demeuré sous sa dépendance, les *World Affairs Council* (W.A.C.) Comité des Affaires Mondiales. Le *World Affairs Council* a publié le 24 octobre 1975, sous le signature de Henry Steele Commager, une *Déclaration d'interdépendance* adressée au monde entier en vue de l'établissement d'un Gouvernement Mondial, et qui marche la main dans la main avec une autre ramification du *Council on Foreign Relations* : L'*Aspen institute for Humanistic Studies* (Institut Aspen pour les Études concernant l'Humanité) qui, sous l'impulsion de son président, Robert O. Anderson, a obtenu la création en décembre 1974, de la *Commission Nationale pour la Défense de l'interdépendance*. Sur trente-deux membres de cette Commission, treize sont affiliés au *Council on Foreign Relations*, dont le fameux Zbigniew Brzezinski, le grand ami et collaborateur de l'ancien président des États-Unis, Jimmy Carter. Tout se tient et s'enchevêtre, toujours dans le même but : le Gouvernement Mondial Luciférien.[81]

Revenons au *Bilderberger Group* dont le rôle est essentiellement politique et international. Parmi ses membres, morts ou vivants, citons entre beaucoup d'autres : Spaak, van Zeeland, Mansholt, en Belgique ; le prince Bernard des Pays-Bas et Joseph Luns, en Hollande ; le duc d'Édimbourg, Wilson chef des Travaillistes comme aussi Heath l'ancien chef des Conservateurs, en Angleterre ; Otto Wolf, en Allemagne ; Dean Acheson, Mac Cloy, Walter Lipman, Fulbricht, Robert Murphy, et bien entendu Kissinger, aux États-Unis ; Pompidou, Deferre, Baumqartner, Pierre Dreyfus, Jacques Rueff, Guy Mollet, Maurice Faure, Jacques Baumel, Duchet, Olivier Guichard, Antoine Pinay, Pleven, la Malène, Teitgen, sans oublier Lecanuet, l'écrivain André Maurois, Giscard, *pendant sa présidence y aurait eu son représentant : le fils d'une Blum*, en France ; Lesage au Canada ; etc. ... le tout coiffé par la haute finance internationale : Rockefeller, Warburg, Kuhn, Lœb, Carnegie, Ford, les représentants des Rothschild, etc. ... Tous noms cités par Pierre Virion.[82]

Les derniers avatars du Prince Bernard des Pays-Bas, président du *Bilderberger Group*, avaient entraîné la mise en sommeil momentanée de leur réunion annuelle. Cette réunion a repris à Torquay, en Angleterre, du 21 au 23 avril 1977 et a désigné le remplacement de l'ancien président trop compromettant : Lord Home (Alec Douglas Home), ancien ministre des Affaires Étrangères et Premier Ministre de Grande Bretagne, a été désigné.

Pierre Hofstetter donne le nom de quelques-uns des invités : Henry Kissinger, le chancelier de la République Fédérale Allemande, Helmut

---

[81] Voir l'article de Jacques Bordiot, *Lectures Françaises*, novembre 1976 et aussi *L'Ordre Français*, décembre 1976, pages 49 à 51.
[82] Pour étudier ces questions, il est indispensable de connaître tous les ouvrages de Pierre Virion, Léon de Poncins, Jacques Bordiot, Yann Moncomble, etc. ... et le *Bulletin d'information Catholique* à Bruxelles, notamment les numéros de décembre 1974 et septembre 1975. Malheureusement cette publication a cessé de paraître depuis lors.

Schmid ; le président de la république (française) Valéry Giscard d'Estaing ; le ministre des finances, travailliste, Denis Healy, Mme Marguerite Tatcher chef du parti Conservateur anglais ; le millionnaire socialiste Harok Lever, conseiller financier du premier ministre du Royaume Uni Callaghan ; sir Eric Roll, un directeur de la Banque d'Angleterre ; le banquier Sigmund Warburg ; le Vice-Chancelier d'Autriche Harnes Androsch ; le ministre canadien de la Santé Marc Lalonde ; le ministre danois de l'Économie Per Haekkerup, le ministre grec des Affaires Étrangères Constantin Savropoulos ; le premier ministre d'Irlande Geir Haligrimson ; le premier ministre de Suède Thorbjorn Faildin ; le ministre italien de l'Intérieur Francisco Corriga ; et bien entendu le puissant banquier et roi du pétrole David Rockefeller, l'un des principaux animateurs du groupe ».[83]

THE TRILATERAL COMMISSION

Sous le titre, *Une nouvelle synarchie : la Trilatérale*, avec le sous-titre, *la génération spontanée en politique*, Jacques Bordiot, spécialiste en la matière, écrit :

« Lors du remaniement du cabinet Jacques Chirac, le 12 janvier 1976, dans la liste des nouveaux ministres, figurait un certain M. Raymond Barre que, dans son numéro de février, *Lectures Françaises*, présentait en ces termes : « Professeur d'Économie politique placé au Commerce Extérieur on ne sait trop pourquoi ».

« Aussi, lorsque le 27 août, après la *démission* de M. Chirac, le Président Valéry Giscard d'Estaing confia à ce même M. Barre le double portefeuille de Premier Ministre, de Ministre de l'Économie et des

---

[83] *Lectures Françaises*, mai 1977, *La dernière conférence secrète de Bilderberger*, p. 17 à 19. Il précise que Valéry Giscard d'Estaing avait assisté à la réunion du Bilderberger en 1968 et ajoute : « Les Américains accompagnant David Rockefeller étaient vingt-quatre, et que Henry Kissinger est souvent vu à Washington, mais beaucoup de ce qu'il y fait demeure un mystère ». (au dire d'un chroniqueur américain.)

Finances, les commentateurs politiques ne surent pas dissimuler leur étonnement, pour ne pas dire leur stupeur ».

« D'où sortait-il, celui-là ? Si encore il avait fait partie des anonymes de l'U.D.F., de l'un des corpuscules d'Indépendants, voire de quelque gauche modérée ou de la comateuse S.F.I.O passe encore ! On eut admis un vrai socialiste du P.S ...

« Mais non : le nouveau chef du gouvernement ne se targuait-il pas de n'appartenir à aucun parti ?

Autrement dit politiquement parlant, rien, zéro, du vent ...

« À peine commençait-on à s'habituer à cette anomalie qu'un deuxième événement du même ordre venait secouer le monde politique.

« Le 4 novembre 1976, M. Jimmy Carter, 52 ans, démocrate du Sud, était élu président des États-Unis par 51% des suffrages, alors que son principal adversaire, le républicain Gérald Ford, président sortant n'en recueillait que 49%.

« Pourtant, lorsque le 12 décembre 1974, M. Carter avait posé sa candidature à l'investiture démocrate pour les élections présidentielles, toute la presse l'avait aussitôt baptisé : *Jimmy who ?* (Jimmy qui ?).

« ... Alors, la victoire de M. Jimmy Carter ? Génération spontanée, vous dit-on ... Et si, dans les deux cas, cette inconsistance politique n'était qu'une façade, un trompe-l'œil ? »[84]

Ce n'était, en effet, dans l'un comme dans l'autre cas, qu'un trompe-l'œil. Au début de 1976, lors d'une conférence qu'il fit en Belgique, l'auteur de cette étude reçut de Washington un document important concernant THE TRILATERAL COMMISSION, document qui annonçait les deux événements : à savoir le prochain Premier Ministre

---

[84] *Lectures Françaises*, n° 238 de février 1977, pages 1 à 7.

serait M. Raymond Barre en France et qu'aux États-Unis le prochain président serait M. Jimmy Carter parce que telle était la volonté de la *Commission Trilatérale*. Afin de prendre date, il montra le document à de nombreux amis. Force fut bien de constater quelques mois après que l'auteur de la note était bien renseigné.

Depuis, l'ancien grand-Maître du Grand Orient de France est entré dans le Ministère Barre et deux membres de la Trilatérale ont surgi à des postes-clé : Jean-Paul Lecat a été Ministre de la Culture et de la Communication — poste capital pour diriger et manœuvrer l'opinion publique — et M. Crépeau, marxisant est devenu le chef du Parti radical de gauche et depuis l'arrivée au pouvoir de Mitterrand et des socialo-communistes, ministre ... ...

Qu'est-ce donc que la *Trilatérale* ?

C'est la dernière en date des organisations du Pouvoir occulte. Dans son bulletin intérieur, *Trialogue*, la *Trilatérale* se présente : « La Trilatérale Commission fut fondée en 1973 par de simples civils de l'Europe Occidentale, du Japon et de l'Amérique du Nord pour propager l'idée d'une plus étroite coopération entre ces trois régions du monde sur leurs problèmes communs. Elle cherche à améliorer la compréhension de ces problèmes par l'opinion publique, et à créer dans ces régions l'habitude et l'expérience du travail en commun ».[85]

Que cela recouvre-t-il en réalité ?

Un hebdomadaire italien *Europa*, prétend que les fondateurs de ce groupement, David Rockefeller et Brzezinsky n'auraient lancé la Trilatérale que pour en faire « **le groupe de puissances intellectuelles et financières le plus fort que le monde ait jamais connu** ».

C'est vraisemblable. En attendant de diriger totalement la politique du monde, elle fait pénétrer dans les sphères dirigeantes les idées suivantes :

---

[85] *Trialogue,* (House organ of the Trilateral Commission) n° 9, hiver 1975-76.

« Les managers précèdent les politiques. Par leurs fonctions et leur approche réaliste, les dirigeants du secteur privé, industriels, universitaires, financiers, sont susceptibles d'élaborer des solutions pratiques aux problèmes mondiaux, puis de les proposer aux gouvernements.

« La concertation entre les trois grandes régions à la fois démocratiques et industrialisées (Europe, Japon, Amérique du Nord) peut seule favoriser l'établissement d'**un ordre économique mondial** ».

Le but est indiqué. C'est l'aveu !

Aussi, depuis sa fondation, la *Commission Trilatérale*, a-t-elle étudié les questions suivantes : système monétaire, coopération internationale, dialogue Nord-Sud, commerce mondial, énergie, fonctionnement de la démocratie, etc. ... études publiées par les *Documents du Triangle*.

François Lebrette précise :

« Les critiques les plus vives furent toutefois réservées au *Triangle Paper* (rapport consacré à la démocratie). Rédigé sous la direction de M. Samuel Huntington, professeur à l'Université Harvard, ce document présente la première réflexion globale sur les dangers mis en lumière par l'affaire du Watergate. La plus originale aussi.

« Alors que la plupart des études américaines insistent sur l'aspect moral de l'affaire, M.Huntington s'intéresse à la vulnérabilité du pouvoir ainsi révélée. Sa conclusion : « *L'extension indéfinie de la démocratie n'est pas désirable*. Certains problèmes de gouvernement surgissent d'un *excès de démocratie*.

« Parmi les solutions retenues, une, au moins, va à l'encontre de la tradition américaine : **le droit au secret** : « **Un gouvernement doit avoir le droit et les moyens de retenir l'information** ».[86]

Très justement, J. Bordiot constate : « Le véritable objet de la Trilatérale était d'exercer une pression politique concertée sur les gouvernements des nations industrialisées pour les amener à **se soumettre à leur stratégie globale**. « Ou ces mots ne veulent rien dire, ou le but de la Trilatérale est **l'instauration du gouvernement mondial** ». (C'est nous qui soulignons)

Et il continue :

« Pour M. Valéry Giscard d'Estaing, déjà membre du *Bilderberger Group* alors qu'il était Ministre de l'Economie et des Finances du Président Pompidou, on a souligné qu'il s'en était retiré dès son accession à l'Elysée. Mais en oubliant soigneusement d'indiquer qu'il était régulièrement représenté à chaque réunion du Groupe par son ancien collaborateur aux Finances, Lionel Stoleru, Ministre et conseiller du Président de la République. Réunions auxquelles M. Stoleru rencontrait non moins régulièrement les énarques Jacques Attali et Pierre Uri, représentants tous les deux de M. François Mitterand. Hé ! Oui ... . C'est cela le capital-socialisme ... »

Il cite François Lebrette, qui écrivait le 10 janvier 1977, La Commission Trilatérale ... fut ainsi définie par M. Jacques Chirac, en décembre 1975 :

« C'est ce que nous appelons en France une société de pensée. Elle est l'une des plus éminentes.

---

[86] *The Crisis of Democracy-Report of the Trilateral Commission.* Voir également, *valeurs Actuelles* du 10 au 16 janvier 1977 : *Trilatérale — Une nouvelle Synarchie*, pp 29 et 30 ; et *Monde & vie* n° 271 du 21 janvier 1977 de Pierre de Villemarest : *Les hommes-clés du Gouvernement Américain*, pages 8 et 9.

« C'est à l'occasion d'un dîner offert par M. Chirac, alors Premier Ministre, à la Commission Trilatérale réunie à Paris pour discuter d'une gestion internationale des matières premières ».

Puis, il cite à nouveau M. Lebrette qui précisait le 9 mai 1977 :

« Le ... grand succès de la Trilatérale fut l'instauration de rencontres régulières entre les dirigeants des principales puissances industrielles d'Europe, du Japon, et d'Amérique du Nord. L'initiative en fut prise par M. Giscard d'Estaing dès son arrivée à l'Elysée. Elle se concrétisait en novembre 1975 par le sommet de Rambouillet, minutieusement préparé par un ministre encore obscur, M. Raymond Barre, lui aussi membre de la Trilatérale. Et l'autre semaine, le Premier Ministre français réunissait discrètement à Versailles les principaux responsables économiques et financiers des États-Unis, d'Allemagne Fédérale, de Grande Bretagne et du Japon. Pour préparer le sommet de Londres, comme l'avait fait quelques jours auparavant une autre société internationale discrète : le Groupe Bilderberger, réuni à Torquay encore en Grande Bretagne.

« La France joue ainsi le rôle de courroie de transmission, tant pour la Trilatérale que pour le Bilderberger, par le truchement du président de la République et du Premier Ministre ».

Et Jacques Bordiot conclut :

« Pouvait-il ignorer que MM. Henry Cabot-Lobge, le Général Marshall, Milton Katz, Averell Harriman, George S. Franklin appartiennent au **Council on Foreign Relations (C.F.R.)** Pouvait-il ignorer que M. Henry Kissinger, ex-secrétaire d'État (Ministre des Affaires Étrangères des États-Unis), membre influent du C.F.R. et du Bilderberger Croup, venait d'adhérer à la Trilatérale et figurait parmi les membres de sa Commission exécutive ?

« Certes pas. **Sans la Trilatérale, il ne serait rien, et il le sait. C'est elle qui l'a imposé à la France, pour surveiller le Président Valéry Giscard d'Estaing, jugé inconsistant, et l'obliger à se plier aux usages de la haute finance internationale** ». (C'est nous qui soulignons).[87]

Revenons un peu en arrière et faisons un peu d'histoire :

Lors des Traités qui avaient mis fin à la première conflagration mondiale, Jacques Bainville avait déploré que l'Economique l'ait emporté sur le Politique. C'était, en effet, ouvrir la porte au Pouvoir occulte et à la Finance Internationale entre les mains des Juifs. Au livre de l'anglais Keynes, *Les conséquences économiques de la paix*, Bainville avait répliqué par *Les Conséquences politiques de la paix*, et Ch. Maurras par son *Mauvais traité*. Fatalement, cela devait aboutir progressivement à la réalisation des principes énoncés par la Rose-Croix et Comenius (1592-1670) c'est-à-dire à tendre à l'unité politique et religieuse par la destruction de tous les Etats Nationaux, de toutes les indépendances nationales, qui assurait le triomphe du plan d'asservissement du monde au roi d'Israël ; plan qui, depuis des siècles, n'a pas varié.

En 1882, Saint-Yves d'Alveydre — l'un des hauts initiés — préconisait cette antériorité de l'Economie sur la Politique et déclarait : « La vie économique vous donnera la base. Mais sur cette base vous devez élever le Conseil des Etats Européens ».

De par la volonté de Valéry Giscard d'Estaing — qui ambitionnait alors de devenir le président de la Communauté Européenne et l'on sait que son ambition est insatiable — le parlement français a ratifié l'élection au suffrage universel du Parlement Européen, et Raymond Barre — en plat valet qu'il est — a déclaré : « Nous n'avons pas à avoir peur de la puissance du suffrage universel, ni pour notre peuple, ni pour l'Europe ».

---

[87] J. Bordiot, dans *Lectures Françaises*, d'avril 1978 sous le titre, *M. Raymond Barre et la Trilatérale*. Il publie la liste des European Members de la Trilatérale.

Déclaration qui ne surprendra pas puisque la *Trilatérale* dont il est un membre téléguidé, ne l'a fait arriver au pouvoir en France que pour achever sa domination ... En effet, cette ratification avance singulièrement la réalisation du plan juif d'asservissement du monde — plan préconisé bien entendu tant par la plupart des sectes et par la franc-maçonnerie que par le Pacte Synarchique, la construction de l'Europe devant assurer ensuite rapidement la domination du Pouvoir occulte et du roi d'Israël sur le monde.

Sont membres de la *Commission Trilatérale* environ deux cents personnalités citons entre autres :

EN AMERIQUE :

L'ex-président Carter, l'ex-vice-président Walter Mondale, les anciens ministres Michael Blumenthal, Harold Brown, Cyrus Vance, Zbigniev Brzezinski et dix-huit membres qui occupent des postes-clés.

EN FRANCE :

Raymond Barre, Jacques Chirac, Edmond de Rothschild, Paul Delouvrier, président du Conseil d'Administration de l'Electricité et du Gaz de France, Pierre Estève (Union des Assurances de Paris), Pierre Jouvent (Péchiney-UgineKulmann), Michel Gaudet (Fédération des Assurances), Roger Martin (Saint Gobain-Pont à Mousson), Michel Debatisse (Exploitants Agricoles), René Bonety (Confédération Française des Travailleurs), Jacques de Fouchier (Banque de Paris et des Pays-Bas), Georges Bertholin (Directeur Général honoraire de la Communauté Européenne et président de la Trilatérale Commission pour l'Europe) etc. ... et président de l'Electricité et du gaz de France ...

On pourrait également citer les plus hautes personnalités étrangères en Allemagne, Italie, Angleterre, etc. ... En un mot les sommités politiques, les présidents des principales banques mondiales, les dirigeants des plus puissants groupes industriels, comme aussi de certains syndicats ... Ainsi le Pouvoir occulte tient à peu près tout dans sa main.[88] C'est la réalisation du plan de la Trilatérale qui déclare vouloir « créer un ordre international **qui ne soit en aucun cas anti-communiste** ».

De fait, son action a — présentement — pour effet voulu de procurer à l'Union Soviétique et à ses satellites des usines clés en main (même pour des fabrications militaires) **sans que jamais les Soviets les paient**. On est arrivé ainsi à leur procurer de telles avances financières qu'on déclare maintenant impossible d'entraver la détente Est-Ouest quoique fasse l'U.R.S.S., sans quoi on se trouverait devant un Empire qui par rétorsion, risquerait de ne pas payer ses dettes ... Mais David Rockefeller est reçu à Moscou en ami. Tout cela n'a d'autre but que de préparer la troisième conflagration mondiale ...[89]

Le *penseur* de la Trilatérale est Brzezensky. Qui est-il donc ? En octobre 1977 les Editions de l'Herne ont publié un ouvrage de cet individu, *illusions dans l'équilibre des Puissances*. L'ouvrage a été préfacé par Jean-Pierre Cot[90] :

« Zbigniev Brzezenski né à Varsovie en 1928, Professeur à l'Université de Columbia ... Depuis 1973 à 1976, Directeur Général de la très influente Commission Trilatérale à laquelle appartiennent Jimmy Carter ainsi que dix-sept membres du nouveau gouvernement américain ».

Dans sa préface Jean-Pierre Cot écrit :

---

[88] *Rivarol* du 13 janvier 1977.
[89] Il est utile de rappeler que c'est Rockefeller qui finança les campagnes en faveur de la contraception et la promulgation de la loi sur l'avortement aux États-Unis et qui fabriquait tous les produits avortifs, qui lui rapportaient gros ...
[90] Rappelons que Brzezenski, peu après l'arrivée au pouvoir de Jimmy Carter, a reçu Jean-Pierre Cot et aussi Michel Rocard. Ce n'était certainement pas sans raison ... et Jean-Pierre Cot accompagnait le Président de la République à Washington lors des réunions en vue de promouvoir le désarmement mondial ...

« *Zbig* Brzezenski exerce une influence essentielle. Sa position institutionnelle le place au cœur de l'ensemble de l'équipe Carter. Conseiller spécial du Président pour les affaires de sécurité, il voit Carter tous les jours. Cette permanence dans l'accès marque d'une empreinte particulière ses conseils. Il préside le Conseil National de Sécurité (N.S.C.), organisme de conception et de coordination de la politique de défense et diplomatie ... (p. 17)

« Brzezenski a été, en quelque sorte, le tuteur de Jimmy Carter. Il a fait faire ses premiers pas internationaux à l'ancien gouverneur de Georgie et n'a cessé de le conseiller depuis, élaborant ainsi avec lui ce qui allait devenir la politique étrangère du président Carter » (p. 18).

Et Cot explique le rôle de la Trilatérale : « Le cadre de cet apprentissage : la *Commission Trilatérale*. L'institution créée par le banquier David Rockefeller et dirigée par Brzezenski regroupe des élites dirigeantes de l'Amérique, de l'Europe et du Japon, hommes d'affaires, ministres ou penseurs. Organisée pour resserrer les liens entre les puissances industrielles du monde occidental, la Trilatérale a tissé un réseau de relations personnelles entre les acteurs principaux du champ politique et économique. Le dessein avoué est sans conteste conservateur : maintenir la position prééminente de l'Occident capitaliste et industrialisé dans le monde. Mais la ligne de défense est établie avec souplesse, abandonnant l'accessoire pour résister sur l'essentiel » (p. 18)

Quelle est donc cette ligne de défense à la fois souple et résistante ? Pierre de Villemarest va le préciser, avec son habituelle lucidité : « Il fallait faire comprendre à un certain capitalisme anglo-américain qu'une dose de socialisme imposée d'en-haut éviterait la Révolution dans la rue : que l'alliance du Capital international et du socialisme international ne gênerait ni l'un ni l'autre ».[91]

---

[91] Voir les articles de *Permanences*, N° 149 Avril 1978

Jean-Pierre Cot continue : « La Trilatérale a forgé sans conteste l'unité de vues de l'administration américaine en matière étrangère. Carter, Mondale, Vence Blumenthal et Young en faisaient partie avec quelques autres, assistant régulièrement à des réunions d'analyse sur l'état des relations internationales. Il en est sorti une équipe soudée par une perspective commune et largement inspirée par les conceptions de Brzezenski. (p. 18)

Et il précise : « Brzezenski propose d'institutionnaliser la Commission Trilatérale au niveau des gouvernements, en encourageant l'Europe à s'exprimer d'une seule voix, à égalité avec l'Amérique et le Japon ». (p. 26)

Notons également que Brzezenski avait placé auprès de Carter, comme Chef de l'Office des Affaires Mondiales du Conseil de Sécurité Nationale des États-Unis Jessica Tuchman, dont le rôle était d'inspirer les idées du président américain. Juive comme il se doit et spécialiste des *Droits de l'Homme*, c'est elle qui a déclenché la campagne de Carter sur les droits humains ; mais, malgré les apparences, cette campagne n'est aucunement dirigée contre les Soviets, Brzezenski ne le tolèrerait pas,[92] mais uniquement en vue de déclencher la troisième conflagration mondiale dont l'un des principaux buts est le destruction totale et définitive de tous les nationalismes, ceux de l'Est comme la Yougo-Slavie, comme ceux de l'Ouest, afin de parvenir au Gouvernement mondial du roi d'Israël.

Ajoutons que le 6 février 1977, le *Washington Post*, dans un article sur les antécédents de Brzezenski, notait qu'il avait pour ami intime et très ancien Henry Rosovsky, doyen de la Faculté des Arts et Sciences de l'Université Harvard, mais qui est aussi le vice-président du Congrès Américain Juif, organisation par excellence du sionisme ... Or récemment ce Congrès préconisait l'établissement d'une Chambre Haute Juive qui serait composée des chefs des Communautés juives du

---

[92] *Time Magazine* du 26 avril 1976 traitant de la politique de Brzezenski, ne cachait pas les sympathies de ce dernier pour le communisme.

monde entier. Ne serait-ce pas le signal que l'assaut final du Pouvoir Juif est imminent en vue d'établir ce Gouvernement mondial dictatorial sous le pouvoir absolu du roi d'Israël ... et de sa Chambre Haute ? ...

Précisément, par la même voie des informations de la plus haute importance nous arrivaient d'Amérique indiquant que le Pouvoir occulte, aurait décidé de déclencher rapidement la troisième conflagration mondiale afin d'asseoir définitivement cette domination.

Depuis, les événements d'Iran et la trahison de Carter à l'égard du Schah et l'arrivée au pouvoir d'un autre inconnu, l'ayatollah Khomeini — scandaleusement protégé par le gouvernement trilatéraliste français, alors que le Shah venait de signer avec la France des accords économiques fort intéressants, immédiatement dénoncés par le chef chiite — ce qui va augmenter encore la crise du chômage dans notre pays, preuve supplémentaire, s'il en était besoin, que nous assistons à une immense et tragique pièce montée ...

Deux conséquences mondiales très graves en sont la conséquence :

1° — la suppression à plus ou moins brève échéance des livraisons de pétrole à l'Occident, livraisons qui vont rapidement être dirigées vers la Russie soviétique et augmenter ainsi ses possibilités de ravitaillement en vue du conflit international qui va se déclencher ; suppression tragique pour les Puissances Occidentales car elles seront pratiquement dans l'impossibilité de se défendre ...

2° — le démantèlement du dernier bastion de l'Occident au Proche-Orient au profit encore et toujours des Soviets ... qui vont même très vraisemblablement profiter de la destruction de l'armée du Shah pour saisir les secrets les plus sophistiqués de l'armement américain ... et aussi pour avancer une pointe vers la Mer d'Oman et l'Océan Indien ...

Enfin, à propos des derniers événements du Liban et de l'action israélienne dans ce pays, il est un fait qui ne doit pas être oublié : les chefs juifs internationaux ont toujours été réticents à l'égard de l'État d'Israël, car cet État constitue plutôt une gêne pour le règne juif sur le monde, car ce règne — dans leur pensée — ne doit pas être limité à un petit pays, mais étendu à l'univers entier ; d'où l'actuelle majorité hostile à l'état d'Israël des juifs américains ...

Mais, si vous suggérez que la trahison pourrait bien être installée un peu partout, on vous traite de fou ...

Non sans raison, Jacques Boislevant se demandait, alors que la communauté économique n'avait pu encore être instituée : « Pourquoi attendre encore ? Ne faut-il pas franchir l'étape politique et pourquoi pas, celle ultime du Conseil des Églises Nationales ? »[93]

Que les catholiques, et aussi tous les chrétiens, n'oublient jamais cette déclaration de Brzezenski en haine de l'Église :

« **Le marxisme est une victoire de la raison sur la foi** ... Il représente une étape vitale et créatrice dans le mûrissement de la vision universaliste de l'homme ».[94]

AMNESTY INTERNATIONAL

Amnesty international a été fondée en 1961 par Sean Mac Bride et Peter Benenson avec comme but avoué d'être un « Mouvement impartial pour la défense des droits de l'homme et la libération des prisonniers d'opinion » ... « qui n'ont pas fait usage de violence ». Elle assure avoir

---

[93] Jacques Boislevant, *Le débat sur l'Europe*, dans Ordre Français de juillet août 1977. Il convient aussi de ne jamais perdre de vue l'étude de notre Ami, Pierre Virion, *Bientôt un gouvernement mondial ?* Une super et contre-Église, ainsi que son autre étude, Le Complot, etc. ..
[94] Cité par Pierre de Villemarest, *La Trilatérale*, dans *Permanences*, n° 149 avril 1978, extrait de Brzezenski, *Betwen two ages*, NewYork, Viking Press, 1970.

deux cent cinquante mille membres et des groupes d'action dans cent trente-quatre pays. En outre « elle est aussi une puissance internationale politiquement reconnue. Elle a statut consultatif auprès de l'Organisation des Nations Unies, de l'Unesco, du Conseil de l'Europe ; statut coopératif avec la *Commission interaméricaine des droits de l'homme*, de l'*Organisation des États Américains ;* et statut d'observateur auprès de l'*Organisation pour l'Unité Africaine,* etc. ... sans oublier l'appui enthousiaste des Églises ...

Hugues Kéraly écrit très justement :

« Les dirigeants d'*Amnesty international* ont bâti un empire de MENSONGE sur la forêt des bonnes volontés. Ils exploitent la mission du secours aux personnes **dans un dessein politique déterminé** où la charité des autres sert de couverture à leurs multiples dextérités ... (C'est nous qui avons souligné mais l'auteur continue en gros caractères :)

« Les militants d'*Amnesty international* **restent en effet la proie du mensonge à peu près constant, par omission, sélection ou invention des faits, selon qu'il s'agit de voiler dans le monde la réalité du communisme ou de jeter l'opprobre sur les nations capables de lui résister ».**

« *Amnesty international* n'a cessé depuis sa fondation de figurer le monde à l'envers de ce qui s'y passe en réalité ; elle entend nous faire croire que l'Ouest, de la Turquie à l'Amérique Latine, abriterait la patrie du GOULAG, des bourreaux, des génocides, et l'Est celle des dissidents. Quand c'est l'affirmation exactement contraire qui pourrait contenir aujourd'hui une part de vérité. (Voir *Europe de l'Est : Le communisme amnistié*) ».[95]

Quoi d'étonnant qu'*Amnesty international* **fasse le jeu des Soviets et du communisme et falsifie les reportages concernant** les pays

---

[95] Hugues Kéraly, Alain Sanders. Jean Nerle et Francis Bergeron, *Cinq Continents accusent Amnesty international,* chez Dominique Martin-Morin, 1982.

susceptibles de gêner la Russie Soviétique et atténue **systématiquement toutes les persécutions, les crimes et les génocides perpétrés par les Soviets** et ses satellites puisque son fondateur est **Prix Lénine de la Paix** et que depuis 1979 elle a eu pendant plusieurs années un leader communiste australien, Derek Roebuck, comme l'un des principaux chefs de son organisation à Londres, notamment pour diriger ses *enquêtes* ...

La vérité est que les enquêtes impartiales effectuées par des chercheurs sérieux1 et ce, dans les différents continents ont abouti souvent à la découverte de prétendus assassinés ou disparus qui avaient fui leur pays et se trouvaient parmi les brigades rouges terroristes et les assassins passés à l'étrange ... Mais le communisme n'est-il pas l'incarnation du mensonge pour parvenir à son but suprême. Lénine n'a-t-il pas fait un **devoir de mentir aux militants communistes dès l'instant que l'intérêt du parti peut y trouver un intérêt ... ?**

Marxisme : Socialisme & Communisme

Tout le mouvement marxiste — communisme aussi bien que socialisme — a pour idole Karl Marx (1817 † 1883). Or, le but réel de Kart Marx n'était aucunement la libération du prolétariat, du monde ouvrier, du peuple. Contrairement à ce que voudraient faire croire ceux qui se disent ses disciples, Il s'en moquait totalement ; il en voulait, au contraire la destruction en haine de Dieu par son **asservissement à Lucifer**.[96]

À vingt ans, en effet, il s'était donné à Lucifer et assistait à des messes noires. Il voulait entraîner l'humanité dans l'abîme des ténèbres de l'enfer. Il écrit :

« S'il y a quelque chose capable de détruire, je m'y jetterai à corps perdu, quitte à **mener le monde à la ruine. Oui, ce monde qui fait**

---

[96] Pasteur Wurmbrand, *Karl Marx et Satan*, à l'*Apostolat des Éditions*, Paris.

écran entre moi et l'abîme. Je le fracasserai en mille morceaux à force de malédiction ».

À trente ans, il est lié avec les révolutionnaires les plus acharnés de tous les pays : Mazzini, Ruffini, Dubousky, Zalesky, Weitling, etc. ... Ils se réunissaient à Rome, derrière la Langara :

« Là était l'autel de Satan qui s'élevait en rival auprès des Temples du Tout-Puissant ; là le démon était adoré comme divinité suprême ; là il recevait les encens et les prières ; là on célébrait des mystères obscènes ; là on lui offrait des sacrifices monstrueux ».[97]

Dans son excellent ouvrage, Le pouvoir occulte fourrier du communisme, Jacques Bordiot dans son chapitre, *Les origines capitalistes du marxisme*, écrit :

« Karl Heinrich (Herschel) Marx est né en 1818 à Trèves, en Rhénanie. Son père, fils de Rabbin, riche avocat converti au protestantisme « pour des raisons probablement plus politiques que religieuses » était devenu Conseiller à la Cour. Sa mère, née Henriette Pressburg, était, elle aussi, fille de rabbin. Le milieu où s'écoula la jeunesse de Karl Marx, écrit Elie Halévy, était la haute bourgeoisie liée à l'aristocratie ». Il épousa « Jenny von Westphalen, dont le grand père avait été ministre du duc de Brunswick pendant la Guerre de Sept Ans, et dont la grand'mère anglaise était apparentée aux ducs d'Argyll ».[98]

Dans son *invocation d'un désespéré*, il écrit encore :

« Il ne me reste plus désormais que la vengeance,
« Je veux me bâtir un trône dans les hauteurs,
« Son sommet sera glacial et gigantesque.
« Il aura pour rempart la terreur de la superstition
« Pour maréchal, la plus sombre douleur ...

---

[97] Chanoine Bresciani, *Le Juif de vérone*, tome II, page 75.
[98] Karl Marx, *Morceaux choisis*, tome 1, International Publishers, New-York 1974.

En haine du Christ, il écrit Oulanem, qui est l'anagramme d'Emmanuel. Et dans *Le Menestrel*, il reconnaît :

« Les vapeurs infernales me montent au cerveau
« Et le remplissent jusqu'à ce que je devienne fou,
« Et que mon cœur soit complètement changé
« Regarde cette épée : le Prince des ténèbres me l'a vendue ».

Épée enchantée qui assure le succès et qu'il a achetée « au prix d'un pacte signé du sang pris à son poignet, selon lequel son âme après sa mort appartiendra à Satan », précise le Pasteur Wurmbrand (p. 16 de l'étude ci-dessus citée).

Dans *La vierge pâle* :

« Ainsi j'ai perdu le ciel, je le sais très bien.
« Mon âme naguère fidèle à Dieu a été marquée pour l'enfer ».

C'est avec des lucifériens qu'il fonde la *Première internationale*, avec Bakounine qui écrit de son côté :

« **Dans cette révolution, il nous faudra réveiller le diable chez le peuple et exciter en lui les passions les plus viles** ».[99] Et encore :

« **Satan est le premier libre-penseur et sauveur de ce monde. il libère Adam et imprime sur son front le sceau de l'humanité et de la liberté en faisant désobéir** ». Proudhon — encore à ce moment son ami — « adorait Satan ».

Le communard Flourens, lors de l'insurrection de 1871 à Paris, déclare :

---

[99] Cité dans *Dzerzjinski* par R. Gul *Most*. House à New-York, publié en russe. Toutes les citations de Karl Marx sont extraites du livre de Robert Payne, *The Unknown Karl Marx* (*Karl Marx inconnu*), New-York University Press, 1971 que le Pasteur Wurmbrand cite dans l'ouvrage ci-dessus.

« Notre ennemi, c'est Dieu. La haine de Dieu est le commencement de la sagesse. »[100]

Mazzini, qui connaissait bien Marx, reconnaît :

« Il a l'esprit destructeur et **son cœur déborde plus de haine que d'amour pour les hommes.** »[101]

Avec raison, Lénine déclarait :

« Un demi-siècle après lui, pas un seul marxiste ne peut se vanter d'avoir vraiment compris Marx. »[102]

Après une étude approfondie, le Pasteur Wurmbrand écrit :

« N'oublions pas que **l'idéal de marx était de descendre en personne aux abîmes de l'enfer et d'y entraîner avec lui l'humanité entière. « Pour marx, le socialisme était uniquement un prétexte. Son véritable objectif était le plan diabolique d'anéantir l'humanité pour toujours.** »[103]

On savait que les fondateurs du communisme — comme aussi du nazisme — avaient été en relations suivies avec des lucifériens notoires.[104]

« Marx a reçu de leur part la mission avouée *de mettre par terre toute religion et toute morale.* »[105]

---

[100] Publié dans *Dzerzinski* par Gul Most, en russe, House New York.
[101] *Philosophie du communisme*, Introduction par Charles Boyer-Fordham, University Press, New York.
[102] Fritz Raddatz, *Karl Marx*, chez Hoffman et Campe, 1975 en Allemagne.
[103] Pasteur Wurmbrand : op. cit. pages 86 – 95. 104
[104] id. page 86.
[105] Id. page 60.

Le monde ignore que Staline avait choisi, dans ses premiers écrits le pseudonyme de **Demonoshvili**, c'est à dire **l'Émule du démon**, et **Beshvili, le Démoniaque**.[106]

Après avoir cité ces faits très caractéristiques, le Pasteur Wurmbrand ajoute :

« Si l'on veut en savoir davantage sur les rapports du marxisme et des sciences occultes, on peut se référer à l'ouvrage de Cheila Ostrander et Lynn Chrôder, *Psychic discoveries behind the iron Curtain*, (Englowood Cliffs, N. J., Prenties Hall, 1970). On y découvrira avec stupéfaction que les Pays de l'Est communiste sont beaucoup plus avancés que ceux de l'Occident dans la recherche de toutes les forces occultes manœuvrées par Satan.[107]

Et, très judicieusement, il constate :

« Les crimes du communisme sont sans précédent. Quel autre système politique pourrait se vanter d'avoir mis à mort soixante millions d'hommes en un demi-siècle, comme c'est le cas pour les Soviets. (Soljenitsyne, *L'Archipel du Goulag*) Soixante autres millions ont été tués en Chine Rouge. Il y a des degrés dans le péché et la criminalité. Le comble du crime vient du comble de l'influence satanique sur le fondateur du communisme moderne. Les péchés du marxisme, comme ceux du nazisme, dépassent la mesure ordinaire. Ils sont démoniaques ».[108]

Et il ajoute :

« Selon toute probabilité, **les mouvements communistes eux-mêmes sont des organisations déguisées d'un satanisme occulte**. Cela expliquerait aussi que toutes les armes politiques, économiques,

---

[106] Id. page 65.
[107] Id. page 65.
[108] Id. page 90.

culturelles et militaires employées pour réduire le communisme se soient jusqu'ici avérées inefficaces », car « **les moyens de combattre le satanisme sont spirituels et non d'ordre matériel** ».[109]

C'est la vérité même. En 1846, lors de son Apparition à la Salette, la Très Sainte Vierge avait annoncé :

« En 1864, Lucifer avec un grand nombre de démons seront détachés de l'enfer : ils aboliront la foi peu à peu et même dans les personnes consacrées à Dieu ; ils les aveugleront d'une telle manière qu'à moins d'une grâce particulière, ces personnes prendront l'esprit de ces mauvais anges. Plusieurs maisons religieuses perdront entièrement la foi et perdront beaucoup d'âmes ».

Cela est maintenant réalisé, hélas ! Or, c'est en 1864 que Lassale mourut, lui qui préconisait une législation protectrice des travailleurs et une collaboration avec les autres classes. Cette mort ouvrit la voie à Marx, donc à la révolution et au satanisme. C'est en 1864, en effet, qu'eut lieu à Londres la fondation de la Première Internationale … Depuis lors, la Reine du Ciel ne cesse de dire que l'arme pour vaincre le communisme est la récitation du Rosaire …

LES SECTES — LES DROGUES HALLUCINOGÈNES

Depuis quelques années — manœuvrées secrètement par le Pouvoir occulte, les sectes — qui souvent se prétendent d'inspiration chrétienne, ou seulement religieuse — se multiplient dans des proportions invraisemblables et arrivent à envoûter rapidement un nombre de plus en plus important de naïfs, parfois pour les dépouiller

---

[109] Id. page 85. Le même auteur, à la page 87 écrit : « L'humanité a perdu la vision de Dieu. Et qu'est-ce qui a remplacé cette vision ? Quelque chose de supérieur ? Une Commission anglicane d'enquête sur les Sciences occultes réunie en Australie a déposé son rapport le 13 août 1975. **il en ressort que la moitié des lycéens de Sydney ont trempé dans l'occultisme et le satanisme. Dans d'autres villes d'Australie même constatation, la moitié de la jeunesse participe à la sorcellerie et aux messes noires** ».

de leurs biens et en faire de simples robots. Quelle est donc la principale raison — parmi bien d'autres — d'un tel engouement ? Il faut regarder le problème en face et le traiter à fond.[110]

L'homme étant composé d'une âme et d'un corps, son âme a des besoins spirituels qui exigent et ont formellement droit à être satisfaits. Dans le passé, l'Église Catholique distribuait aux âmes droites la nourriture spirituelle dont elles avaient besoin et les conduisait à leur salut éternel. Aujourd'hui, depuis que le Pouvoir occulte, par le truchement du modernisme puis de la franc-maçonnerie, est devenu le maître au Vatican et que, dans sa majorité, la hiérarchie catholique a renié sa raison d'être, les âmes sont en pleine déroute et tout particulièrement la jeunesse — qui a plus que tous autres besoin de guides sûrs — ne les trouve plus et, fatalement, ne sachant plus où se raccrocher, se tourne vers la drogue, les sectes et la sexualité, entraînée qu'elle est par la fausse civilisation moderne[111] : sports, télévision, radio, littérature obscène, etc. ... Inévitablement, quand on abandonne le dogme et les principes, la moralité s'effondre ... La jeunesse actuelle est donc plus à plaindre qu'à blâmer ; elle est victime — notamment en France — de la carence du clergé ...

Or, la drogue, les sectes, l'immoralité rentrent dans le plan luciférien afin de déboussoler les intelligences, d'arracher les âmes à la béatitude éternelle pour laquelle elles ont été créées, et de préparer ainsi l'établissement du Pouvoir occulte et le triomphe de Lucifer.

Dans *Don Bell Reports*,[112] un article a été publié sous le titre *Religion instantanée par l'usage des drogues démoniaques*. Il s'agit très particulièrement des drogues hallucinogènes,[113] celles précisément

---

[110] Voir l'ouvrage d'Alain Woodrow, *Les nouvelles sectes*, Editions du Seuil 1977. Spécialement la table répertoire, en fin de ce volume, pages 177 à 188.
[111] Le 28 septembre 1976 la radio n'a-t-elle pas annoncé qu'un match de boxe allait rapporter à l'un des concurrents la somme de trois milliards d'anciens francs. Un tel scandale qualifie une civilisation ...
[112] *Don Bell Reports*, n° 46 du 15 novembre 1963.
[113] Voir ci-dessus.

annoncées par ce Robert Charroux, tant vanté par la Rose-Croix ... Ces drogues : L.S.D. 25, mescaline, psylocibine, pavots, etc. ... ont tout d'abord été utilisées dans des écoles théologiques protestantes, puis par certains pasteurs poussés dans cette voie par le romancier Aldous Hukley — un des fondateurs de l'Unesco — sous prétexte d'atteindre plus rapidement Dieu (!) ... et d'aboutir à un mysticisme instantané, c'est-à-dire à Lucifer.

Le *Don Bell Reports* précise :

« Comme l'affirme le *Saturday Evening Post*, le mysticisme de l'Orient attire puissamment les groupes L.S.D. parce que leur idéal d'état drogué, une union passive et dépersonnalisée avec l'infini, ressemble à celle recherchée par les Yogis, Lamas et ceux qui leur ressemblent ...

« Dans l'état hallucinatoire, l'esprit devient si facile à **suggestionner** qu'un manipulateur psychologique exercé pourrait arriver à faire prendre du noir pour du blanc ».

Et le Docteur S. J. Liberman, un psychiatre officiel, écrivait dans le *Bulletin des Sciences Atomiques* :

« Virtuellement un contrôle complet de l'individu peut arriver à exister entre les mains des gouvernements ou de quiconque possède des armes psycho-chimiques ».

Rappelons les procédés employés par les Soviets pour dépersonnaliser leurs adversaires emprisonnés, dont l'une des plus grandes et saintes victimes fut le Cardinal Mindszenty.

Le *Don Bell Reports* ajoute :

« Avec l'ajustement naturel des relations économiques, sociologiques et ethniques, le temps viendra où il sera opportun pour tous ceux qui le désireront de développer leurs pouvoirs spirituels et psychiques de pair avec les physiques. La solution a déjà été atteinte par la Grande École et quand le temps sera arrivé, elle sera donnée au monde par des canaux qui assureront son adoption parce qu'on l'aura reconnue. **maintenant l'heure est arrivée. Le Gouvernement mondial est à notre porte.** La Société du monde nouveau est liée à la fraternité universelle des hommes. **La Nouvelle Chrétienté Œcuménique est prête à unir en une seule Église**, catholiques, protestants, juifs. Il est l'heure pour le **nouvel évangile d'unir toutes les religions en une seule religion mondiale. L'heure est venue d'apporter aux hommes la religion, le mysticisme, l'illuminisme instantanés. Et la chimie est venue au secours des adorateurs du démon en leur procurant Dieu dans une pilule.**

« Et pour les Chrétiens et nationalistes récalcitrants, qui veulent résister au démon, L.S.D.25 peut être ajouté au réservoir d'eau public avec bien plus de facilité que le fluor, et des populations entières, comme des armées, peuvent être immobilisées et réduites à l'état de zombis sans défense. Et ceci sans réduire leurs capacités de travailler comme **esclaves** ».

Dans ces sortes de sectes, étudiées par le Capitaine Morin dans son ouvrage, Le viol psychique, il expose les procédés employés : « Une ambiance est créée, une obéissance aveugle est exigée, la correspondance avec la famille subtilisée, un régime épuisant par le genre de nourriture et le manque de sommeil, le tout accompagné d'un bourrage de crâne. On leur fait apprendre pendant des heures l'idéologie de la secte afin que les élèves perdent ainsi la conscience et le sens critique. S'ils se rendent compte de leur état, on leur persuade que c'est Satan qui les attaque ... et quand cela devient nécessaire, on assaisonne leur nourriture d'une *sauce mystérieuse* dont il serait certainement important de connaître la composition.

Le Capitaine Morin décrit très exactement l'hypnose : « sommeil partiel du cerveau, engourdissement de la conscience. L'individu hypnotisé exécute automatiquement tous les gestes que lui ordonne l'hypnotiseur. Totalement inconscient, le sujet traité lui est entièrement soumis ».

« Les phases de mise en confiance et d'hypnose étant franchies, le néophyte va subir un rite d'initiation au cours duquel il aura une perte totale du sens critique. L'information coupable lui sera alors injectée directement dans l'inconscient ».

« Le sujet est alors amené à suivre un séminaire sous la direction d'un chef charismatique, un ancien adepte téléguidé par un chef manipulateur, le chef charismatique va le convaincre que, pour atteindre la perfection, il devra dormir le moins possible et se nourrir très peu. Il subira ensuite des exercices spirituels et physiques longs et pénibles, qui lui feront atteindre le sommet du bonheur. Le but du chef manipulateur est d'obtenir par l'intermédiaire du chef charismatique le surmenage intellectuel et physique du néophyte. L'alimentation est réduite à un bol de riz poli **arrosé d'une sauce susceptible de contenir un produit hypnotique** si le sujet met du temps à se soumettre ».

« Le néophyte se trouve rapidement dans un état de grande faiblesse et reçoit au cours des exercices spirituels un véritable matraquage d'informations erronées qui, au bout de quelques jours, le transforme en **automate soumis en totalité à la volonté de son maître**. Il devient alors une proie facile à exploiter en premier lieu sur le plan financier. Le chef manipulateur exige de lui une délégation de signatures qui lui donne tous pouvoirs sur ses biens ...

« Les jeunes gens ainsi concernés n'ont pas eu la possibilité de refuser leur adhésion à la secte. Il ne semble même pas qu'ils aient eu conscience d'avoir été manipulés par des procédés inconnus dont forcément ils ne se sont pas méfiés ». (p. 37)

« Le néophyte ayant ainsi perdu toute conscience de ses actes et, étant soumis totalement à son chef, celui-ci peut alors lui faire commettre, sans qu'il s'en doute, n'importe quel acte, fut-il criminel, au profit d'une secte, d'un parti politique ou d'un gouvernement ...

On ne saurait trop recommander l'ouvrage du Capitaine Morin, *Le viol psychique*, (aux Editions Robert Carry à Eyrzin, Corrèze), ainsi que les études du Père Chézy, O.P., publiées par le Centre de Documentation sur les Églises et les Sectes, 22 Faubourg Saint Honoré à Paris, *Ces sectes qui nous viennent d'Orient, Les Témoins de Jéhovah et la Bible, Connaissez-vous les Mormons ?, Les Enfants de Dieu*, etc. ...

Est-ce clair ? Ne convient-il pas de constater que ce sont bien en effet les procédés employés aujourd'hui par certaines sectes qui attirent tant de jeunes incapables de se défendre contre leur emprise ... notamment la secte Moon, celle des Quatre Frères Melchior etc. ... sans omettre les méthodes, dont une circulaire a été répandue par la Direction de l'Enseignement Catholique à Toulouse ! ... Méthodes orientales dont l'aboutissement est non moins dangereux spirituellement.

La secte Moon (ou Aucam, *Association pour l'Unification du Christianisme Mondial*, ou *Pionniers du Nouvel Age*), a été fondée par Sun Myung Moon, *Nouveau Messie, Seigneur du Second Avènement*. Né en Corée le 6 janvier 1920, il est président directeur général de nombreuses entreprises industrielles et est à la tête d'une immense fortune d'origine inconnue qui lui permet de vivre en milliardaire dans sa somptueuse villa de Banytown. Cette secte est accusée d'envoûter les jeunes gens majeurs de dix-huit ans et par *lavage de cerveau* de leur extorquer leur fortune par délégations d'héritage, signatures sur comptes-bancaires, etc. ... Les adeptes travailleraient seize heures par jour au profit de la secte et sans recevoir la moindre rémunération. Elle prétend achever la mission du Christ qui aurait échoué lors de la Crucifixion.

La secte des Frères Melchior ou des *Trois Saints Cœurs*, en Belgique, et ses activités *mystico-mercantiles* ont été récemment dénoncées dans plus de deux cents articles de presse et dans un livre *Les marchands de Dieu* (par Yves Lecerf, aux Editions *Complexes* à Bruxelles). Par des *messages de Dieu*, son chef, Roger Melchior — le pape de la secte — donne des ordres aveuglément exécutés par les adeptes. Ces *commandements divins* ordonnent principalement de se dépouiller de tous ses biens en faveur des frères Melchior mais aussi « l'éclatement de la structure familiale restreinte et l'extension des *liens d'amour* à une communauté plus large, qui est exactement celle entre lesquels les biens sont partagés ». « Ne vous centrez pas sur vous-même ni sur vos plus proches : élargissez votre vie de famille et votre amour à tous les frères et sœurs apôtres et saintes femmes ». (*Message de Dieu* du 21 juin 1972, cité page 34.)

« Il était couramment admis dans la secte que des maternités *divines* étaient promises (par révélation du ciel) à plusieurs jeunes filles mineures ... Ces maternités devaient donner naissance à des enfants conçus sans péché. Il était admis dans la secte que tout acte de Roger Melchior (même partager le lit d'une femme) était par grâce divine exempt de péché. Cette exemption générale de péché ayant été proclamée par message de Dieu en même temps que l'Infaillibilité de Roger Melchior ». (page 39)

LE YOGA

Arrêtons-nous au Yoga. Il y en a plusieurs formes.[114] Le Hatha Yoga qui tend à maîtriser le corps et est le plus répandu en Occident, pratiqué à la légère, est très dangereux pour les Occidentaux : il aboutit souvent soit aux maladies de cœur, soit à la tuberculose. Quand les Occidentaux arrivent au septième chacras (ou *Kundalini*), c'est la folie ou la mort.[115]

Il est bien d'autres sectes ou méthodes qui, si elles n'emploient pas — semble-t-il — la drogue ou des procédés dangereux au point de vue physique, sont très dangereuses au point de vue spirituel : la méthode de Rudolf Steiner, *La Méditation transcendantale* ; l'École spirituelle de Borup au Danemark, basée sur la réincarnation et annonçant la civilisation cosmique ; les *Témoins de Jehovah*, qui ont annoncé à plusieurs reprises la fin du monde ... et le monde existe toujours !

---

[114] On consultera avec intérêt l'ouvrage de Denis Clabaine, *Le Yoga face à la Croix*.
[115] Capitaine Morin, op. cit. p. 37.

L'illogisme des *Témoins de Jéhovah* est évident. Ils sont environ deux millions de membres dans le monde et on leur enseigne que seuls seront sauvés cent quarante-quatre mille.

Les Mormons, qui acceptent la polygamie et dont l'espérance est un paradis sur terre. La *Christian Science* ; les *Quakers* ; les *Amis de l'Homme*, qui cherchent un nouveau paradis sur terre et nient la Trinité et la Divinité de Notre Seigneur Jésus-Christ ; la *Foi Universelle Bahaïe* ; la *Divine United Organisation*, qui affirme pouvoir amener la paix sur terre par la médiation et les exercices spirituels de ses adeptes, fondée par le Guru Maharaj Ji ; *l'institut Arica*, science révélée à un groupe de personnes éclairées par un Maître, science composée de la synthèse du bouddhisme, de l'hindouisme et du judaïsme, fondé par le chilien Oscar Ichazo, dont les initiés sont difficilement récupérables par les familles[116] ; l'*Église Catholique Latine*, qui sévit dans la région de Toulouse, schismatique et a des antécédents théosophiques et rosicruciens[117] ; les *Enfants de Dieu* qui se prétendent la dernière église, le dernier pas de la progression de Dieu vers la **liberté totale** ... avec une **indépendance totale** en cette **dernière génération**, ce qui lui permettra d'arriver à la **liberté totale de l'amour**, à des **associations sexuelles** qui doivent changer les relations conjugales puisque l'article 18 des statuts de la secte pose la question : « Etes-vous décidés à abandonner votre vie — ou même votre épouse — pour un frère ou une sœur affamé ? et à l'article 26 :

« Tous ceux qui croyaient étaient ensemble et avaient toutes choses en commun ... »[118]

Citons encore *La Conscience de Krishna*, les Adventistes, l'Église de Scientology, le *Christ de Montfavet*, *L'Antoinisme*, la *Soka Gakka*. Mentionnons aussi l'*Ordre de Melchisédech* ou *Centre interplanétaire*

---

[116] Capitaine Morin, op. cit.
[117] Voir l'étude de Monsieur Paul Raynal, à Lyon, *Origine et nature réelles d'une secte nouvelle dénommée, l'Église Catholique Latine* ...
[118] *Bulletin des Enfants de Dieu*, n° 302 du 24 mars 1974, sur *La Loi d'Amour*.

d'Extra-Terrestre, d'Ovnis, d'Elohims et d'Anges dont le siège est à Paris. Il prône l'alimentation uniquement végétarienne et prétend enseigner l'immortalité du corps physique par « l'exercice de l'énergie Lumière » permettant, assure-t-il de « s'élever dans l'espace ». Par les Extra-terrestres l'Ordre de Melchisédech prétend avoir des relations avec les anciens Catarrhes, les habitants de l'île de Pâques, les Templiers, les Khmers, etc. ... Il mentionne des Dieux bien décidés à éliminer sur cette terre tous les méchants et les incroyants, car « le Dieu le plus haut, veut refaire la terre en paradis ... » — « Il n'existe plus, prétend-il, qu'une seule religion-philosophie : la Bonté car aucun dieu ni prophète n'a de religion. Ce sont les hommes mauvais qui ... ont inventé des rites pour rendre esclaves » ... en vue de s'approprier l'argent. Bien entendu, cette secte est fondamentalement hostile à l'Église Catholique ainsi qu'à toutes les autres religions.

Toutes ces sectes — dont nous ne citons que les plus connues, car elles se comptent par milliers, — aboutissent à l'emprise et au règne de Lucifer.

Il convient aussi de faire connaître certains autres bras de la pieuvre qu'est le pouvoir occulte. Il y aurait beaucoup à dire sur les *Fabians* américains ... et aussi sur le *Lions Club*, et surtout sur le *Rotary* dont les membres ne se doutent pas de ce qui se passe dans les coulisses.

*

* *

LE ROTARY

Le Rotary a été fondé par le franc-maçon Paul P. Harris à Chicago en 1905 et à San Francisco par un autre franc-maçon, M. Homer W. Wood. Le plus souvent ce sont des Juifs ou des Israélites qui le répandent dans le monde. À Paris, ce fut le juif Franck en 1923, appuyé par deux députés francs-maçons, Etienne Fougère et Ulysse Fabre. Le 49ème district rotarien — celui de Paris — comptait une trentaine de francs-maçons et autant environ de juifs, dont le professeur René Cassin, qui devait devenir conseiller particulier de De Gaulle.

Son organisation, dit-on, serait la suivante : dans chaque ville relativement importante (préfecture, sous-préfecture, etc.) le mouvement recruterait dans chaque profession l'une des personnes les plus qualifiées dans le but d'être renseigné — sans que l'intéressé s'en doute — par le truchement de causeries ou conférences. Tous les renseignements ainsi recueillis seraient ensuite centralisés au Quartier Général du Rotary afin que le Pouvoir occulte soit ainsi toujours documenté de première main. C'est pour lui du plus haut intérêt afin de lui permettre, en toutes circonstances, de prendre ses décisions **en connaissance de cause**. Autrement dit, ce serait une remarquable et très efficace organisation d'**espionnage économique et financier dans tous les pays du monde**.

L'Église, au temps où elle était gouvernée avec indépendance et uniquement en vue du salut des âmes, avait toujours mis en garde le clergé et les fidèles contre **tous** les groupements interconfessionnels, y trouvant à juste titre un **danger certain** pour les âmes. D'où le Décret du 11 janvier 1931, pris par le Saint-Office concernant l'adhésion des catholiques au *Rotary*. Depuis lors — malgré l'interdiction du Saint-Siège, — des cardinaux et des évêques tous modernistes, ont adhéré à ce mouvement. On a vu Paul VI lui-même s'adresser à deux reprises aux membres du Rotary — en 1965 et en 1970 — **ce qui ne peut surprendre les gens informés** ...

Le Rotary rentre en effet dans le cadre de ce qui est préconisé aujourd'hui par une certaine mafia : l'Œcuménisme. Mais cet œcuménisme là n'est autre que l'œcuménisme maçonnique et une manœuvre du Pouvoir occulte lancée en vue de détruire l'Église de Jésus-Christ.[119]

LE RÉARMEMENT MORAL (R.A.M.)

L'origine du *Réarmement Moral* se trouve dans les **Groupes d'Oxford**, fondés par Frank Buchman, pasteur méthodiste américain de l'Université de Princeton et qui a été secrétaire de l'Y.M.C.A. et a visité la plupart des régions du monde et spécialement l'Extrême Orient où il a reçu « l'initiation orientale base des doctrines occultistes ». Ces Groupes d'Oxford ont été dénoncés pour leur turpitudes, leur licence, leur immoralité par l'Évêque de Durham et aussi par le journal des étudiants d'Oxford ».

Après la seconde conflagration mondiale, avec des moyens financiers considérables, — d'où venaient donc les fonds ? — ... ... — Buchman changea le nom de sa fondation et lui donna celui de **Réarmement moral**.

Dans ses tournées extrême-orientales, Buchman avait comme compagnon de route et d'apostolat Eddy, *le procommuniste américain bien connu*. On ne peut donc pas être surpris que les rapports soient très courtois entre les chefs du *Réarmement Moral* et ceux du communisme. Michel Rovers a raison de préciser :

« Le R.A.M. (Réarmement Moral) n'est nullement opposé à l'idéologie marxiste et communiste, mais considère seulement que son idéologie propre lui est **supérieure**. Dernièrement Peter Howard, bras droit de Buchman ... disait : « Voici à travers le monde une armée toujours croissante de grands révolutionnaires — dont beaucoup ont passé un quart de siècle et plus à combattre pour la cause communiste et marxiste — qui combattent aujourd'hui pour le R.A.M. qu'ils

---

[119] *Le Rotary-Club et la Maçonnerie*, sous ce titre voir l'article de Félix Lacointa dans le *Bloc Anti-Révolutionnaire*, de maijuillet 1933, p. 132.

décrivent maintenant comme une idéologie supérieure au communisme, parce qu'elle change le communiste et le capitaliste, l'Est et l'Ouest, le Noir et le Blanc et les unit dans une lutte commune pour refaire le monde ».

Hans Bjerkholt, le fondateur du parti communiste norvégien déclare à son tour :

« Quand j'ai eu terminé mon étude du Réarmement Moral, j'ai trouvé en lui la société et la manière de vivre qui est exactement ce pourquoi j'ai combattu durant toutes *mes années de communisme* ». (idem p. 86)

Et Radio-Moscou a diffusé une série d'émissions louangeuses au sujet du R.A.M. :

« C'est une idéologie globale avec des têtes de pont dans chaque nation ; dans sa phase finale d'expansion à travers le monde, elle a le pouvoir de saisir des esprits totalement révolutionnaires ». (id. p. 72).

À Saint-Gall, en Suisse, Peter Howard a déclaré :

« L'objet du R.A.M. est de transformer entièrement la façon de penser de l'Europe et du monde ». (id. p. 73)

La *Revue internationale des Sociétés Secrètes*, du 15 mars 1933 a publié un important article de G. de Boistel sur l'origine et les buts maçonniques du Rotary : « Le Rotarisme préconise une morale neutre et purement laïque telle que la prône la Maçonnerie. *L'Acacia* pour le Grand-Orient de France, le Symbolisme pour la Grande-Loge, *l'Alpina* pour la maçonnerie suisse, ont donné un avis favorable au mouvement rotarien.

Les autorités religieuses ont condamné ce mouvement : *Semaine Religieuse de Santiago* — *Osservatore Romano* du 15 février 1928, Episcopat espagnol, le 23 Janvier 1929, Episcopat hollandais le 12 Juillet 1930, Congrégation Consistoriale le 4 février 1929.

Et les courriers d'Information du Réarmement Moral précisent :

« Pour cela il faut obtenir de chaque humain un changement afin que par lui s'opère **le changement du monde** qu'apporte le R.A.M. seul car il apporte une unité au-dessus de tous les points de vue différents ou des conceptions préconçues de classe, de couleur, de race ou de religion ». Et ailleurs : « **Le Christianisme a fait son temps et doit être remplacé par un concept de moralité nouveau, plus vivifiant et plus vigoureux : le Ruchmanisme connu comme Réarmement moral** ». (idem, p. 73)

Comment chaque être humain pourra-t-il obtenir ce changement ? Par la **guidance**. Qu'est-ce donc que la guidance. Elle consiste à **faire le vide dans l'esprit et à attendre une impulsion de Dieu**, et Frank Buchman prétend qu'elle peut être obtenue à tout moment. Mais cette impulsion vient-elle de Dieu ou de son dieu à lui et au Pouvoir occulte qui est justement l'anti-Dieu, Lucifer ? ... Oui, le Réarmement Moral est bien un mouvement fondamentalement anti-chrétien et luciférien (id. p. 85). Très justement Michel Revers écrit :

« **C'est une sereine et implicite invitation à l'apostasie de Chrétiens** ». (id. p.71)

Malgré les déclarations ci-dessus des chefs du Réarmement Moral, l'un des chefs de la *Démocratie Chrétienne*, Robert Schuman, qui pourtant, était de bonne foi mais, comme tous ses amis, plein d'illusion écrit dans son *introduction aux discours de Buchman* : « C'est une philosophie de la vie appliquée en action, le début d'une vaste transformation de la société humaine ».

Esprit faux, comme la plupart de ses amis, il était incapable de comprendre qu'il patronnait ainsi le règne de l'antéchrist, de Lucifer, ainsi que toute son action menée en faveur de l'instauration du gouvernement mondial ...

Et à l'Assemblée Mondiale du R.A.M., à Caux, est indiqué le prétendu remède :

« L'unité du monde par l'obéissance à la voix du Roi des Rois qui est si près, si près de nous ... » (id. p. 80)

Ce « Roi des Rois » n'étant pas le Christ pour eux, ne serait-il pas le futur roi des Juifs annoncé par eux depuis toujours ... C'est-à-dire, précisément, le représentant de Lucifer, l'Antéchrist ?[120]

LA GNOSE DE PRINCETON

Tel est le titre d'un livre de Raymond Ruyer en 1974, avec comme sous-titre, *Des savants à la recherche d'une religion*. Cette secte a pris naissance aux États-Unis il y a une quinzaine d'années et témoigne, au dire de Jean-Baptiste Morvan[121] d'une inaptitude quasi congénitale des Américains à la philosophie. Ce qu'on comprend difficilement, c'est qu'un journal qui se considère comme celui de l'élite intellectuelle (!) se permette de laisser passer, sous la plume de Pierre Debray-Hitzen un compte rendu chaleureux : « Livre hautement initiateur, fascinant, exceptionnel ».[122] Le thème fondamental est de rétablir la prééminence de l'esprit, c'est-à-dire d'une conscience aux dimensions du cosmos ... On reconnaît là un panthéisme aussi vieux que les religions orientales ... ou du moins un animisme universel et résolu ».

Le gnostique que fait parler Ruyer montre la vraie pensée de la secte : « Laissons les religions redevenir tout doucement religieuses, c'est à dire faire retour au paganisme naturel et universel ».

---

[120] Michel Rovers, *Réarmement Moral dans la Pensée Catholique*, n° 42 page 78 et suite.
[121] Voir *Notes critiques* de Louis Salleron et de J. Morvan dans *itinéraires* de novembre 1975 et Dominique François dans *Permanences* de juillet-août 1977.
[122] *Le Figaro* du 21 décembre 1974.

Bien entendu la *Gnose de Princeton* nie la Divinité de Jésus et manifeste sa haine contre l'Église :

« Evidemment, sans le nom propre de Jésus-Christ, l'Église chrétienne est innommable et inexistante.

Mais de toute manière, ces contorsions sont sans espoir. C'est Jésus qui est mort ... Ce n'est pas Dieu ».

Samuel Butler est leur Socrate (!) et quel Socrate, jugez-en. Sen but est de « réconcilier Dieu et Mammon » et il a inventé sept nouveaux péchés capitaux ou mortels (doudly sins), entre autres : le manque d'argent, la mauvaise santé, la chasteté, la foi en une idéologie, enfin le septième péché capital à ses yeux est « la croyance en la religion chrétienne », mais il se dit « plein de respect pour la vraie religion sans préciser laquelle. *La Gnose de Princeton* considère l'**infanticide et l'euthanasie** comme une nécessité. Elle déclare que « l'Unitas divine est à la fois Dieu et Démon ». C'est clair ... !

Le G.R.E.C.E.

(**Groupement de recherche et d'étude pour la civilisation européenne**) *& ses publications Nouvelle école & éléments*

Le président du groupe le déclare « Société de pensée à vocation intellectuelle », mais son secrétaire général précise : « Le GRECE n'est pas un cercle de pensée strictement académique ou spéculatif, mais un **organisme de combat au service de notre philosophie** ». (C'est nous qui soulignons).

C'est une doctrine dangereuse car c'est une *philosophie anthropologique, philosophie du devenir*, sa théorie de la *macroévolution* est erronée. La vie physiologique y est la valeur suprême. Le groupe prend pratiquement position pour un paganisme européen contre le Catholicisme. Sa morale s'oppose à la morale chrétienne et semble bien s'inspirer des thèses maçonniques. L'étude très judicieuse du *Club du Livre Civique*, y relève « les contradictions d'un nationalisme anti-national » et conclut qu'on peut se demander si le but n'est pas de tromper certains mouvements nationaux et ceux qui refusent le totalitarisme communiste vers un autre totalitarisme non moins dangereux.

Monsieur Raymond Bourgine, dans *valeurs Actuelles*, du 6 octobre 1976, reproche amèrement à Monseigneur Lefebvre d'attaquer la franc-maçonnerie. Certains prétendent que les publications de cet auteur auraient des liens avec le GRECE

Nous renvoyons à la plaquette publiée par le *Club du Livre Civique*, G.R.E.C.E. et *Nouvelle École*. Et aussi aux articles de *L'Ordre Français*, de décembre 1976 et janvier 1377.

GROUPE 1985 : L'ASSERVISSEMENT PLANIFIÉ

Il est un autre point sur lequel il convient d'attirer l'attention pour combattre avec la dernière énergie l'immense péril qui menace non seulement la France mais le monde, car il en va de même partout.

En vue de préparer l'avenir, une brochure a été lancée **Réflexions pour 1985**.[123] L'avant-propos débute ainsi :

« Le lecteur trouvera dans cette brochure publiée par la *Documentation Française*, l'essentiel des travaux du *Groupe 1985*, constitué par le Premier Ministre à la fin de 1962 afin « d'étudier sous l'angle des faits porteurs d'avenir ce qu'il serait utile de connaître dès à présent de la France de 1985 peur éclairer les orientations générales du Vème plan ».

Ces orientations aboutiraient à une véritable tyrannie étatique destinée à asservir totalement l'individu, la famille et la profession.

---

[123] Au *Journal Officiel*, Documentation Française, 31 Quai Voltaire à Paris.

Les *Documents Paternité* ont publié une excellente étude, *L'Asservissement planifié*, dans son n° 131 d'avril 1968. Cet asservissement planifié aboutirait aux conséquences suivantes :

- Encasernement des quatre-cinquièmes de la population dans des villes devenues monstrueuses.
- Parties importantes du territoire national transformées en *déserts*.
- Destruction de l'agriculture individuelle par les Kolkhozes.
- Destruction des professions indépendantes, dites libérales : médecins, pharmaciens, notaires, etc. ... .
- Subversion radicale de la famille.
- Généralisation du collectivisme et de l'étatisation à tous les domaines.
- Relégation de la religion à un rôle si infime qu'il équivaudrait à la destruction. Etc. Cette tyrannie intolérable et criminelle devra être combattue avec la dernière énergie.

LE SCOUTISME

Ouvrons un document de la franc-maçonnerie publié dans *La Chaîne d'Union*, et que vient de révéler la revue de Monseigneur Ducaud-Bourget, *Matines*,[124] Qu'est-ce donc que le scoutisme au regard de la franc-maçonnerie ? :

« Le fondateur du scoutisme est le général anglais Baden-Powell ... C'était un colonial ; il avait eu des contacts avec de nombreuses peuplades primitives et il en avait étudié les mœurs : il vécut longtemps dans l'Inde et parvint à une connaissance approfondie de la philosophie hindoue ; il était Franc-Maçon, et faisait partie de la Société Théosophique. D'une manière générale, on le considérait comme très versé dans ce qu'on appelle les sciences occultes.

---

[124] *Matines*. N° d'avril à décembre 1983.

Il préconisait une méthode qui « s'occupât de l'individu et non de la masse ». Son premier exposé date de 1883. « Il fit l'essai de cette méthode, adaptée aux enfants, dans un camp qui dura deux semaines du 25 juillet au 9 août 1907 ».

« Déjà en 1910, dans son patronage de Grenelle, le pasteur Galienne, dans les premiers mots de 1911, à l'École des Roches, Georges Pertier avait fondé des troupes d'Éclaireurs ouvertes à tous les enfants, sans distinction de religion. Et c'est ainsi qu'en France, le scoutisme naquit laïque, c'est-à-dire non confessionnel ». « Il y aurait aussi à rechercher quels sont les liens de parenté entre le scoutisme et la Société Théosophique ».

En effet :

« Lors du premier Congrès Mondial de la Société Théosophique, qui eut lieu à Paris le 25 juillet 1921, un chef Éclaireur, ancien Éclaireur de France, Loiseau, s'exprima ainsi :

« Baden-Powell est considéré par tous les Éclaireurs du monde comme leur chef et Annie Besant (la Présidente d'alors de la Société Théosophique) est mon chef. Elle collabore avec Baden-Powell à la direction du scoutisme ». Baden-Powell raconte quelque part qu'Il « reçut la promesse scoute d'Annie Besant ».

Et l'auteur de ce document maçonnique, Ben Iram, précise :

« L'Église Catholique se dressa sans tarder contre le scoutisme. Elle eut tôt fait de flairer en lui l'hérésie, « une nouvelle manœuvre de Satan ». **Elle fut la première à apercevoir et à proclamer la parenté du scoutisme et de la franc-maçonnerie** ».

Dès le 17 septembre 1911, le Saint-Siège fit une première mise en garde :

« il va sans dire qu'il se développe en dehors du catholicisme, donc contre le catholicisme ».

La Correspondance de Rome revient sur la question peu après :

» Il y a entre les scouts, disait Monseigneur Delassus, du diocèse de Cambrai, le 21 octobre 1911, dans la semaine Religieuse du Diocèse, des grades, des insignes, des cris d'animaux, tout un code de signes secrets pour se distinguer et se reconnaître : toutes choses qui portent bien avec elles un relent qui vient des loges ». Le 23 décembre, il revenait à la charge : « L'origine du scoutisme est très suspecte et l'on peut constater sa très visible parenté avec la Franc-maçonnerie. Il a fait sien l'emblème de la Franc-maçonnerie, l'étoile à cinq rais. En stipulant l'obéissance aveugle à des chefs inconnus, en usant de cris, de signes, de gestes secrets, en permettant aux enfants de se cacher des grandes personnes et d'agir en dehors de leurs supérieurs naturels, il habitue ses adeptes à l'organisation occulte, à la hiérarchie mystérieuse de la secte. C'est bien la Franc-Maçonnerie pour enfants, comme on l'a dit ».

L'Évêque d'Angoulême précisait, à son tour :

« Le scoutisme imite trop la Franc-Maçonnerie pour ne pas poursuivre le même but ; il a l'initiation, le serment, les grades, les épreuves, les mots et signes de reconnaissance, les saluts et insignes particuliers, les rites grotesques, tout un système de pratiques destinées à briser le ressort moral de la jeunesse pour en faire le jouet de la Franc-Maçonnerie ».

Faut-il ajouter que le duc de Connaught, frère à l'époque du Roi d'Angleterre, était tout à la fois, président général du scoutisme international et Grand Maître de la Franc-Maçonnerie anglaise.

Et l'auteur franc-maçon ajoute :

« La lecture des Semaines Religieuses des diocèses de France de ce temps-là est des plus intéressantes à ce point de vue. Et aussi, la *Revue internationale des Sociétés Secrètes* que dirigeait Monseigneur Jouin, et encore la *revue de la Société Générale d'Éducation* ... Notons toutefois que, dès 1912, Marc Sangnier avait envisagé la fondation d'un Scoutisme Catholique ».

Cela ne peut surprendre de constater une fois de plus l'action très dangereuse et non moins aveugle de Sangnier dont toute l'action a toujours favorisé celle des pires ennemis de l'Église et de la France.

Et Ben Iram étudie successivement la valeur des gestes rituéliques et des symboles dans le Scoutisme

— « La méthode Scoute de formation du caractère s'apparente à la méthode ésotérique, explication du pouvoir des jeux scouts et des gestes rituéliques, etc. ... et dans le prochain article, l'idéal scout sera étudié ».

Nous en avons assez dit. On nous objectera le scoutisme catholique. Nous répliquerons que les bases et les principes du scoutisme sont d'origine franc-maçonnique et, comme l'a dit, dès avril 1912, la *Revue internationale des Sociétés Secrètes*, le scoutisme prétendument catholique ayant été préconisé par un Marc Sangnier, ne peut que devenir une école d'anarchie et un très grand péril pour les âmes.

L'EXPRESSION CORPORELLE

Depuis quelques temps, de nombreuses publications religieuses et même certaines associations de prières prôner *l'expression corporelle* comme un hommage rendu par corps au Dieu Créateur. En réalité les diverses méthode décrites dans ces revues et bulletins ne sont, comme l'écrit très justement Dominique François, qu' « un nouveau piège de subversion »[125] qui aboutira à la création de prétendus *ballets sacrés*, exécutés au cours des offices religieux, c'est à dire au matérialisme le plus éhonté « sous la forme la plus bestiale ». Le Père Lelong a raison de dire qu'aujourd'hui « le corps est chargé de dynamiter le christianisme ». Il convient donc de clouer au pilori cette ignoble manœuvre.

LA JAMAA

La Jamaa a été fondée en 1949 par un père franciscain au Congo Belge, le Père Placide Tempels, et une religieuse, la sœur A ...

Le Père Tempels a publié un livre *Notre Rencontre*, sur ce mouvement.

Le Supérieur Général d'une Congrégation, le Père Degrijse écrit que la Jamaa « **rejoint les grandes idées du renouveau contemporain dans le domaine de la théologie, de la pastorale et de la spiritualité**. Elle est dans la grande ligne du **rajeunissement et de l'approfondissement de la vie de l'Église**. La Jamaa est probablement **une des grandes merveilles de l'Église missionnaire de nos jours** ». (Revue, *Le Christ dans le monde*, n° 2, 1964)[126]

Dans les *Études* des Pères Jésuites, on peut lire : « La leçon est d'une **portée universelle**. Elle se situe au centre même de tous les problèmes actuels **d'adaptation de l'Église au monde moderne** ». (juin 1965)

Enfin l'édition française de *L'Osservatore Romano*, l'organe officiel du Saint-Siège, ne tarit pas d'éloges sur l'œuvre du Père Tempels : « **Un des connaisseurs les plus attentifs des problèmes religieux africains** ». (18 juin 1965) et la Jamaa a été soutenue par plusieurs cardinaux et évêques, notamment par les cardinaux Cardjin et Suenens.

---

[125] Dominique François, *Un nouveau piège de la subversion : l'Expression corporelle*, avec préface du Père Lelong et conclusion de l'Abbé Lefebvre Éditions du Cèdre à Paris.
[126] C'est nous qui soulignons en gros caractères.

On conçoit donc logiquement qu'avec de pareils appuis, la Jamaa ait pu pénétrer aussi facilement dans l'Église et les œuvres catholiques.

Grâce à des témoins irréfutables, à de sérieuses enquêtes et à une copie du très important dossier remis au Saint-Siège, le Père Catrv, sous le pseudonyme de *Peritus*, a étudié la question et publié plusieurs articles dans *Monde et vie* à partir de Janvier 1966 et il y met les choses au point, en pleine lumière.

Dans son livre le Père Tempels écrit :

« **Quand notre pensée est pure** (et celle du don de soi est très pure), **elle purifie tout le corps, quand notre pensée est sainte** (et celle du don de soi est très sainte), **elle sanctifie le cœur, les sens et le corps tout entier.** » (page 72)

« il suffit d'avoir en son esprit la pure, la sainte pensée du don de soi pour offrir ses sens et son corps tout entier. « **Nous avons en nous cette pensée de connaître l'autre corporellement, de nous unir à lui, à elle, corporellement** ... (page 186)

Rencontre qui serait celle du Christ pour les religieuses et les femmes, et celle de la Vierge Marie pour les religieux : les prêtres et les hommes (leur Myriam) ...

Le Père Gérard Degrijse, cité plus haut, ajoute : « Le thème de l'amour et de la rencontre dans toutes ses répercussions, psychologiques et physiques est exploitée : **Le réalisme : sexuel qui en fait partie ... ... est spiritualisé ... ...** » (Revue *Le Christ au monde* n° 2, 1964)

Or, Monseigneur Bernard Mels, Archevêque de Luluabourg au Congo Belge, parlant de la Jamaa, dans la même revue (n° 6 de 1964) reconnaît que :

« La Jamaa comporte une **certaine initiation progressive** et ajoute : « L'initiation comporte plusieurs degrés et dure des années. Elle suit une méthode bien précise et **comporte des formalités tenues secrètes par les initiés** en sorte **que même le prêtre qui s'occupe d'eux en ignore souvent le processus et le contenu** » ...

« **La poursuite de l'extraordinaire, du surnaturel ou du préternaturel** ... **le goût du secret, le désir de s'initier aux secrets de la vie préternaturelle, tout cela joue certainement son rôle dans l'organisation de la Jamaa et constitue un de ses attraits pour la masse** ... ... »

Très judicieusement, le Père Catry observe, après avoir étudié les textes : « Alors n'y aurait-il pas un être présent à toute rencontre en Jamaa, un être qui prendrait la forme convenant à chaque rencontre, un être qui se rirait de la distance, de tout ce que peut séparer ... un de ces êtres que l'on appelle en théologie incube ou succube ? »

Le *Dictionnaire des Sciences Occultes*, définit très exactement ces termes :

« INCUBE : selon les démonologues l'incube est le démon du sexe mâle qui fait œuvre de chair avec les femmes ; la démone qui séduit les hommes s'appelle SUCCUBE ». (p. 182).

A la question suivante posée au père Tempels : « Ce que vous entendez par *rencontre totale*, esprit, cœur, corps **comporte spécialement la rencontre des corps selon l'acte du mariage ?** » Il répond :

« **Oui** » et ajoute : « **mais tout se fait par la force de l'esprit** »

« Nous revenons sur ce qui constitue la base spirituelle du message : **L'union du Christ et de la Vierge** ... » Vous pensez que **le Christ et la Vierge ont eu entre eux la « rencontre totale »** — esprit, cœur, corps — telle que vous le dites ? (Lui) : « Oui » — Et Marie et Joseph ? » — (Lui) : « Oui »

A quoi bon interroger davantage ? La rencontre totale de la Jamaa s'accomplit à la manière du couple, mais par la force d'esprit, traduisez :

par le ministère des démons qui se font incubes ou succubes suivant qu'ils se présentent sous les apparences du Christ ou de la Vierge, du partenaire ou de la comparse.

« D'où résulte une *union* continuelle, une unité d'androgyne entre les membres de la rencontre ». Ignoble, obscène. On ne mêle pas le Christ et Sa Mère Immaculée à de pareilles abominations profanatrices ... La Jamaa est donc nettement, incontestablement **LUCIFERIENNE**.

Ajoutons que la Revue *Monde et vie* a interrompu cette étude devant les menaces de mort reçues par son directeur. Quant au Père Catry, il est mort peu après dans des conditions étranges ... Sa mort n'aurait-elle pas été provoquée par vengeance des découvertes qu'il avait faites ?

LE PENTECÔTISME & LE RENOUVEAU CHARISMATIQUE

Les divers mouvements pentecôtistes,[127] sont d'origine protestante. C'est au début du siècle, à Los Angeles, qu'ils apparurent. Ils prétendent travailler à un retour à l'Évangile primitif grâce à l'action de l'Esprit.

« Les fruits de l'Esprit Saint que l'on voit décrits dans les Actes des Apôtres n'appartiendraient pas au passé : fraîcheur de la prière spontanée, vie fraternelle simple et joyeuse, don de guérison, prières en langues. Ces dons (ces *charismes*) sont d'aujourd'hui disent les Pentecôtistes. Dans les Assemblées de Dieu, ils donnent le ***Baptême de l'Esprit* par l'imposition des mains** (dont un signe est de parler en langues) en vue du témoignage à porter ».

Deux universitaires de Notre Dame University, dans l'Indiana, aux États-Unis, ont introduit le mouvement pentecôtiste parmi les Catholiques. D. et K. Ranaghan, qui ont publié un ouvrage, *Le Retour*

---

[127] Voir Fêtes et Saisons n° de février 1975 sur les Sectes et du Père Théry, O.P. L'Offensive des Sectes, chez Cerf, 1954.

de l'Esprit — Le Mouvement Pentecôtiste Catholique. La première remarque qui doit être faite est que toute inspiration venant de l'hérésie protestante est, de prime abord suspecte et constitue un péril pour la foi catholique.

Quand on étudie ces groupements, on est obligé de constater qu'ils constituent au fond « une vigoureuse protestation contre une théologie trop cérébrale et desséchante » donc contre l'Église actuelle et contre la société d'aujourd'hui. Sans aucun doute, les besoins spirituels des âmes ne peuvent se satisfaire de celle enseignée depuis le règne de Paul VI et le Concile Vatican II, qui ont désacralisé la liturgie et falsifié les dogmes les plus sacrés, entraînant une ignorance religieuse d'autant plus tragique que les intelligences sont de plus en plus incapables de raisonner et donc de comprendre les causes de la crise actuelle. Déroutées, les âmes quittent l'Église et se laissent séduire par les sectes — qui les trompent — ou par la drogue ou la sexualité ... Quant à la Société, la démocratie en est la négation la plus formelle par l'anarchie qu'elle engendre fatalement.

Le renouveau charismatique ouvre la porte à « la liberté de rêver et à la spontanéité de la création liturgique. Voici libérée l'annonce directe de l'Évangile pour qui en a le goût et le charisme », mais, hélas, sans aucune compétence en la matière. Trop souvent les membres de ces groupes « se retirent du monde ... pour y accueillir l'Esprit ... » « C'est alors l'évasion dans un spirituel ambigu qui met en marge de la société, mais n'aide pas à la transformer. »

« Je me sens en communion avec tous » — « **Je sens l'Esprit en moi** ». Très justement l'auteur de l'article sur les sectes constate : « C'est l'expérience spirituelle **directe**. Elle a sa place, mais elle peut être un piège si l'on ramène toute communication à ce seul aspect d'intuition intérieure, d'immédiateté. C'est la tentation de l'irrationalisme, c'est le risque de l'illuminisme. Saint Paul dit : « Il faut prier avec l'Esprit, mais aussi avec l'intelligence ». (I Cor. 1 et 15) La foi a besoin de la lumière de la raison sinon on en arrive à sacraliser des sentiments subjectifs. Un certain antiintellectualisme peut favoriser une montée de la tension émotionnelle jusqu'à l'**auto-suggestion personnelle et de groupe.** »

Les mouvements du *Renouveau Charismatique*, qui prétendent donner et recevoir le Saint-Esprit par l'effusion directe et l'imposition des mains, rendent pratiquement inutile la hiérarchie : pape, évêques et prêtres. Or, il est évident que la rigueur du dogme est indispensable et doit être indiscutable et indiscutée, car la vérité est une et ne doit jamais être seulement partielle sous peine de n'être plus. Tout individu a besoin d'une direction sûre, certaine tant dans l'interprétation des Saintes Écritures que dans l'explication des dogmes. Seule l'Église et son Chef ont reçu mission et pouvoir de le faire avec compétence et infaillibilité : « **Tu es Pierre et sur cette pierre Je bâtirai mon Église, et les portes de l'Enfer ne prévaudront pas contre elle ... Tout ce que tu auras lié sur terre sera lié au Ciel, et tout ce que tu délieras sur terre sera délié au Ciel** ». « **J'ai prié pour toi afin que ta foi ne défaille jamais.** »

Les membres du Renouveau Charismatique, qui se croient infaillibles, par les lumières qu'ils prétendent recevoir directement du Saint-Esprit, se placent ainsi automatiquement sous la domination de Lucifer et, s'ils n'ont pas l'humilité de revenir à la vérité, ils finiront par perdre la foi et tomberont dans les pires erreurs de leur imagination.

* *

*

L'ARMÉE DE MARIE

Ce mouvement a été fondé au Canada par Marie-Paule Giguère, mariée et mère de cinq enfants. Elle a publié quinze volumes sous le titre *vie d'Amour*, où elle se raconte elle-même, et un volume d'éditoriaux, soit au total près de cinq mille cinq cents pages !

Notre Seigneur lui aurait dit, prétend-elle :

« Marie-Paule est Mon autre Moi-même. » (I, p. 278)

« Ton père comme le mien est monté au paradis. Tes deux grands'mères, comme les miennes ... » (I, p. 324)

« Ma mère s'est Incarnée, et son regard maternel s'est penché sur toi, mon enfant, qui souffres Ma Passion et qui, au Nom de Ma Mère, va redonner le Christ au monde ... (II, pp. 131, 531, — IX, p. 86 — I, p. 326)

Les enfants de Marie-Paule :

« André sera Docteur des Nations. Pierre sera le Grand Pape de la Paix. » (I, 327 et 328, II, p. 484 et IX, p. 88)

« Tu disparaîtras aux yeux du monde pendant trois jours. Tout cela, mon enfant, pour démontrer qu'il y a eu Trinité, et prouver encore une fois qu'il y a **réincarnation.** » (I, p. 328 — II, p. 592 — IX, pp. 22, 71, 89 — V, p. 205).

« Le 25 mars, le Seigneur me redit cette phrase, si souvent donnée dans le passé : « **Tu seras une autre marie** ». (II, p. 27 et XIII, p. 78)

« Je sais où sera **le dernier Vatican**. Le **Québec** sera la **Nouvelle Rome** ... et une **Nouvelle Terre Sainte.** » (II, p. 126 et VIII, p. 319)

« **La Dame de tous les Peuples,** j'y adhère de toute mon âme. » (II, p. 531 et elle y revient de nombreuses fois.) Or, l'Évêque de Harlem le 7 mai 1956 et le 2 mars 1957 et la Sacrée Congrégation de la Foi les 24 mars 1972 et 24 mai suivant condamnaient les dites prétendues apparitions.

Elle écrit : « **Je m'offre comme co-rédemptrice au Père** » (III, p. 301 — IX, p. 60 — X, p. 349 — XIV pp. 269, 285.)

« À la communion, je reçois Jésus doublement. Je sens ce double Jésus » (V, p. 84) et p. 90 : « Je reçois deux Jésus Hostie ». Elle écrit que Notre Seigneur lui aurait dit : « Pourquoi ne pas **te substituer au prêtre quand il célèbre**. Prononce les mêmes paroles comme si c'était Toi qui célébrais » (V,

p. 196 197) et page 225 : « **Tu célébreras la messe** aussi souvent que tu as de fils spirituels ». — « Je ressens la joie de la Sainte Vierge de montrer au Père **la reproduction de son Esprit dans le rien que je suis ...** » (V, p. 289) — « Je veux faire plaisir au Père en Lui offrant Son Fils Rédempteur ... j'entends intérieurement : « **Offre-toi au même titre que le Fils** » — « Il m'est indiqué que mon âme est d'un blanc immaculé » ... (V, p. 291)

« Que de fois, le Seigneur m'a indiqué dans les années passées que le titre de **Docteur de l'Église** serait octroyé au petit rien que je suis ». (VII, p. 155)

Elle écrit que Jésus lui a dit : « Tu es ma petite Maman d'Amour, ma petite reine d'amour toute plongée dans le sein du Père ... (VII, p. 238), elle ajoute : « Je lui ai confié toutes les âmes du monde entier » (VII, p. 251) et à la page 348, parlant du serpent : « **Je lui écraserai la tête** ». — « Le Seigneur me dit : « Viendra un jour où ceux qui t'embrasseront sur la photo, avec foi et amour, seront guéris instantanément » et encore « Courage, mon enfant, comme il te faut souffrir pour devenir Souveraine de la Terre » (IX, pp. 51 et 328 — VII, p. 171 — XIII, p.222)

Parlant d'un évêque : « Son être immaculé » et cet évêque, annonce-t-elle, deviendra « **Le plus grand Pape de tous les temps** » (XI, p. 152) et elle le bénit et lui donne le baiser sacré le 18 septembre 1974. Ce baiser fera de l'évêque le Fils de Marie et le baiser qu'elle reçoit de lui la fera sa fille spirituelle, et tout cela d'ordre de la Très Sainte Vierge. Elle affirme que cet évêque est un géant de sainteté (XII, p. 20) mais elle finira par se brouiller avec lui parce qu'il ne suivra pas toutes ses consignes ...

Le 6 septembre 1975 le Seigneur lui dit : « Je te fais mon prêtre mystique, réel, éternellement ... Tu es la mère de toutes les âmes ». (XI, p. 222) et à la page 225 : « Désormais tu n'auras plus à t'astreindre à tous ces chapelets, à toutes ces prières. Va de l'avant ! ».

Le 14 mai 1976 le Seigneur lui dit, prétend-elle : « Pourquoi ne communies-tu pas deux fois par jour ? » Et le 30 janvier 1977 au soir : « devant le Saint Sacrement, je m'apprête à communier pour la seconde fois aujourd'hui. J'entends : « Tu prendras deux hosties ce soir ... Oui, deux hosties ». Ce jour-là elle a donc reçu trois hosties. Elle avait écrit « La force spirituelle pourra alors être décuplée ». (III, p. 358) « A la communion, je reçois cette certitude profonde que c'est mon Fils que je reçois comme Marie Le recevait des mains de saint Jean ». (X, p. 60) — « On dirait que je suis sa Mère. Je sens son affection de plus en plus filiale pour moi ». (V. p. 292)

Le 4 septembre 1977 le Seigneur lui prescrit : « Désormais à partir d'aujourd'hui tu porteras sur toi la Présence Réelle ».

Au sujet de deux prêtres, ses disciples, dont l'un, dit-elle doit devenir un second Pie XII et l'autre jouer un grand rôle dans l'Église, Marie-Paule prétend que le Seigneur lui a dit : « Tu dois le recevoir cette fois comme ton vrai fils et, tout naturellement l'embrasser sur la joue ou sur le front ... Il en sera ainsi pour tes fils spirituels le jour où ils entreront dans le groupe ». (V, p. 200)

Le 2 août 1976 : « Dieu le Père et Marie ... sont présents au-dessus de nous (l'évêque et elle). C'est toute la cour céleste qui se penche sur nous tandis que nous offrons le don total à la Trinité ... O beauté incomparable de cette messe qui rend au Père toute la gloire possible jamais atteinte depuis que le monde est monde ». Messe qui, dit-elle, est célébrée dans l'Ultra-terrestre, « Dieu et Marie s'aiment tous les deux en nous » (XII, p. 324) et elle ajoute : « Ces moments de Béatitude amoureuse sont réservés à l'Ultra-terrestre, car expérimenter à ce point l'amour si élevé de Dieu pour la Vierge Marie ce ne peut être possible sur terre ». (X, pp. 61, 127 et 128)

Elle note : « 1 0 septembre 1975, deux jours après qu'elle eut été faite **prêtre mystique**, je reçois cette communication intérieure que demain et jour du sacerdoce béni le **Ciel va unir deux âmes en un mariage saint** : l'âme choisie de Monseigneur Jean-Pierre, prêtre devant l'éternel, et celle de Marie-Paule, nouveau prêtre mystique ». (XI, p. 235)

« Je suis dans la ligne des **grands docteurs de l'Église**. Je dis cela avec humilité ». Que serait-ce si c'était avec orgueil ! ! ! (XII, p. 100)

« **Des saints seront canonisés vivants, et tu seras la première** ... XIII. 199)

« J'entends la voix du Père Éternel : « **Tu es une autre marie** » (XIV, p. 78)

La voyante de Notre-Dame de tous les peuples, à Amsterdam écrit à l'évêque époux mystique de Marie-Paule au sujet de celle-ci : « Qui est donc cette femme ? Une seconde Catherine de Sienne ? Une seconde Jeanne d'Arc ? Y a-t-il dans l'histoire de l'Église un cas semblable ? Nous croyons qu'elle est unique. J'irai jusqu'à dire qu'elle incarne d'une façon extraordinaire et mystérieuse, la Très Sainte Vierge Marie, la Co-Rédemptrice, la Médiatrice, l'Avocate : La Dame de tous les Peuples ». (XIV, p. 25)

Ce jugement les qualifie toutes deux et le couronnement occultiste est caractéristique : Marie-Paule écrit qu'elle a reçu le message céleste suivant : « **maintenant tu verras toutes choses dans ta boule de cristal** ... » ! ! ! ! (XIII. 85)

Tout cela ne relève-t-il pas du préternaturel luciférien ? Et nullement du surnaturel divin.

*

* *

Avant de clore ce chapitre, nous pensons qu'il est fort utile de signaler un ouvrage qui a paru en Angleterre en 1982 et dont la traduction en français a été publiée en 1983 aux Éditions Pygmalion : celui de trois auteurs Michael Baigent, Richard Leigh et Henry Lincoln, **L'Énigme Sacrée : Jésus-Christ —**

LES CATHARES — LE SAINT GRAAL — LES TEMPLIERS — LE PRIEURÉ DE SION — LES FRANCS-MAÇONS.

Cet ouvrage a été écrit à l'occasion du mystère de Rennes-le-Château et des découvertes et recherches effectuées dans cette localité et dans ses environs, recherches qui tendent à établir que le Trésor du Temple de Jérusalem, emmené à Rome par Titus lors de la destruction de la ville et du pillage du Temple, en 70 et qui, par la suite aurait été pris par les rois Wisigoths lors du sac de Rome et caché par eux dans la région de Rennes-le-Château où était située l'une de leurs capitales. En outre les Templiers, qui ne portaient pas sans raison ce nom puisqu'ils s'étaient installés à Jérusalem à côté de l'emplacement où se trouvait l'ancien Temple, auraient, à leur tour, achevé de s'approprier ce trésor dont le Trésor des trésors : l'Arche d'Alliance.

Pour montrer jusqu'où certains auteurs laissent aller leur imagination à moins qu'ils soient mandatés pour exécuter le plan de la subversion luciférienne, citons l'ouvrage : « Jérusalem, cité sainte et capitale de la Judée était ... à l'origine ... propriété de la tribu de Benjamin (ceci est exact) mais cette dernière en lutte avec les autres tribus d'Israël, dut prendre la route de l'exil en laissant derrière elle ... un certain nombre de ses membres décidés à ne pas quitter leur patrie. Or malgré ses conflits avec Israël, la tribu lui donna son premier roi, Saül, consacré par le prophète Samuel, et sa première dynastie royale. Puis Saül fut lui-même déposé par David de la tribu de Juda, et David, établissant sa capitale à Jérusalem, dépouilla les benjamites de leurs droits au trône et de leur héritage légitime ».

Mais, bien entendu, les raisons spirituelles et autres de cette substitution de dynastie ne sont pas indiquées, ni les ordres de Dieu ... Reprenons le texte de l'ouvrage : « Jésus appartenant à la lignée de David, selon le Nouveau Testament, était donc membre de cette tribu de Juda ; c'est-à-dire qu'aux yeux des benjamistes, il pouvait par suite faire figure d'usurpateur, mais tout changeait s'il épousait une benjamite, et cette alliance entre deux dynasties ennemies devenait lourde de conséquences politiques. Israël y gagnait un prêtre-roi, Jérusalem revenait à ses propriétaires légitimes, l'unité populaire s'en trouvait renforcée et les droits de Jésus au trône bénéficiaient d'une nouvelle justification ... » (page 308)

Alors, aux yeux de ces prétendus historiens, les noces de Cana deviennent celles de Jésus et de Marie de Magdala, la sœur de Lazare et de Marthe, et de ce prétendu mariage une postérité serait née. (p. 298 et 316, etc. ...)

Ils avouent : « Pour en revenir à la Magdaléenne ou Marie de Magdala, si rien n'indique dans le Nouveau Testament à quelle tribu elle appartenait exactement, selon certaines légendes elle était bien de lignage royal, et précise la tradition était issue de la tribu de Benjamin » mais ils se gardent bien d'indiquer les preuves de ce qu'ils avancent ...

« Il nous est possible désormais d'entrevoir l'amorce d'une trame : prêtre-roi de la lignée de David ayant un droit légitime au trône, Jésus aurait contracté une alliance dynastique d'un indiscutable intérêt pour son avenir politique. Grâce à elle, il se serait trouvé en mesure d'unifier son pays, de mobiliser les foules, de chasser l'oppresseur, (l'occupant romain) et de restaurer dans toute sa gloire l'ancienne monarchie de Salomon ». (p. 309) « Or, n'était-ce pas là, pour un homme justifier plus explicitement l'appellation, non contestable celle-là de « Roi des Juifs » ?

« Un chef spirituel soutenu par la ferveur populaire, peut sans aucun doute constituer une menace vis à vis d'un gouvernement. Mais un homme marié ayant des droits légitimes au trône et des enfants pour perpétuer sa dynastie, est beaucoup plus dangereuse encore. Jésus ne fut pas crucifié pour des crimes envers les Juifs, mais en raison d'agissements qui menaçaient l'empire romain. (p. 311)

« Selon notre hypothèse, une fausse crucifixion fut donc organisée avec la complicité de Pilate, dans une propriété privée, par certains des partisans de Jésus ». (p. 331) « Il fallut poster près du tombeau vide un comparse, inconnu de l'ensemble des disciples, ayant pour mission de rassurer les adeptes du message, d'expliquer l'absence de Jésus ... car ils nient également la résurrection ... et bien entendu, Joseph d'Arimathie, qui avait prêté son tombeau, était de mèche dans toutes ces manœuvres ... (p. 332) Le Graal serait le vase de la Cène dans lequel Joseph d'Arimathie avait recueilli le sang de Jésus et l'aurait transporté en Angleterre à Glastonbury. D'autres disent que le vase aurait été transporté en France par sainte Magdeleine ». (p. 258)

Jésus serait resté en Palestine mais « ... .Ce qu'il advint de son beau-frère, de sa femme et de ses enfants présente à notre sens beaucoup plus d'intérêt. (p. 317) En effet, nous l'avons vu ayant quitté ensemble la Terre Sainte en bateau, ils débarquèrent à Marseille. Détentrice d'un inestimable trésor, Marie de Magdala, la Magdaléenne, apportait en France avec elle le Sangraal, le Sang Royal, l'avenir sacré de la maison de David ».

Dans le chapitre 13, sous le titre Le grand secret de l'Église, celle-ci au courant de la descendance de Jésus, aurait tout fait pour la faire disparaître. Et dans le chapitre suivant sous le titre la dynastie du Graal, les auteurs commencent par parler des hérésies des premiers temps du Christianisme pour (p. 345)

« souligner avec quelle force et quelle conviction, fut-ce au prix de sanglantes persécutions, l'ensemble de ces hérésies défendit le caractère humain et mortel de la personnalité de Jésus. Mais ni les uns ni les autres ne furent jamais en mesure de prouver formellement leurs assertions ... Bien entendu, on pouvait également et non sans raison, supposer que certains documents, archives ou généalogies très anciennes avaient été systématiquement détruits au cours des diverses et nombreuses persécutions subies par ceux qui bravaient l'autorité de Rome ; la violence même et l'acharnement de l'Église à leur égard ne soulignaient-ils pas sa crainte de voir par le truchement de telles déviations, certaines vérités gênantes éclater au grand jour ... »

À leurs yeux, la descendance de Jésus et de Marie-Magdeleine ne serait autre que les Mérovingiens. Mais ils avouent : « Toujours est-il que nous n'avons quant à nous pas davantage le moyen d'établir la preuve d'un lien direct entre la famille de Jésus au 1er siècle et les Mérovingiens au IVème, époque à laquelle ils firent leur apparition dans l'Histoire ».

« Ainsi, (p. 353) nous l'avons déjà dit, si les Mérovingiens descendaient vraiment de Jésus, Godefroi (de Bouillon) de race royale mérovingienne, en arrachant Jérusalem aux mains des Infidèles, n'avait que reconquis son héritage légitime ...

Or, (p. 356), un dernier examen approfondi de l'ensemble des recherches que nous avions effectuées dans la Bible vint renforcer notre conviction : non, rien ne pouvait sérieusement contredire des conclusions qui s'imposaient à nous en toute logique historique, (!!! ...) au contraire, elles avaient à notre avis, toutes les chances ou presque d'être les bonnes » « Bien entendu, nous ne pouvions pas, et nous ne pouvons toujours pas démontrer formellement leur exactitude et de ce fait, elles restent en tout état de causes des hypothèses. Mais des hypothèses parfaitement plausibles et cohérentes, ayant l'avantage d'apporter une réponse à de nombreuses questions, tout en constituant une interprétation extrêmement vraisemblable — la plus vraisemblable peut-être ».

Arrêtons ces citations : elles suffisent et prouvent que — sans aucune preuve mais sur des élucubrations imaginaires — le but, après avoir nié le massacre des Innocents, est la négation du sacrifice sanglant de la Croix et de la Divinité du Christ, et donc la destruction de l'Église et même du Christianisme, c'est à dire le triomphe de Lucifer ...

* * *

MARQUIS DE LA FRANQUERIE

ESQUISSE DE LA CONTRE-ÉGLISE DE SATAN DANS SON UNITÉ QUI SE DESSINE
(telle qu'elle se révèle elle-même de plus en plus depuis 2 ans) novembre 1947

L'AGARTHA
SUPRÊME CONSEIL DES SAGES du Tibet
GRANDE FRATERNITÉ BLANCHE UNIVERSELLE
(Congrès à Paris - oct. 1947. - Paris proclamé Capitale spirituelle du Monde)
Régent de l'Agartha Maha Chohan Kout Houmi Lal Singh - se dit chef
de l'Ordre des Templiers donc lien avec la Haute Maçonnerie Universelle
GRANDE LOGE BLANCHE DE L'HIMALAYA

HAUTS INITIÉS : du BOUDDHISME :
Grands Lamas tibétains etc ...
et des SECTES VARIÉES de l'HINDOUISME
tels que : Mahatma Gandhi ; Moines - Swamis
de l'Ordre de Ramakrishna etc ...

SAN - HO - HEI (Chine)
Hte Sté Secrète Luciférienne
(indépendante du Palladisme, mais se considérant
comme son égale pour l'Asie. Échange de rapports
entre les deux organisations).
Satellite probable de l'Agartha.

UNION SPIRITUELLE UNIVERSELLE
Ordre Universel de la Paix, de la Justice et
de la Fraternité.
Congrès permanent et Communauté des
hommes libres (citoyens universels)
Sièges principaux au Tibet :
Chygatzch Tachi Lhumpa
en Amérique : La Havane (Cuba)
Dir. Mondial : Maha chohan Kout Houmi
Lal Singh.

Hte MAÇONNERIE UNIVERSELLE : PALLADISME
Fédération des Htes sectes luciferiennes
avec ses 3 grands Directoires universels :
dogmatique, administratif et exécutif, sièges en : Amérique, Allemagne, Italie.
(Elle demeure encore dans l'ombre et n'est connue
que des hts initiés : « Sages Illuminés ».) Satellite probable de l'Agartha.
(Voir sectes maçonniques plus bas)

CONGRÈS SPIRITUELS MONDIAUX
Bruxelles Août 1946 - (fondation) Paris
Septembre 1947 (Ils ont donné la « Charte
spirituelle mondiale pour" l'Humanité qui
devra être annexée au traité de Paix)

CONSEIL SPIRITUEL MONDIAL
émanation directe des Congrès
spirituels mondiaux. Siège officiellement en permanence auprès
de l'O.N.U. depuis 1947.

LES ORGANISMES INTERNATIONAUX
comme aussi ANNEXES DE l'ex-S.D.N. toute l'organisation secrète de la SYNARCHIE
(origine martiniste) et l'Officiel O.N.U. (Organisation des (Nations Unies) avec son
U.N.E.S.C.O. (organisme d'Éducation, de
Sciences et de Culture mondiale)

Tous les MOUVEMENTS et SECTES SPIRITUALISTES du monde (à initiation
plus ou moins haute) quelles que soient leurs différences plus superficielles que
réelles, et dont l'UNION se fait au Congrès spirituel :
MAÇONNIQUES, OCCULTISTES, THÉOSOPHIQUES, SPIRITES, SOUFISTES
etc .'. et aussi à étiquettes plus ou moins PROTESTANTES ex :

Les ADEPTES INITIÉS des théories dites
MATÉRIALISTES, qui, sous une autre forme
sont aussi au service de l'Esprit : Lucifer.
(Staline : haut initié luciférien)

PROTESTANTS :
STELLA MATUTINA
(compte de nombreux membres au
haut Clergé protestant)
FÉDÉRATION MONDIALE des FOIS
(Fellowship of Faiths)
SCOUTISME
(Jamboree 47 à Paris)
RÉARMEMENT MORAL
mouvement d'Oxford : Buchmanisme
(N.B. le rapport officiel du Congrès
Spirituel Mondial Bruxelles 1946 por-
te que le R.M. lui est relié)
etc. etc. etc. ... ; etc. etc. etc. ...

OCCULTISTES :
ÉGLISE CATHOLIQUE LIBÉRALE
GNOSTIQUE
MARTINISME
(Saint Yves d'Alveydre etc.)
ROSE - CROIX
Variées
O.T.O.
(Ordo Templi Orientis) (luciférien)
(renouveau moderne des Templiers)
ANTHROPOMORPHISME
(Rudolph Steiner)
etc. etc. etc. ... ; etc. etc. etc. ...

Des RABBINS ont figuré au Congrès
Spirituel Mondial. Le GRAND KAHAL
ne doit pas y être étranger ...
De toute évidence, les Juifs Kabbalistes
sont là.

Falsification systématique et criminelle de l'information assure la puissance du Pouvoir Occulte et du communisme sur le monde

Falsification de l'histoire de l'Église et de la France

En ce qui concerne l'histoire de l'Église, rappelons simplement la réunion des chefs des B'nai B'rith en 1935 à Paris : « Nous avons couvert l'Église Catholique des plus abominables calomnies. Nous avons falsifié son histoire et sali ses plus nobles activités. Nous lui avons imputé la méchanceté de ses ennemis … »

« L'autre grande puissance est la presse. En répétant sans relâche certaines idées on arrive à les faire admettre comme vérité. Le théâtre rend des services analogues. Partout le théâtre et la presse obéissent à nos directions … »

« Par nos railleries, par nos attaques, nous rendrons leurs prêtres ridicules et odieux, leur religion aussi ridicule et odieuse que leur clergé. Nous serons alors maîtres de leurs âmes … »

La falsification de l'histoire de France a été systématiquement poursuivie afin de faire croire aux jeunes générations que les rois et les nobles avaient fait du peuple Français jusqu'à 1789, un peuple d'esclaves misérables et donc que la véritable histoire de France avait commencé réellement qu'à la grande libération de la révolution. Or cette révolution n'a fait qu'asservir le peuple français aux puissances étrangères et au Pouvoir occulte. La vérité est que le Roi de France, le

Roi Très Chrétien, le Fils Aîné de l'Église était le garant des libertés de tous et de chacun, libertés qui étaient beaucoup plus importantes et étendues que celles assurées depuis l'institution du suffrage universel et des régimes démocratiques qui n'ont jamais assuré, en réalité, que la tyrannie des puissances d'argent et des pires ennemis de la France.

Toute l'Histoire enseignée actuellement — aussi bien dans les écoles publiques que dans les écoles privées depuis que l'Église en France est passée sous le joug de ses pires ennemis — est systématiquement falsifiée. Le prétendu grand historien de la Révolution — le frère Aulard franc-maçon notoire — détruisait ou rendait inutilisables les documents qui gênaient ou contredisaient ses théories falsificatrices en haine du Catholicisme et de nos Rois qui ont fait notre France si belle. Ainsi le Pouvoir occulte et la Franc-Maçonnerie sont arrivés à obtenir que les Français haïssent l'Histoire de leur Patrie qui est incontestablement la plus belle, la plus glorieuse et aussi la plus chrétienne de tous les peuples du monde !

La Presse, la radio et la télévision qui, dit-on, ont pour mission de renseigner et d'éclairer l'opinion publique, la trompent en réalité de la façon la plus abominable et constituent ainsi l'incarnation du mensonge pour la diriger uniquement dans le sens des intérêts des puissances étrangères ennemies et de la finance internationale, intérêts qui sont la plupart du temps en opposition absolue avec ceux des Français de race. N'a-t-on pas fait du traître De Gaulle un héros national !

LA FALSIFICATION DE LA CRITIQUE LITTÉRAIRE

Très judicieusement, Jean Auguy écrit dans *Lectures Françaises* (mars 1984, p. 41) : « Il n'y a plus de véritable critique littéraire dans la grande presse ; elle est soit d'un conformisme invraisemblable (les journalistes se contentent de résumer à leur façon les arguments donnés par le service de presse de l'éditeur), soit achetée car il ne faut pas mécontenter un gros fournisseur de publicité ». Si bien que les œuvres des auteurs patriotes et indépendants sont volontairement étouffées ; c'est l'organisation de la conjuration du silence ... et ceci jusque dans la presse et les revues dites de droite et nationale.

LA FALSIFICATION DES NOUVELLES INTERNATIONALES

Qui parle de génocide à l'égard des populations catholiques d'Indochine ou du Liban ? Arrêtons-nous plus spécialement au génocide du Liban. Notre Ami, Marcel Cardineau écrivait en 1976 dans Les Volontaires du Sacré-Cœur, n° 160, second trimestre :

« Le premier avril dernier, un quotidien à fort tirage publiait un document plutôt inattendu, en l'espèce la photographie, prise au Liban, d'un char de combat portant en figure de proue, en quelque sorte, l'image de sainte Thérèse de Lisieux pressant contre son cœur le Crucifix entouré de lys et de roses, avec ce commentaire :

« La violence des combats durcit les positions et simplifie les étiquettes : gauche musulmane et droite chrétienne s'entre-déchirent. La guerre politique est aussi une guerre sainte et les phalangistes vont au-devant de la mort sous la protection de cette image pieuse collée au blindage ».

Et notre Ami poursuivait très justement :

« Pour une fois, l'image ne rappelait aucun épisode sanglant de la désolation qui règne en ce pays martyr. Pourtant, en son genre, elle n'en évoquait pas moins le vrai caractère de la lutte qui se poursuit au Liban, véritable guerre sainte, dont les protagonistes font preuve d'une volonté implacable de détruire la communauté chrétienne libanaise et même, s'il se pouvait, effacer jusqu'au souvenir du surnaturel divin qui, depuis des siècles, illumine ces hauts lieux de la chrétienté ».

Il est incontestable — mais jamais la grande presse n'ose le dire — que c'est l'extermination implacable des chrétiens qui est systématiquement poursuivie et organisée dans ce Pays traditionnellement si cher à la France.

Qui ose employer le terme concernant les persécutions et les massacres subis en Afghanistan, en Iran, et parmi les populations soumises aux Soviets. Les faits ne sont-ils pas totalement falsifiés quant aux responsabilités en Amérique du Nord comme du Sud ... événements que l'on présente toujours favorablement quand les régimes sont de gauches mais péjorativement pour attaquer l'action des États-Unis et l'essai de redressement tenté par le Président Reagan ...

Tous les mouvements pacifistes ne sont-ils pas en sous-main dirigés par les Soviets qui ont créé un véritable système et la technique de la désinformation, ainsi que le prouve l'article de Bernard Michel dans le n° 25 de L'*Astrolabe*, qui vient de paraître ...

On comprend que le Colonel Moinet ait fondé un groupement pour lutter contre cette situation dont les conséquences sont tragiques pour l'Église, la France et les Pays dits encore libres, afin de lutter contre l'intoxication dirigée par les Soviets et la désinformation qui en résulte. (Association pour une juste Information, A.J.I., 62 bis rue du Maréchal Foch à Versailles).

COMITÉ CATHOLIQUE CONTRE LA FAIM ET POUR LE DÉVELOPPEMENT (C.C.F.D.)

L'Action Familiale et Scolaire (31 rue Rennequin à Paris) a publié une Enquête sur le C.C.F.D. Il ressort que cet organisme a obtenu des hautes Autorités religieuses que les catholiques soient sollicités dans toute la France chaque année et qu'il en soit de même dans toutes les écoles libres catholiques. Or, ce Comité soutient les mouvements marxistes et révolutionnaires. Il y a donc lieu de les mettre en garde à son endroit, car la plupart d'entre eux sont ainsi trompés.

Citons une partie de la conclusion de cette enquête : « ... Des millions de fidèles apportent généreusement leur offrande de Carême — près de 50 millions de francs actuels (soit plus de cinq milliards d'anciens francs) — pour nourrir l'affamé alors que 8 fois sur 10 leurs privations financeront la subversion communiste ».

Il faut que ce scandale cesse. Une instruction judiciaire ne pourrait-elle pas être ouverte pour détournement de fonds ?

CHAPITRE VI

LE PLAN DE DESTRUCTION DE L'ÉGLISE & SON DEGRÉ D'AVANCEMENT

Cette étude serait incomplète si n'était pas exposé le plan de destruction du Pouvoir occulte luciférien contre l'Église et son degré d'avancement, d'aboutissement pourrait-on dire, tant, de nos jours, Lucifer triomphe ... Il est bien le roi du monde.

Tout d'abord, il convient de citer les déclarations des principaux chefs du Pouvoir occulte à partir du siècle dernier[128] : « Notre but final est celui de Voltaire et celui de la Révolution Française, **l'anéantissement à tout jamais du catholicisme et même de l'idée chrétienne** ... »

Il est un point sur lequel ils reviennent sans cesse :

« Ce que nous devons demander **avant tout**, ce que nous devons chercher et attendre, comme les Juifs attendent le Messie, c'est **un Pape selon nos besoins** ... C'est qu'avec cela pour briser le rocher sur lequel Dieu a bâti Son Église, nous avons le petit doigt du successeur de Pierre engagé dans le complot ... Nous ne doutons pas d'arriver à ce terme suprême de nos efforts ... **Rien ne doit nous écarter du plan tracé ...** tout doit y tendre ... »

« Écrasez l'ennemi, quel qu'il soit ; écrasez le puissant à **force de médisances et de calomnies** ; mais surtout écrasez-le dans l'œuf. C'est

---

[128] Toutes les citations qui suivent concernant la Haute Vente sont extraites de l'ouvrage de Crétineau-Joly, publié sur l'ordre du Saint Siège, qui avait saisi les documents, *L'Église Romaine en face de la Révolution*, en deux volumes, 3ème édition, chez Plon à Paris, 1861.

à la jeunesse qu'il faut aller, c'est elle qu'il faut séduire, elle que nous devons entraîner, sans qu'elle s'en doute, sous le drapeau des sociétés secrètes ... »

« Que le clergé marche sous vos étendards en croyant toujours marcher sous la bannière des clefs apostoliques ... Tendez vos filets ... au fond des sacristies, des séminaires et des couvents ... vous amènerez des amis autour de la Chaire Apostolique, **vous aurez prêché une révolution en tiare et en chape ... une révolution qui n'aura besoin que d'être un tout petit peu aiguillonnée pour mettre le feu aux quatre coins du monde !** »

Dans une autre Instruction secrète :

« Flattons toutes les passions, les plus mauvaises comme les plus généreuses ... il faut faire l'éducation immorale de l'Église et arriver au triomphe de la révolution par un Pape ... Donnez le branle à tout ce qui aspire à remuer. Glissez dans les esprits les germes de nos dogmes (sur ce point également, ils ne cessent de le répéter) que prêtres et laïcs se persuadent que le Christianisme est une doctrine essentiellement démocratique ... »

La correspondance des chefs entre eux — tombée entre les mains du Saint-siège — est éloquente :

« N'individualisons pas le crime ; afin de le grandir jusqu'aux proportions du patriotisme et de la haine contre l'Église, nous devons le généraliser ... Le catholicisme et la monarchie peuvent crouler sous la corruption ; ne nous laissons donc jamais de corrompre ... popularisons le vice dans les multitudes ... ; c'est la corruption en grand que nous avons entreprise, la corruption du peuple par le clergé, et du clergé par nous ; la corruption qui doit nous conduire à mettre l'Église au tombeau. »

Il y a un siècle, Saint Yves d'Alveydre, un occultiste notoire, annonçait :

« Est-ce que la chute du pouvoir clérical des Papes n'est pas un indice certain du triomphe possible de l'Universelle Église par la solennelle reconnaissance de l'égalité et de la fraternité de toutes les Églises nationales rendues à leur mission vivante ? »

Un autre haut dignitaire de la franc-maçonnerie déclarait à son tour :

« Nous, francs-maçons de tradition, nous nous permettons de paraphraser et de transposer ce mot d'un homme d'État célèbre en l'adaptant aux circonstances : catholiques, orthodoxes, protestants, israélites, musulmans, hindouistes, bouddhistes, penseurs libres, libres croyants ne sont chez nous que des prénoms : c'est francs-maçons le nom de famille. »

Stanislas de Guaita veut « révéler à la théologie chrétienne les magnificences ésotériques dont elle est grosse à son insu ».[129]

Au nom d'un retour au christianisme primitif, le défroqué Roca annonce le prochain Concile Œcuménique (c'est de Vatican II dont il s'agit) et l'anarchie liturgique qu'il provoquera car, dit-il, il mettra le culte divin **« en harmonie avec l'état de la conscience et de la civilisation moderne. À la théologie mystique va succéder la théologie scientifique ... »**

Il annonce :

« Un Christianisme nouveau, sublime, large, profond, vraiment universaliste, absolument encyclopédique ... un culte universel où tous les cuites seront englobés, où le Dieu sera l'humanité, qui, dit-il se confond avec le Christ, qui est donc aussi l'Univers tout entier ... »[130]

---

[129] Stanislas de Guaita, *Essai de Sciences maudites*, I, p. 159.
[130] Roca, *Glorieux centenaire*, pp 77, 528 et 525, publié en 1889.

« C'est en un mot à la Franc-maçonnerie de former l'universelle Église »,[131] celle des croyants libres de tous dogmes, annoncée en 1946 par le Congrès Spiritualiste Mondial. Et Roca déclare avec assurance :

« il y aura une religion nouvelle ; il y aura un dogme nouveau, un rituel nouveau, un sacerdoce nouveau dont le rapport avec l'Église qui tombe, sera exactement ce que fut le rapport de l'Église Catholique avec l'Église mosaïque, sa défunte mère. »[132]

« La foi disparaît devant la science qui doit tout illuminer ... La science est reine du monde car elle est Dieu lui-même dans l'humanité. »[133]

Il prévoit, après le Concile Œcuménique qu'il annonce, la conversion d'un Pape qui consacrera la civilisation moderne, des institutions impersonnelles, l'abandon de la soutane, le prêtre marié et syndiqué que, dès ce moment (1889) il qualifie de progressiste.

« Et cette nouvelle Église, dit-il, **bien qu'elle ne doive peut-être rien conserver de la discipline scolastique** et de la forme rudimentaire de l'ancienne Église, **recevra néanmoins de Rome l'ordination et la juridiction canonique** ... La synarchie est de taille à opérer cette rénovation générale. »[134]

D'avance, il décrit ce pontife qui sera, dit-il :

« **Non pas un Pontife de la foi, mais un Pontife de la gnosis ou de la science ésotérique** » ... qui « **grâce au privilège de son infaillibilité personnelle, déclarera canoniquement URBI ET ORBI**

---

[131] Pignatelle, *Batailles Maçonniques*, p. 29.
[132] Roca, *Fin de l'ancien monde*, p. 373.
[133] Roca, *Glorieux Centenaire*, op. cit, pp. 21 et 79.
[134] Roca, idem, pp. 462 à 469.

que la civilisation présente est fille légitime du Saint Évangile de la rédemption sociale. »[135]

Quels rapprochements à faire avec certains des discours de Paul VI !

La Rose-Croix et la Franc-Maçonnerie dévoilaient leur plan — qui hélas n'a que trop réussi de nos jours, quand l'un d'eux proclamait — il y a une vingtaine d'années :

« L' « antéchrisme » s'achève d'abord dans la corruption doctrinale du clergé laquelle amènera la fin de l'esprit romain lunaire et de son dernier bastion intégriste attardé ... La liquéfaction de Rome, Dieu soit loué, se termine sous l'effort d'une jeune prêtrise qui n'aura bientôt plus rien de commun avec l'obscurantisme clérical allant surtout du XIVème siècle à 1900 ... Alors la Rome chrétienne sera alchimiquement poignardée ... en moins d'une heure de soixante minutes, grâce à une poussée inexorable de l'extérieur sur la Rome papale ».

Au Congrès Spiritualiste International, tenu au Grand Orient de France en 1889 à l'occasion du centenaire de la révolution luciférienne, Roca avait déclaré :

« mon Christ n'est pas celui du Vatican ! »

Son Christ, c'est Lucifer. « Le Christ-homme est celui de la Kabale » avait-il déclaré ailleurs. Or le 18ème dogme de la Kabale proclame :

« Demon est Deus universus. »

Après avoir exposé ce plan de subversion de l'Église élaboré par le Pouvoir occulte, il convient de voir rapidement maintenant son degré de réalisation.

---

[135] Roca, idem, p. 111.

Dès le début du XIXème siècle, la Lettre de Simonini à Barruel annonçait que le Pouvoir occulte avait séduit plus de 800 ecclésiastiques (dont des évêques et même des cardinaux) en Italie ; qu'en Espagne, il avait un grand nombre de partisans et qu'il considérait « la Famille Royale de France comme sa plus grande ennemie et qu'il ne désespérait pas de l'anéantir ».

Sous le règne de Pie IX, le Secrétaire d'État, le Cardinal Antonelli, avait trahi l'Armée Pontificale au profit de l'Unité Italienne, ce qui entraîna la suppression du Pouvoir Temporel de la Papauté. Le Pape ayant découvert cette trahison, le cardinal fut enfermé et les Romains pouvaient voir trois fenêtres allumées le soir au-dessus des Appartements Pontificaux ...

Sous le règne de Léon XIII, une plus grande trahison fut perpétrée par le cardinal Rampolla. Pendant ses vacances en Suisse, le Secrétaire d'État allait chaque samedi dans une arrière-loge et tous les quinze jours à la Loge de Zurich pour y recevoir les instructions du Pouvoir occulte : désarmer les catholiques de France par leur ralliement à la république ; à l'intérieur de l'Église, fonder une arrière-loge qui fournirait les hauts dignitaires du Saint Siège : les cardinaux Ferrata, Gasparri, Ceretti, Béa, etc. ... ont été liés au complot.[136]

En 1938, Monseigneur Beaussart, Archevêque-Auxiliaire de Paris, remit à Pie XI le fichier maçonnique de l'Épiscopat français ; ils étaient dix-sept à cette époque. Ce chiffre peut être triplé, semble-t-il, aujourd'hui.

*

**

---

[136] Monseigneur Jouin, fondateur et directeur de la *Revue internationale des Sociétés Secrètes*, ayant eu en main les preuves de l'affiliation du Cardinal Rampolla, chargea son rédacteur en chef — l'auteur de cette étude — d'aller les montrer aux Cardinaux et Évêques de France. De son côté, M. Lacointa, Directeur à Toulouse du *Bloc Catholique* devenu *Bloc AntiRévolutionaire* avait eu d'autres preuves et avait publié un article dans sa revue, *Le Frère Rampolla* (n° juin-juillet 1929) Voir, la Franquerie, *L'infaillibilité Pontificale ...* , p. 76-77.

LE CONCILE VATICAN II ET LA POLITIQUE DE PAUL VI ENGENDRENT LA DÉMOLITION DE L'ÉGLISE — LE POUVOIR OCCULTE MAÎTRE DU VATICAN —

Au Concile Vatican II, la mafia progressiste soumise au Pouvoir occulte exerça une pression formidable sur les Pères, les réunissant dans des tables rondes, des carrefours, et leur distribuant les thèmes d'études et jusqu'à des interventions toutes préparées qu'ils n'avaient plus qu'à lire — sans les avoir étudiés auparavant — si bien que Paul VI s'est trouvé dans l'obligation de déclarer le 12 janvier 1966 :

« Étant donné son caractère pastoral, le Concile a évité de prononcer de façon extraordinaire des dogmes dotés de la note d'infaillibilité ».[137]

---

[137] C'est très justement qu'un auteur, parlant du Concile Vatican II a écrit : «Cinquante minutes qui ébranlèrent deux mille ans ».
Le 13 octobre 1962, un franc-maçon lucifèrien, le cardinal Liénart, dès la seconde séance du Concile a fait écarter les listes des Commissions Conciliaires présentées et qui étaient composées des évêques qui faisaient partie des Commissions préparatoires en vue d'étudier les schémas qui devaient être présentés au Concile, et qui de ce fait étaient spécialement compétentes. Première victoire moderniste. Seconde victoire de la maffia, le 16 octobre, obtenue par le résultat des élections à ces Commissions. Très justement, au sujet de ce résultat, le Père Ralph M. Wiltgen remarque : «Pas un seul des quinze Supérieurs Généraux proposés comme candidats par l'Union des Supérieurs Majeurs n'avait été élu bien qu'ils représentassent les communautés particulièrement compétentes en matière de liturgie, d'éducation ; de missions et de vie religieuses ». (*Le Rhin se jette dans le Tibre – Le Concile inconnu*, p. 19, Éd. du Cèdre, 1973).
Nous avons publié la liste des loges auxquelles a appartenu le Cardinal Liénart. (*infaillibilité Pontificale*, pp. 80 et 81.)
Le Cardinal Liénart, dans ses Mémoires sur Vatican II, ne dit évidemment que ce qui correspond à sa pensée personnelle ou à celle des Loges, toujours favorable au modernisme et au progressisme. Il prétend qu'il n'y a pas eu la moindre préméditation dans son intervention du 13 octobre. Pourtant, son entretien de la veille avec un journaliste à l'Ambassade de France décrit sinon son intention, du moins sa position. Pour mieux comprendre l'esprit qui a inspiré cet acte — dont les répercussions ont été immenses et qui a faussé tout le concile — il faut se reporter à la causerie faite le 5 octobre 1968 par l'Auxiliaire du Cardinal, Monseigneur Dupont :

Les travaux des Commissions préparatoires y sont dits «consignés dans quelques schémas **des plus décevants** où il n'était question que **des droits de l'Église** ... » Puis il ajoute :
« Dans l'Aula de Saint-Pierre, chaque père trouvait devant lui un carnet de dix pages de seize lignes vierges chacune afin d'y consigner le nom de ses candidats ; il recevait en même temps la liste des commissions préconciliaires défuntes. C'était une sorte d'invitation, **presque indiscrète** à reconduire les mêmes organismes. **On nous proposait une liste unique qui télescopait la liberté du vote. On allait s'apercevoir que le Concile ne voulait pas de préfabriqué.** »
Puis, il relate, avec admiration, l'intervention du cardinal et ajoute :
« **L'événement fit sensation. Le ton était donné au travail conciliaire.** » (Causerie publiée dans Supplément spécial de
L'Église de Lille, du 4 avril 1969, p. 125, et dans *La Documentation Catholique*, n° 1 542, du 15 juin 1969)
Carlo Falconi (op. cit. p. 133) remarque :
« En fait, le Cardinal Liénart avait tout juste fini de lire sa motion qu'une trombe d'applaudissement **trop immédiate** couvrit l'écho de ses dernières paroles ... »
La claque ... mais une claque s'organise d'avance ...
Pour qui est au courant, « Il n'est pas douteux que les évêques progressistes d'Europe ont établi de façon fort discrète et accompli un plan de conquête du Concile ... Cette concertation a-t-elle été préparée par la Maçonnerie ? Je n'en connais pas de preuve décisive. Mais il est certain que le Concile fut ... précédé par des entretiens entre les cardinaux Frings et Béa et de hauts dignitaires maçonniques. Il est vraisemblable aussi que le chemin des loges n'était pas ignoré du cardinal Suenens, qu'on verra plus tard invité par les B'nai-B'rith ...
Or, précisément, le cardinal Frings appuya immédiatement l'intervention de son confrère Liénart, comme s'ils étaient d'accord auparavant. Et très justement Roland Gaucher ajoute :
« Quand je considère le comportement des évêques de l'Alliance européenne, celui-ci me rappelle tout à fait le fonctionnement de la fraction communiste dans une assemblée sympathisante ... Avant la réunion de toute assemblée, la fraction communiste se concerte, définit la ligne à suivre, distribue les rôles de chacun, envisage les objections des adversaires et les moyens d'y parer ... » (op. cit. p. 48) Or, Roland Gaucher est un spécialiste en la matière ; il a écrit, L'Histoire secrète du parti communiste français.
Il faut remarquer également que la plupart de ceux qui attaquèrent les dogmes fondamentaux de l'Église se sont révélés au Concile comme conseillers théologiques d'évêques : Rahner, du cardinal Kœnig ; le trop célèbre Besret (ex abbé de Boquen), de l'évêque d'Arras, Huygues ; Congar, d »Elchinger ; sans oublier un Chenu, signataire de pétitions communistes ; Hans Kung, Laurentin, et, bien entendu Schillebeekx qui, dès avant le Concile avait établi un rapport contre les schémas de la Curie ; Montini avait sa propre équipe d'experts à la tête de laquelle se détachait Mgr Colombo. (id. p. 45)
Rappelons que tous les schémas proposés par les évêques traditionalistes furent rejetés.
Dès la première session du Concile, la grande attaque des démolisseurs eut lieu contre la liturgie traditionnelle. C'est à cette occasion que le Cardinal Ottaviani qui défendait la Messe traditionnelle irrévocablement fixée par Saint Pie V, dut se rasseoir — lui, pratiquement aveugle — sous les sarcasmes et la risée des pères conciliaires. C'est ce qu'on appelle sans doute la charité chrétienne mise en pratique par les libéraux et modernistes ! ...
Il leur fallait, pour démolir le dogme, bouleverser la liturgie ...

Cet organisme c'était le DOC hollandais doublé du « Centre de coordination des communications conciliaires », devenu après le Concile l'IDOC, organisation mondiale plus ou moins unie au *Catholic Establishement* dans le domaine politique tendant à promouvoir le Gouvernement mondial du Pouvoir occulte annoncé comme certain par l'un de ses chefs, Paul Warbourg, au Sénat Américain, dès 1950.

Entre la première et la seconde Session du Concile Jean XXIII mourut et Paul VI monta sur le Trône Pontifical. Le nouveau Pontife modifia le règlement intérieur du Concile et nomma quatre cardinaux *modérateurs* dont trois étaient modernisant : son ami personnel Lercaro, Doefner et Suenens.

Parmi les Pères du Concile, ceux qui connaissaient leur théologie, ayant constaté, lors de la première session que les libéraux et les modernisants avaient une puissante organisation constituèrent un centre de résistance contre l'hérésie ; les principaux animateurs en furent Monseigneur Carli, Monseigneur Marcel Lefebvre, Monseigneur de Proença-Sigaud etc. ... ...

Le vieux Cardinal Gaétano Cicognani — frère du secrétaire d'État — président de la Commission préconciliaire de la liturgie, se refusait à signer le projet de schéma la concernant. Jean XXIII — qui n'avait jamais su prévoir grand-chose, donna ordre au Secrétaire d'État d'obtenir cette signature. Prévoyant les désastres qui résulteraient de ce schéma, bouleversé et très agité, il disait : « On veut me faire signer ça ! Ah ! ce Bugnini, ce Bugnini, c'est lui qui fait tout cela. Il entre quand il veut chez le Pape. Il a une influence sur lui incompréhensible. Il en obtient tout ce qu'il veut ! » Devant l'ordre du Pape, il s'inclina, mais tellement bouleversé que quatre jours après il était mort !
Carlo Falconi écrit : «Il paraît évident que les évêques français ont une conception tout à fait singulière de ce qu'est le secret conciliaire. De toute façon, s'Ils ne font pas de difficultés pour parler et, on peut dire, à n'importe qui (un journaliste qui les a vus aux prises avec les télécaméras a dit d'eux : **On aurait dit des midinettes !**) ce n'est assurément pas pour l'amour de Dieu ... (*)
Ces midinettes étaient les Elchinger, Garrone, Huygue, Liénart, Marty, etc. ... qui se sont tous complètement discrédités depuis lors, ils oublient trop qu'on ne peut respecter que ce qui est respectable !
* *vu et entendu au Concile*, 1965 — Editions du Rocher à Monaco p. 260 ; voir aussi : Mgr Marcel Lefebvre, *J'accuse le Concile !*, Editions St Gabriel à Martigny (Suisse). Et Roland Gaucher, Monseigneur Lefebvre : *Combat pour l'Église*, aux Editions Albatros.

Afin de faire aboutir le schéma sur les Juifs (voulu par ceux-ci présenté par un des leurs, le cardinal Béa)[138] comme aussi le schéma sur la liberté religieuse, le cardinal Suenens déclara le 1er décembre 1963 au Collège Pontifical Canadien qu'à dessein les cardinaux modérateurs ne les avaient pas mis aux voix :

« Une fois, dit-il, que les questions auraient reçu dans la presse une certaine publicité, les deux chapitres auraient plus de chance d'être acceptés. »

Celui sur la liberté religieuse suscita des débats passionnés et il ne fut adopté qu'à la quatrième Session. Le Cardinal Ottaviani intervint encore et déclara qu'il n'était pas possible de mettre sur le même plan le défenseur de la vérité et celui de l'erreur, mais le théologien personnel du Pape Paul VI ayant insisté et affirmé que la déclaration était « de la plus haute importance » afin d'ouvrir le dialogue entre la doctrine catholique et la pensée moderne, elle finit par être adoptée car elle était « exigée par la dignité de la personne humaine ». 2.308 voix approuvèrent et seulement 90 se prononcèrent contre bien que plusieurs évêques soient intervenus, dont Monseigneur Meglio qui avait rappelé que « la vérité avait des droits exclusifs et l'erreur aucun ». Cette déclaration conciliaire était en opposition absolue avec les enseignements infaillibles de Grégoire XVI, de Pie IX, de Saint Pie X, etc. ... notamment avec les Syllabus et les Encycliques *Quanta Cura* et *Pascendi*. Une telle majorité a prouvé à l'évidence que la plupart des Pères du Concile ignoraient à un degré inouï leur théologie la plus élémentaire !

---

[138] Le Cardinal Ruffini, Archevêque de Palerme, répondit au Cardinal Béa que le texte proposé au Concile était *incomplet* car il estimait que «les juifs doivent reconnaître que le Christ a été condamné à mort injustement ». Le chapitre devrait rappeler «les bienfaits témoignés aux juifs par les catholiques dans la persécution nazie. Nous n'avons donc pas tant besoin d'exhortations. Les Juifs doivent être invités à ne plus nuire aux catholiques et aux chrétiens. Ne sont-ce pas eux qui soutiennent les sectes maçonniques ? Que les Juifs, donc, répondent à l'amour par l'amour ». (89ème Congrégation Générale du Concile Vatican II — *La Croix* du 29 septembre 1964.

Un scandale d'importance se produisit au Concile : quatre cent cinquante Pères demandèrent un rappel des condamnations du communisme. Cet amendement fut déposé dans les délais voulus au Secrétariat du Concile, le 9 octobre 1965 par Monseigneur Marcel Lefebvre et Monseigneur de Proença-Sigaud. Il ne fut pas présenté à la Commission mixte qui s'occupait du schéma concernant l'Église et le monde moderne et aurait dû l'examiner. Monseigneur Carli écrivit une lettre de protestation. Le Cardinal Tisserant ordonna une enquête qui conclut : « L'Amendement ne nous est pas parvenu ».

Le 15 novembre, le Père Tucci, à des questions posées à ce sujet par des journalistes, répondit :

« L'Amendement sur le communisme n'est parvenu ni aux membres de la Commission, ni aux experts ... (il ajouta :) « Mais **peut-être cette pétition s'est-elle heurtée quelque part à un feu rouge ?** ... »

De fait, Monseigneur Glorieux l'avait fait disparaître ... Il ne l'aurait pas fait sans ordre ... Alors **qui a donné cet ordre ?**

Et Monseigneur Garrone, alors Archevêque de Toulouse et rapporteur de la Commission mixte fut bien obligé de reconnaître que les interventions concernant le communisme étaient « bien parvenues en temps utile aux bureaux de notre commission mais qu'elles n'ont pas été examinées, comme elles auraient dû l'être, parce qu'inintentionnellement elles n'ont pas été transmises aux membres de la Commission ... »[139]

inintentionnellement ? Personne ne le croira. Faisons un peu d'histoire : Monsieur Pierre de Villemarest écrit en 1969 :

« Au début des années 50, un père jésuite, professeur de théologie à l'Université Grégorienne, est surpris en flagrant délit de vol de documents dans la chambre forte où sont enfermés les dossiers secrets

---

[139] Ralph Wiltgen : op. cit. p. 272. Il l'apprit de 4 sources différentes.

du Vatican ! Il s'appelle Alighiero TONDI. Il est secrétaire de Mgr Montini, alors collaborateur direct de Pie XII, aujourd'hui rien moins que le Pape Paul VI ».

« Une enquête avait été ouverte depuis quelque temps ... Depuis deux ans, en effet, chaque fois que des prêtres étaient envoyés clandestinement dans les pays de l'Est pour remplacer ceux que les régimes internaient, déportaient ou fusillaient, un comité d'accueil communiste se trouvait immédiatement sur place pour les arrêter à leur tour, avant même qu'ils aient pris leurs fonctions ...

« Lorsqu'Alighiero est pris, il avoue qu'il s'est fait prêtre en 1936 sur ordre d'une section spéciale du

P.C. italien, et qu'il a même suivi un stage à cet effet à l'Université Lénine de Moscou, d'où sortent les chefs-espions. C'est directement à Palmiro Togliatti, le secrétaire général du P.C. italien qu'il passait ses renseignements ».[140]

Expulsé et réduit à l'état laïc, il épouse la militante communiste Zanti l'année suivante, puis parcourt l'Europe et devient conseiller de Walter Ulbricht. Depuis l'accession au pouvoir de Paul VI, il serait rentré au Vatican ...

Peu avant le Concile, une entrevue secrète avait eu lieu près de Metz, aux Bordes, entre le cardinal Tisserant et le préposé aux relations extérieures du Patriarcat de Moscou, Nicodème, agent du K.G.B. au sein de l'Église Orthodoxe.

Du 27 septembre au 2 octobre 1962, le cardinal Willebrands se rendit à Moscou. Y aurait-il donné des assurances qu'aucune attaque contre les Soviets n'aurait lieu au Concile ? Toujours est-il que dès le début du Concile des envoyés officiels et officieux des démocraties populaires arrivèrent à Rome : deux représentants du Patriarcat de Moscou, un

---

[140] Pierre de Villemarest, *L'Espionnage soviétique en France*, 1944, 1969 pp. 171, 172.

« vieux compagnon de route du parti communiste français », l'Abbé Boulier et le polonais Piasecki, le chef du mouvement *Pax* et agent du K.G.B.

Le 6 août 1964, Paul VI publiait sa première Encyclique *Ecclesiam suam*, dans laquelle — à l'encontre de ses prédécesseurs, il n'hésitait pas à appeler au dialogue avec le communisme athée.

Dans le schéma sur l'athéisme, le mot *communisme* n'est pas prononcé.

Pour entrer en dialogue avec les athées, Paul VI crée, le 7 avril 1965 le *Secrétariat pour les non-croyants*, dont il confie la direction au cardinal Kœnig qui, souvent avait servi d'agent de liaison entre le Vatican et les pays communistes.

L'ex-père Reymondon — sous le pseudonyme de Baruch — relatant la non-transmission au Concile de la demande de rappel de la condamnation du communisme, écrit :

« Les responsables ont peut-être eu raison ... Ils ont peut-être obéi au Pape qui ne pouvait dire ses raisons ... »[141]

Mais pourquoi donc Paul VI ne pouvait-il pas dire ses raisons ? Serait-ce parce qu'ainsi que cela a été publié, Monseigneur Montini — avant de devenir Paul VI — aurait été en relations suivies avec le communisme et aussi avec une certaine loge ? À moins que la cause n'en soit les interventions diplomatiques venant de Pays du nord de l'Europe auprès de Pie XII ?

Dans son *Cours de philosophie occulte*, le 21 janvier 1862, Éliphas Lévi (l'ex abbé Constant) écrit :

« Un jour viendra où un pape inspiré du Saint-Esprit déclarera que toutes les excommunications sont levées, que tous les anathèmes sont

---

[141] Baruch, *Mon péché*, p. 90.

rétractés, que tous les chrétiens sont unis à l'Église, que les Juifs et les Musulmans sont bénis et appelés par elle ; que tout en conservant l'unité et l'inviolabilité de son dogme, elle permet à tous les cultes de s'en rapprocher par degré en embrassant tous les hommes dans la communion de son amour et de ses prières.

« Il faut, en répandant l'esprit de charité universelle préparer l'avènement de ce grand jubilé, car c'est l'esprit des nations qui fait le génie des princes ».

N'est-ce pas ce qui s'est réalisé sous nos yeux ? Constatons que Paul VI a utilisé la dialectique communiste par son art de l'équivoque et de l'ambiguïté.

Il est une formule magique que les hauts initiés « utilisent lorsqu'ils évoquent les plus grandes puissances » : « **So mot it be** » (**C'est ainsi que cela doit être**). Ceux qui sont au courant ont remarqué que Paul VI a utilisé cette fameuse phrase maçonnique non pas une seule fois, mais deux, au cours de son discours devant l'Assemblée des États du Monde, le 4 octobre 1965. *La Documentation Catholique* du 17 octobre 1965 (page 1735) reproduit les deux fois **en gros caractère** : cette formule magique prononcée par Paul VI dans cet antre maçonnique que constitue l'Assemblée des Nations Unies, après s'être recueilli devant l'autel cubique luciférien qui précède la salle des séances ... Aurait-ce été un signal convenu, un mot de passe ? (Voir à ce sujet l'étude très documentée de Madame Solange Hertz sur le pouvoir occulte et la franc-maçonnerie en Amérique intitulée, *The occult Franklin*, p. 4, dans laquelle elle relate le fait.

Sur la politique de Paul VI nous avons publié une étude à laquelle nous renvoyons : la seconde édition de *L'infaillibilité Pontificale et la crise actuelle de l'Église*. Nous n'insisterons donc pas, mais il paraît utile de mentionner l'action de certaines très hautes autorités religieuses et de clouer au pilori certains actes plus spécialement scandaleux :

L'évêque de Perpignan, Monseigneur Lheureux définit ainsi la *Mission de l'Église sur le problème de l'homosexualité* :

« Il faut absolument que nous arrivions sur ce point là à une certaine définition, je dirais d'une pastorale qui puisse aider les homosexuels à accéder plus librement aux sacrements, à s'imprégner plus profondément de la parole de Dieu, à se retrouver en groupe, soit entre eux, soit avec d'autres, pour réfléchir sur les nécessités de leur vie chrétienne, et finalement aussi **à ne pas se culpabiliser à travers des actes qu'ils seraient amenés à poser**, et qui nous paraîtraient anormaux par rapport à la tradition chrétienne ».[142]

Le 4 mai 1975, l'Archevêque de Marseille, Monseigneur Etc.hegaray, a relaté l'existence dans son diocèse d'un groupe de prêtres et de francs-maçons athées du Grand-Orient qui se sont réunis vingt-cinq fois en six ans. Peu après la presse marseillaise a révélé que ce même Archevêque aurait l'intention de transformer la Basilique de Notre Dame de la Garde en centre œcuménique dans sa partie supérieure et la crypte en mosquée ... Le dossier d'enquête serait dit-on, en bonnes mains, et depuis lors de grandes manifestations ont eu lieu pour protester contre une pareille forfaiture ...

Quant à Monseigneur Matagrin, l'évêque de Grenoble*La Documentation Catholique*qui a été l'adjoint direct de Monseigneur Etchegaray à l'Assemblée des Évêques de France*La Documentation Catholique*n'avait-il pas déclaré : « Paul VI invite les chrétiens à la vraie révolution. »

et à la question : « Un chrétien peut-il adhérer au parti communiste ? » aurait répondu :

---

[142] Dans *La Croix* du 19 octobre 1974. C'est nous qui avons souligné. Légitimement on pourrait répliquer à cet évêque : Évêque que faites-vous du châtiment de Sodome et de Gomorrhe !

« Voyez le rôle de Monseigneur Casaroli, ambassadeur du Pape à l'Est. Il a été à Moscou et ailleurs. Un modus-vivendi « a été signé avec la Yougo-Slavie ... », et il aurait conclu (c'est nous qui soulignons) :

« **il y a une rupture très nette avec l'attitude de condamnation pure et simple du communisme.** Il y a un essai de jugement porté sur les différents courants marxistes actuels. Cela est dû à l'évolution du marxisme, à son éclatement en courants divers. **il n'est plus question de l'ex-communication des chrétiens qui adhèrent au communisme.** L'Église de Vatican ii se veut attentive à l'action de l'Esprit-Saint partout où il agit. »

Ainsi, à en croire cet évêque, l'Esprit-Saint inspirerait les marxistes et les communistes. Oui, on peut vraiment dire qu'on aura tout vu ! En quelles mains est tombée l'Église en France ! ... Nous disons bien : Église en France, et non Église de France, car il faut rappeler et préciser avec la plus grande énergie qu'**il n'y a pas d'Église de France, il y a l'Église catholique en France** et donc qu'**il ne peut y avoir de chef, ni de sous-chef de l'Église de France.** Canoniquement, tous les Évêques sont égaux entre eux et chacun est seul chef légitime dans son diocèse, à la condition — bien entendu — d'avoir été lui-même Canoniquement institué par le Saint-Siège et de rester soumis dans tout ce qui relève de son autorité compétente s'exerçant dans son ordre légitime, au Pontife suprême légitimement élu qui est le seul chef légitime suprême de l'Église en France, comme de toutes les autres Églises catholiques dans le monde.

Convient-il de citer cet article de l'*Aurore* du 27 juillet 1976, sous le titre, *Daniélou et les Frères* :

« Ces catholiques traditionnels qui s'indignent que des prélats puissent se compromettre avec la Franc-Maçonnerie ont été également les plus acharnés dans la défense de la mémoire du Cardinal Jean Daniélou ».

« Or Jean Daniélou fut le dernier prélat que l'on vit fréquenter, sinon les loges, du moins le *Club Ecossais* qui se trouve dans la crypte de la Grande Loge de France.

« Ami du syndicaliste Bouzanquet, lorsque ce dernier était grand secrétaire de l'Obédience, il aimait rappeler qu'il avait pu accomplir sa vocation religieuse grâce à l'esprit de tolérance de son franc-maçon de père ».

Tolérance ? où ... ? La mère du Cardinal Daniélou, qui dirigeait un pensionnat de jeunes filles à Neuilly, était une occultiste et son père était très lié avec Aristide Briand, l'homme du Pré de ToutesAides ... Mais, bien que nous n'ayons jamais été son ami, nous tenons à préciser qu'en ce qui le concerne, nous n'avons jamais douté de sa parfaite conduite privée. Il est possible, par contre, que, par apostolat, il ait été imprudent, mais en tout bien tout honneur.

On a chuchoté qu'il y aurait eu trois exécutions maçonniques parmi les prélats : Monseigneur Hauptman, le recteur de l'Institut Catholique de Paris, l'évêque de Montauban et l'évêque d'Orléans, Monseigneur Riobé — et comme le veut la maçonnerie — dans des conditions toujours douteuses afin d'avoir un prétexte pour salir les soutanes rouges ou violettes qu'ils ne portent plus maintenant ...

Une enquête faite par l'I.F.O.P., sur la demande de l'hebdomadaire *Le Point* a donné les résultats suivants : sur cent prêtres interrogés :

39 pensent qu'il n'existe pas de preuves rationnelles de l'existence de Dieu.

17 ne croient pas à l'enfer ni au purgatoire.

26 ne croient pas à la Résurrection du Christ.

28 ne seraient pas scandalisés si l'Église déclarait que Notre-Seigneur est seulement symboliquement présent dans l'Eucharistie.

62 ne tiennent pas à maintenir l'obligation de la messe dominicale.

86 se déclarent favorables à l'ordination d'hommes mariés.

42 sont favorables à l'ordination de femmes.

18 considèrent le parti socialiste celui le plus proche de leur idéal évangélique. Pour *6* autres, c'est le

P.S. U., et pour *2* autres le gauchisme.[143]

D'autre part, les publications relevant des évêques avouent qu'en dix ans (décembre 1965 — décembre 1975), l'assistance à la messe en France a baissé de :

28% pour l'ensemble du pays, 47% pour le diocèse de Paris.

En 1971, onze millions de Français allaient à la Messe. En 1975, sept millions ... Il y a vingt ans : 850 ordinations ; en 1976 : 150 pour toute la France ...

Ajoutons que tel personnage du Vatican a reconnu que **vingt-deux mille prêtres pour la seule Europe** avaient défroqué.

Le résultat du Concile Vatican II est tristement éloquent, hélas !

Heureusement, Monseigneur Lefebvre a des Séminaires à Ecône, en Allemagne, aux États-Unis et en Amérique du Sud et, faute de place est obligé de refuser l'entrée de séminaristes. Il assure ainsi la pérennité de l'Église et continue la Mission Divine de la France, Fille Aînée de l'Église. On conçoit aisément que les vocations sérieuses fuient les séminaires diocésains où elles sont perverties doctrinalement, intellectuellement et moralement et qu'elles entrent dans ceux où

---

[143] *Le Point*, cité par le *Bulletin d'André Noël* n° 586 du 18 avril 1976.

l'enseignement traditionnel est toujours respecté. Incontestablement les séminaires du pieux et vaillant Évêque sont une grâce de Dieu.

En Belgique, le cardinal Suenens, le 23 septembre 1970 a fait une conférence chez les B'nai-B'rith, sous les auspices du Consistoire Israélite de Belgique. Auparavant, il avait soutenu le père Tempels et la Jamaa. Nous avons eu, entre les mains, une carte de la main du cardinal concernant ce mouvement. Nous renvoyons aux articles publiés sur le sujet dans la revue *Monde et vie* de janvier à avril 1966. Depuis lors, le cardinal Suenens a soutenu les mouvements charismatiques du *Pentecôtisme*. Pour le remercier de son action au Concile du « renouveau personnel et de la réconciliation au plan œcuménique » — dont il fut l'un des principaux artisans — le cardinal Suenens a reçu le prix de la Fondation Templeton (soit quatre cent mille francs, quarante millions d'anciens francs français !) sans doute parce que cette action va « dans le sens de l'histoire » ... [144]

Quant au cardinal hollandais Alfrink, certains l'ont traité de mufle car c'est lui qui présidait au Concile la séance au cours de laquelle le Cardinal Ottaviani fut insulté ... Les cardinaux Alfrink et Suenens ont pris des positions si avancées qu'ils ont reçu les félicitations et la chaleureuse reconnaissance du Pouvoir occulte ...

En Amérique du Sud, le journal *O Globo* a fait connaître la remise par le Grand Maître du Grand Orient du Brésil, Osmani Vieira Resende au cardinal Avelar Bradao, Archevêque primat du Brésil, de la plus haute décoration maçonnique : ce qui a été relaté par la Revue *introïbo* d'octobre 1976 ... qui a publié également, d'après le *New-York Times* l'information suivante concernant l'Amérique du Nord :

« Près de trois mille maçons ont écouté le cardinal Cook se lamenter des guerres qui eurent lieu jadis entre les maçons et certains clercs, dans un discours prononcé durant un déjeuner au New-Hilton-Hotel. Le cardinal qualifia cette rencontre comme une **route d'amitié entre**

---

[144] *Le Figaro* du 8 mars 1976.

l'Église Catholique Romaine et la Fraternité maçonnique ». (C'est nous qui soulignons). Ajoutons que le *Novoye Russkoye Siovo*, au début de 1976, relatant la chose, a donné des précisions complémentaires. Le cardinal aurait ajouté que le Vatican, en 1968, avait annulé les décrets anciens qui excommuniaient les catholiques membres des loges maçonniques. Sur ce point, le cardinal Cook a sciemment menti car le Cardinal Seper, préfet de la Congrégation pour la Doctrine de la Foi, à la question posée par le Cardinal Krol, Président de la Conférence Épiscopale des États-Unis, a répondu que rien n'était changé et que la législation demeurait en vigueur. Cette réponse a été publiée dans *La Documentation Catholique* du 20 octobre 1974.

« Avant de venir à cette réunion à l'Hôtel Hilton, le cardinal Cook a assisté à la messe épiscopalienne de Saint Bartholomé et à une cérémonie dans l'église presbytérienne ainsi que dans la Synagogue. Après ces offices dans ces trois religions, tous se sont réunis pour aller en procession à l'Hôtel Hilton ».

Un certain prélat italien, Pisoni, dans une conférence à Lausanne, aurait déclaré :

« Le Pape Clément XII était malade, vieux et presque aveugle quand il approuva en 1738 le texte de la Bulle d'excommunication des francs-maçons ... Un pape en pleine possession de ses facultés physiques et mentales n'aurait jamais signé un document si douteux ».

Et il ajoute :

« Cette ouverture (de l'Église à la franc-maçonnerie depuis le début de ce siècle) a fait un progrès considérable en 1967, lorsque l'épiscopat scandinave a décidé que les catholiques ne seraient plus tenus de renoncer à leurs relations maçonniques si leur loge ne combattait pas le christianisme. Second pas capital : la lettre du Saint-Siège qui, en 1974 autorisa les épiscopats du monde entier à adopter les mêmes dispositions que l'épiscopat scandinave. »[145]

Depuis bien des années, la franc-maçonnerie travaille au Vatican pour obtenir la suppression de l'excommunication pour les chrétiens qui voudraient s'inscrire dans les Loges. Elle y est bien parvenue. En effet, le nouveau Droit Canon — qui vient d'être promulgué et publié — a supprimé ce cas d'excommunication. Cela ne saurait surprendre puisque, depuis plusieurs pontificats, les francs-maçons se sont introduits au Vatican et y occupent des positions clés, telle, assure-t-on que la Secrétairie d'État. Cela est une terrible forfaiture qui ne peut qu'entraîner un châtiment divin exemplaire puisque l'on accule ainsi Dieu à intervenir pour sauver Son Église à laquelle Il a promis la pérennité.

En Italie, une liste de prélats francs-maçons a été publiée et circule dans les milieux bien informés. Cette liste nous avait été remise il y a plusieurs années à l'étranger. Nous n'avions pas voulu l'utiliser ni la communiquer de peur de troubler certaines âmes timorées ou non instruites. Plusieurs revues l'ayant divulguée, nous la donnons donc sous toutes réserves, puisqu'elle est maintenant du domaine public.

Noms	prénoms	Date d'inscription	Fonction
BAGGIO	Sebastiano	14 Août 1957	Cardinal, Préfet de la Congrégation des Évêques.
CASAROLI	Agostino	28 Septembre 1957	Secrétaire pour les affaires publiques de l'Église (depuis lors : Cardinal et Secrétaire d'État.)
ANGELINI	Fiorenzo	14 Octobre 1957	Évêque de Nessene.
MACCHI	Pasquale	23 Avril 1958	Secrétaire particulier de Paul VI.

---

[145] *La Tribune — Le Matin de Lausanne*, n° du 12 novembre 1976.

LEVI	Virgilio	4 Juillet 1958	Vice-Directeur de l'Osservatore Romano.
GOTTARDI	Alessandro	13 Juin 1959	Archevêque de Trente. Chapelain de Sa Sainteté,
BIFFI	Franco	15 Août 1959	Secrétaire général de l'Université Pontificale du Latran.
		15 Août 1959	
PELEGRINO	Michele	2 Mai 1960	Cardinal Archevêque de Turin.
MARCHISANO	Francesco	4 Février 1961	Sous-Secrétaire de la Congrégation pour l'Éducation Catholique. Maître des Cérémonies Pontificales, Sous-Secrétaire pour la
NOÉ	Virgilio	3 Avril 1961	Congrégation du Culte Divin (1)
BUGNINI	Annibale	23 Avril 1963	(le destructeur de la Liturgie) Pro-Nonce en Iran.
VILLOT	Jean	6 Août 1966	devenu Cardinal Secrétaire d'État (2)
SUENENS	Léon-Joseph	15 Juin 1967	Cardinal-Archevêque de Malines.
POLETTI	Ugo	17 Février 1969	Cardinal Vicaire de Rome. Secrétaire de la Congrégation pour les Églises
BRINI	Mario	16 Août 1969	Orientales, Évêque d'Algiza.
		16 Août 1969	
RIZI	Mario	16 Août 1969	Congrégation pour les Églises Orientales.
PINTO	Pio Vito	2 Avril 1970	Officier du Tribunal de la Signature Apostolique.

(1) C'est lui qui vient d'écrire au président de l'Assemblée des Évêques de France pour les féliciter de leur défense de la foi. Sans doute, est-ce une contre-attaque moderniste et franc-maçonnique aux salutaires interventions du Cardinal Ratzinger à Lyon et à Paris contre la catéchèse hérétique actuelle préconisée par l'épiscopat français (note que nous avons ajoutée le 10 mai 1984)

(2) Certaines dates indiquées sont erronées et certainement très antérieures, notamment celle indiquée concernant le Cardinal Villot. Un souvenir personnel à son sujet : Quand les Soviétiques sont rentrés à Budapest, le Général Weygand et moi avons passé deux matinées pour préparer un document demandant aux Évêques de France de rappeler l'Encyclique de Pie XI sur le communisme intrinsèquement

pervers. Une fois le document mis au point, je suis allé le montrer au T. Rd Père Abbé de Fontgombaud et au Père Prieur, que je connaissais bien ; ils nous donnèrent le feu vert et je l'ai fait signer par une trentaine de notabilités : le Maréchal Juin, des membres de l'Académie Française et des Parlementaires Catholiques. Le Général me demanda alors d'aller porter le document au Secrétariat de l'Episcopat, qui était précisément dirigé par Monseigneur Villot à ce moment. En raison des informations que je possédais sur ce dernier, je précisai que nous avions envoyé le double du document au Souverain Pontife et j'ajoutai avec un aimable sourire que la poste étant parfois infidèle, nous attendrions trois mois pour renvoyer la copie à tous les Évêques de France, ce qui était dire que si le document n'était pas envoyé par le prélat comme son devoir l'y obligeait les Évêques seraient prévenus ... Quelques temps après j'eus à voir un Archevêque, que je savais franc-maçon. Après notre entretien, il tint non seulement à me reconduire jusqu'à la porte de son palais archiépiscopal, mais jusqu'à la grille ouvrant sur la rue et, là cet Archevêque me dit : «Monsieur de la Franquerie, Monseigneur Villot vous en veut terriblement » — «Et pourquoi donc, Excellence ? — «Mais parce que vous avez envoyé le double du document au Souverain Pontife. — «Qu'auriez-vous fait à ma place, Excellence ? Je suis camérier secret de Sa Sainteté et Vice-Président des Camériers Français ; à plusieurs reprises, j'ai pu documenter Pie XII, sur sa demande, ... Qu'auriez-vous fait à ma place ? ... J'attends toujours la réponse ... Mais que ce fut cet Archevêque qui ait reçu la plainte de Monseigneur Villot ne put que me confirmer l'appartenance à la loge de ce prélat.

Faut-il ajouter que le *Bulletin indépendant d'information Catholique* à Bruxelles a publié l'article suivant sous le titre : Qui est Villot, l'homme de confiance du Pape ? Je le cite, il est tristement éloquent :

«Oui est donc ce Villot que le Pape Paul VI a appelé au plus haut poste de l'Église après le sien : celui de Secrétaire d'État ?

«Le Bulletin Flamand Mededalingsblad Maria van Nazareth, édité par le Rd Père Édouard Krekelberg, S.J., reproduit dans son numéro de décembre 1975 le texte d'une lettre écrite par un prélat proche d'un Cardinal de Curie, lettre traitant notamment du rôle joué au Vatican par l'homme de confiance du Pape.

En voici un extrait, littéralement traduit : Villot ennemi juré de l'Église et franc-maçon de haut rang gouverne l'Église avec son propre appareil administratif qui consiste, d'une part, en un groupe d'Évêques francs-maçons, également de hauts grades, et d'autre part, un personnel ecclésiastique répandu dans tous les rouages du Vatican. Cet appareil, et je pèse mes mots, est infiltré et payé par le communisme »*.

Une copie de cette lettre nous avait été également remise en 1977, mais pour les mêmes raisons nous n'avions pas voulu l'utiliser. La crise de l'Église a pris une telle ampleur que le devoir est de tout faire pour crever l'abcès.

Ajoutons que pendant l'interrègne du Cardinal Villot, après la mort de Paul VI, la Cité du Vatican a émis une série spéciale de timbresposte : le motif représente les clefs entrecroisées et surmontées d'un triangle. Curieux, non ? et on ajoute que cela fait penser «aux autres emblèmes maçonniques (l'équerre ou le compas et les trois points) que l'on découvre également à peine camouflés sur le blason au caractère héraldique plutôt insolite ... du Cardinal Villot, dans l'Annuaire Pontifical » (*Mystérium Fidéi*, n° 44 de septembre 1978, p. II)

* N° de janvier-mars 1975

La liste des inscrits s'arrête à 1970, donc elle n'est pas complète ... Rien de plus facile pour les prélats du Vatican de s'inscrire à la Maçonnerie puisque la Loge Saint Jean-Baptiste est installée au Vatican ...[146]

Souvent, quand un de ses hauts initiés est découvert et que toute son action est alors compromise, le Pouvoir occulte s'en débarrasse et le remplace par un inconnu afin que la sale besogne du précédent soit continuée sans risquer que son action encoure automatiquement la suspicion qui en diminuerait l'efficacité.

Sans aucun doute, certains, intéressés — devenu Cardinal Secrétaire d'État à conserver leur place, surtout parmi les plus hauts dignitaires — donneront-ils des démentis qui — en vertu de la loi — devront être publiés ; mais de tels démentis ne sont faits que pour la forme et pour mieux continuer à tromper les masses ignorantes, mais ils ne convainquent personne parmi les gens informés ou capables de raisonner.

Quand on connaît le secret dont s'entoure le Pouvoir occulte et les serments qu'il exige de ses membres — sous la menace de **l'Aqua Tophana** et des **Poignards** qui attendent les imprudents ou les traîtres

---

[146] Un de nos amis nous écrit y avoir été emmené par un Sous-Secrétaire d'État du Saint-Siège.

— ces dénégations ou démentis de ses membres doivent être considérés comme nuls et non avenus. On ne pourra les croire — et seulement encore qu'avec réserve — que lorsqu'ils auront modifié leur comportement et leur action. (Voir ci-dessus la circulaire envoyée par le Grand-Orient de France en octobre 1788 que nous avons, publiée au début du présent volume.)

Un fait est certain, francs-maçons ou non ces hauts dignitaires de l'Église font le jeu du Pouvoir occulte et, suivant la *Constitution Apostolique in Eminenti* de Clément XII, ils tombent *IPSO FACTO* sous le coup de l'excommunication qui frappe tous ceux qui soutiennent ou aident directement ou indirectement les Sociétés Secrètes *DE QUELQUE MANIÈRE QUE LA CHOSE SE FASSE*.

Que l'on croit ou non aux faits mystiques, on ne peut être surpris qu'au cours d'une Apparition, le 21 août 1974, l'Archange Saint Michel ait pu indiquer la première lettre du nom de quatre cardinaux qui feraient le jeu de Lucifer : « W ... A ... S ... V ... et qui ajoutait : « V ... fait beaucoup de dommage au Saint Père en changeant sa correspondance. V ... réécrit ses lettres, V ... censure son courrier ... »[147]

LE RÈGNE DE PAUL VI SERAIT-IL UN CHÂTIMENT MÉRITÉ PAR LA CHRÉTIENTÉ ?

Preuve supplémentaire ajoutée à tant d'autres : Paul VI était prisonnier de son passé et de celui de sa famille ; il n'avait pas et ne pouvait pas avoir sa liberté d'action ... Prisonnier peut-être aussi de sa race, s'il est exact — comme l'aurait publié le Père Saenz y Arriaga, qu'il aurait été d'origine israélite non pas seulement par sa mère — ce qui est incontestable — mais également par son père et qu'il aurait compté des rabbins parmi ses ancêtres non éloignés. Ce qui expliquerait qu'il ait

---

[147] *Vers Demain Pèlerin* Janvier-Mars 1975, p. 9. Chacun peut mettre facilement un nom sur chaque initiale ...

porté parfois l'Ephod, réservée aux grands-prêtres juifs. Un hebdomadaire français a publié la photographie de Paul VI revêtu de l'Ephod. Cela expliquerait également qu'il ait reçu solennellement les B'nai-B'rith et aussi le rabbin Abraham Joshua Heschel et sa femme et qu'il ait été photographié avec eux.[148]

Baruch écrit :

« Je n'ai jamais vérifié que Paul VI soit juif, mais j'en ai l'intime persuasion ; tout dans son intelligence, dans la forme de ses comportement le suggère ; certains prétendent que le nom paternel de Montini le prouve ; d'autres pensent que sa mère ne s'appelait pas Judith par hasard : en hébreu la Juive ».[149]

Quoiqu'il en soit, un fait est incontestable :

« L'intervention de Béa (qui, lui, était certainement d'origine juive) fut précieuse pour assurer l'élection de Montini au trône pontifical. Il manœuvra dès que l'on sut au Vatican que la maladie de Jean XXIII était incurable.[150] Epaulé par le frère de Montini, Ludovico, il organisa une campagne de banquets en faveur de l'Archevêque de Milan par le canal de l'organisation *Pro Deo* ... Au cours des agapes organisées par *Pro Deo*, apparurent, mais très discrètement, les principes qui allaient gouverner le Concile ... Déjà, on y témoignait de l'admiration pour le monde moderne, ses savants, ses artistes ... »[151]

De son côté, Carlo Falconi, parlant du voyage effectué par Monseigneur Montini en Afrique écrit :

---

[148] Théologien et philosophe du séminaire juif de New-York. Une photographie très caractéristique a été publiée en Amérique.
[149] Baruch, op. cit. p. 43.
[150] Baruch, op. cit. p. 43.
[151] Un Membre d'une Maison Souveraine, revenant de Rome en décembre 1962 nous annonça que l'état de santé de Jean XXIII ne lui permettrait pas de vivre au-delà de juin 1963.

« Montini s'était donc décidé à faire une espèce de tournée électorale pour donner une certaine orientation aux Évêques d'Afrique ... » et il précise ensuite que, par opportunisme électoral, il exigea le sabordage du bimensuel milanais qu'il soutenait Adesso.[152]

Faut-il rappeler que lors du Conclave qui suivit la mort de Jean XXIII, la fumée blanche sortit, mais fut immédiatement arrêtée : l'Elu, le Cardinal Siri, n'ayant eu qu'une très faible majorité, aurait alors demandé qu'un nouveau tour de scrutin eut lieu afin d'obtenir une majorité plus confortable. Qu'alors, un certain cardinal français serait sorti et aurait alerté certaines puissances étrangères ... qui auraient quasiment imposé l'Archevêque de Milan ... Certains se sont alors demandé si l'Église, du fait de cette pression extérieure, ne se serait pas trouvée Sede vacante ...[153] Nous sommes incompétents en la matière et, donc, nous refusons de prendre parti.

Un fait est évident : Paul VI est peut-être l'exemple le plus remarquable de la réalité du dogme de l'Infaillibilité pontificale. Tout son gouvernement montre la dualité entre le Pontife et l'homme. Chaque fois que dans ses actes l'infaillibilité pourrait être engagée — pratiquement l'infaillibilité n'a guère pu jouer sous ce pontificat — la doctrine est sauve ... Pour tout le reste c'est une des pages les plus sinistres et douloureuses et la plus immense catastrophe de toute l'histoire de l'Église ...

Quand on voit des épiscopats, notamment en Allemagne, en Belgique, en Hollande, en France, en Amérique du Nord comme en Amérique du Sud, prendre des positions opposées à la doctrine ; la politique communisante du Vatican sous la conduite d'un Villot ou d'un Casaroli, l'attitude scandaleuse du Saint-Siège à l'égard d'un Martyr comme le Cardinal Mindszenty ou d'un Confesseur de la Foi comme Monseigneur Marcel Lefebvre et les méthodes employées contre ce

---

[152] Roland Gaucher : op. cit. p. 84.
[153] Carlo Falconi, op. cit. p. 68. Le Père Saenz y Ariaga a publié *Sede vacante-Paulo vi no es legitimo Papa*, en 1973 et en 1974 *La Nueva iglesia Montiniana*..

dernier en violation formelle de toutes les règles du Droit Canon ; la dualité du gouvernement de Paul VI qui rappelait sans doute — toujours très discrètement et en termes ambigus — la doctrine et le dogme, mais qui, par ses actes faisait tout pour les détruire ; le bruit qui n'a jamais cessé de courir à Rome sur une appartenance — au moins antérieure à son pontificat — de Paul VI à la franc-maçonnerie, ce qu'un trente troisième degré de la secte avait assuré à Carlo Falconi,[154] on comprend les interventions du Cardinal Slipyi, lors du Synode des Évêques à Rome, en 1971 :

« Sur cinquante-quatre millions d'Ukrainiens catholiques avant la grande guerre, dix millions sont morts à la suite des persécutions. Le régime soviétique a supprimé tous les diocèses ; on est revenu aux catacombes. **Mais la diplomatie vaticane préfère qu'on n'en parle pas, car cela gêne ses transactions. Des milliers et des milliers de fidèles de l'Église d'Ukraine sont déportés en Sibérie et même jusqu'au cercle polaire et le Vatican ignore cette tragédie. Les martyrs seraient-ils des témoins gênants. Serions-nous devenus un boulet que traîne l'Église ? ...** »[155]

Et la déclaration du Cardinal Wyschinsky, Primat de Pologne, dans un sermon :

« Il y a maintenant une vraie et une fausse Église ... ... l'Église actuelle diminue ses exigences et ne résout plus les problèmes selon les lois du Dieu vivant mais selon les possibilités humaines ... Le credo est devenu élastique et la morale relative ... l'Église est dans la brume sans les Tables de pierre du Décalogue, une Église qui ferme les yeux sur le péché et qui a peur du reproche de traditionalisme, qui craint de n'être pas à la page, et non l'Église

---

[154] Carlo Falconi : op. cit. p. 69.
[155] Aurore et Figaro du 23 octobre 1971 et Rivarol du 28 octobre 1971.

de ceux qui enseignent la vérité, dont le oui est Oui et le non est Non. »[156]

Tel est, hélas, le résultat du Concile Vatican II et de la messe de Paul VI ! ... Du règne de Paul VI ! ...

Sans doute, il avait été dans l'obligation, parlant de ce Concile Vatican II, de déclarer le 12 Janvier 1966 :

« Étant donné **son caractère pastoral, le Concile a évité de prononcer de façon extraordinaire des dogmes dotés de la note d'infaillibilité.** »

Et le 29 juin 1972, il avait reconnu que :

« Par quelque fissure la fumée de Satan est entrée dans le peuple de Dieu ... Une puissance adverse est intervenue dont le nom est le Diable ... »[157]

Mais il n'a cessé de promouvoir le culte de l'homme et il avait déclaré le 5 mars 1972 que l'Église ne devait pas avoir un « attachement aveugle aux formes du passé » et qu'elle ne devait pas rester étrangère au « **mouvement de l'histoire qui évolue et qui change** ».[158] C'est pourtant bien ainsi que « **la fumée de Satan** » s'est introduite ... Sa responsabilité personnelle, en la circonstance, semble terriblement engagée.

Notre devoir est de beaucoup prier pour le repos de son âme, d'autant plus qu'il nous aura fait davantage souffrir. Nous espérons que la

---

[156] Itinéraire, novembre 1975, p. 25.
[157] Documentation Catholique du 16 juillet 1972, p. 658. À deux reprises la Très Sainte Vierge avait annoncé la crise : à la Salette d'abord : «**Rome perdra la foi et deviendra le siège de l'anté-Christ** », à Fatima ensuite : «**même aux postes les plus élevés de l'Église, c'est Satan qui gouvernera. Il saura s'introduire jusqu'aux plus hauts sommets de l'Église** ».
[158] Documentation Catholique n° 1 629 du 1 er avril 1973, page312.

bienveillance avec laquelle il a reçu Conchita, la jeune voyante de Garabandal, et la bénédiction chaleureuse qu'il lui a donnée lui auront valu une protection spéciale de la Très Sainte Vierge à l'heure suprême. Mais nous avons le droit strict de tirer les leçons de son pontificat. Le règne de Paul VI ne serait-il pas un terrible châtiment pour la Chrétienté ? En effet, dans Sa prescience des événements, la Providence avait donné deux Papes qui ont été des Saints et des flambeaux : saint Pie X et Pie XII, qui, par leurs enseignements doctrinaux — s'ils avaient été suivis et obéis — eussent permis aux Chrétiens de traverser victorieusement la crise actuelle de l'Église. Les Catholiques, et très particulièrement les plus hautes Autorités Religieuses à de très rares exceptions, ont pratiquement refusé de s'y soumettre et ont ainsi mérité le châtiment actuel dont la gravité et les conséquences ultimes échappent à l'immense majorité des fidèles. L'Église a donc été envahie par une maffia luciférienne qui occupe actuellement les postes-clé non seulement au Vatican même, mais dans la plupart des pays, ce qui permet aux suppôts de Satan d'en détruire les fondements spirituels et doctrinaux et ainsi de pouvoir plus facilement assassiner les âmes — leur but suprême en haine de Dieu — et pour faire échec à l'infinie bonté du Créateur.

*

* *

CHAPITRE VII

LE LUCIFÉRISME AU XIXe SIÈCLE

LA CONVERSION ET LE MARTYRE DES DEUX GRANDES PRÊTRESSES DE LUCIFER : CLOTILDE BERSONE & DIANA VAUGHAN

Au début de cette étude, il a été dit qu'il était impossible de rien comprendre à la réalité du Pouvoir occulte si on ne remontait pas à sa source : LUCIFER.

Les Lucifériens et les Kabbalistes juifs le reconnaissent en lui rendant un culte.

Lucifer, le vieux serpent de la Genèse, l'avait dit à Ève pour la tenter et l'amener à manger du fruit défendu :

« Aussitôt que vous aurez mangé de ce fruit, vos yeux seront ouverts et **vous serez comme des Dieux**, connaissant le bien et le mal ». (Genèse III, 15)

Oswald Wirth, le fondateur du *SYMBOLISME* maçonnique — dont le successeur est le Frère Marius Lepage — qui a reçu le Père Riquet à la loge Volney, écrit :

« Le serpent inspirateur de désobéissance, d'insubordination et de révolte, fut maudit par les anciens théocrates alors qu'il était en honneur parmi les initiés. **Rendre semblable à la divinité**, tel était l'objet des anciens mystères. De nos jours le programme n'a pas changé ».[159]

Kadmi-Cohen, le Kabbaliste, proclame nettement qu'il veut l'homme égal à Dieu :

« Quelle joie ineffable, surhumaine, divine, d'**être soi qui s'égale à Dieu, qui lutte avec Lui, qui L'absorbe. C'est Israël, c'est ismaël qui fournissent ces hommes au monde** ».

Grand-Maître de la Franc-Maçonnerie internationale lucifériennne, Albert Pike, déclare le 14 juillet 1889 aux chefs de la Franc-Maçonnerie universelle, à l'occasion du Centenaire de la Révolution :

« Ce que nous devons dire au vulgaire, c'est ceci : Nous adorons un dieu, mais c'est un dieu qu'on adore sans superstition. À vous, Grands Inspecteurs Généraux, nous dirons ceci que vous pouvez répéter aux frères des 32° 31°et 30° degrés : **La religion maçonnique devrait être maintenue**, par nous tous initiés des hauts grades, **dans la pureté de la doctrine luciférienne** ».[160]

Après avoir cité ce passage, très justement Monsieur Rémy de Laon, dans sa conférence, Significations et perspectives de l'aggiornamento, constate :

« À la suite de quoi, A. Pike, exprimant ce qu'on peut appeler le summum de la subversion, résume en peu de mots la vieille doctrine luciférienne, celle même qui avait provoqué la condamnation de l'Ordre du Temple, la doctrine des gnostiques et des Manichéens, la doctrine dualiste suivant laquelle il y a en Dieu deux principes divins ; l'un le dieu bon est Lucifer, l'autre le dieu mauvais est celui des chrétiens. Et il reprend la citation d'Albert Pike :

---

[159] Oswald Wirth, *Le livre du compagnon*, p. 27.
[160] Cité dans *The Freemason* du 19 janvier 1935.

« Si Lucifer n'était pas dieu, est-ce qu'Adonaï, le dieu des chrétiens ; dont les actes prouvent la perfidie, la haine des hommes, la barbarie et la répulsion pour la science, est-ce qu'Adonaï et ses prêtres le calomnieraient ? Oui, Lucifer est dieu et l'infortuné Adonaï est aussi dieu. Les intelligents disciples de Zoroastre, aussi bien qu'après eux les gnostiques, les manichéens, les Templiers, ont admis comme la seule logique conception métaphysique, le système des deux principes divins se combattant éternellement : l'on ne peut croire que l'un est inférieur à l'autre en puissance. Donc **la véritable et pure religion philosophique est la foi en Lucifer l'égal d'Adonaï** ».

Dans *Morals and Dogma*, Albert Pike avait écrit :

« La divinité de l'Ancien Testament est partout représentée comme **l'auteur direct du mal**, dépêchant aux hommes des esprits mauvais et trompeurs ... Le Dieu de l'Ancien Testament et de Moïse **est ravalé au niveau des passions humaines ... C'est une divinité violente, jalouse, vindicative, autant qu'ondoyante et irrésolue ; elle commande des actes odieux et révoltants de cruauté et de barbarie ...** »

Domenico Margiotta, ancien haut dignitaire de la Maçonnerie, converti depuis lors, reconnaît :

« **Le secret des secrets de la haute maçonnerie est la déification de Satan dissimulé sous le titre de Grand Architecte de l'Univers** ».[161]

La haine du Christ est poussée si loin — il le reconnaît — que les hosties consacrées sont volées dans les tabernacles pour la célébration de messes noires où les Saintes Espèces sont sacrilègement offertes

« en holocauste à Satan avec des cérémonies horribles » des femmes infâmes s'adonnent à ces sacrifices iniques et les profanations les plus ignobles sont perpétrées « sur le corps de femmes nues » car le

---

[161] Domenico Margiotta, *Le Palladisme*, p. 104 et suite.

paroxysme de leur haine exige des hosties consacrées, ce qui est la reconnaissance implicite de la Présence réelle de Notre Seigneur !

Diana Vaughan, la grande prêtresse de Lucifer — dont l'ancêtre, Thomas Vaughan, dit Philalète, avait été l'un des grands organisateurs de la franc-maçonnerie moderne — avait fondé la *revue du Palladium régénéré et libre*. Dès le premier numéro de la revue, (21 mars 1895) elle y expose, à son tour, la doctrine luciférienne, dans l'article 5 :

« Les deux dieux se combattent depuis des temps antérieurs, très antérieurs à la création — organisation des mondes matériels. Lucifer est le principe de l'intelligence et de la vie ; Adonaï (le dieu des chrétiens) le principe de la matière et de la mort. Il suffit de jeter un regard autour de soi, de contempler la nature et de scruter par la raison tout ce qui est visible ; alors on contemple l'action incessante des deux principes contraires.

« D'où : esprits de deux ordres opposés. Nous appelons daimons les esprits de Lucifer, Dieu-bon, esprit du feu ; maleakhs, les esprits d'Adonaï Dieu-Mauvais, esprit de l'eau.

« Lucifer, intelligence suprême est le Très-Haut, le plus haut. La plus élémentaire logique indique qu'il est supérieur au Très-Haut Adonaï, matière suprême. Pour ce, nous nommons Lucifer : l'Excelsus-Excelsior, ou encore Deus Optimus Maximus.

« De même : les esprits du feu, les daimons, sont des esprits intelligents et bienfaisants, tandis que, par opposition facile à comprendre, les esprits de l'eau, les maleakhs, sont des esprits bruts et malfaisants. Au royaume divin de Lucifer sont les deux sexes, le Dieu-Bon étant le principe de la vie féconde ; au royaume divin d'Adonaï, les esprits sont exclusivement insexuels, le Dieu-Mauvais, destructeur mortifère, étant l'essence même de l'improduction et de la stérilité.

« L'homme a pour auteur Adonaï et Lucifer : l'Adam-brute d'Adonaï a reçu de Lucifer l'intelligence et le droit de reproduction ... »

*

*   *

Au moment où le luciférisme allait prendre un essor considérable, Dieu allait le foudroyer.

Revenons à Clotilde Bersone, que nous avons citée. Son père était un diplomate accrédité à Constantinople. Elle connut ainsi Bou Ahmed Pacha, l'un des plus hauts dignitaires du Pouvoir occulte et aussi de la Cour du Sultan. Elle alla ainsi à la Grande Loge des Illuminés. Voici ce qu'elle écrit dans ses *Mémoires :*

« Au milieu de la Loge ; je tombai soudain en arrêt, malgré mon père qui s'efforçait de m'en détourner, devant un animal étrange, en marbre blanc, étendu sur un piédestal, dans une attitude menaçante. Un sceptre et une couronne brisés sous ses pattes de devant, une tiare sous ses pattes de derrière ; il a sept têtes à figure humaine, une vie étrange, indéfinissable, émanait de ce monstre dont le multiple regard semblait s'être attaché au mien et le fascinait.

« C'est le Dragon, dit mon père d'une voix sourde ... . l'hydre de la cabale et des Illuminés.

« Il m'arracha presque de force à l'inexplicable attrait qui me clouait devant cette bête, et je ne m'avouais pas à moi-même l'étrange et subit empire de cette effigie sur mon esprit et sur mes sens ... Personne, en ce temps là, n'était plus rebelle que moi au symbolisme compliqué de ces vieilles figures hermétiques où semblaient s'être amalgamées les superstitions et les chimères d'un chaos de civilisations aujourd'hui éteintes. Je n'avais plus, hélas, l'ombre d'une disposition à croire au surnaturel divin ou diabolique, aux évocations à la magie, à une entité quelconque étrangère à l'esprit de l'homme et supérieurs, au ciel ou dans les enfers, aux prises de la science moderne. Et pourtant une sorte de coup de foudre s'était abattu sur mon cœur et l'étreignait comme une proie, à la manière de serres vivantes, contre lesquelles se révoltaient en vain mon orgueil et ma passion d'indépendance.

« Par qui, par quoi avais-je été ainsi captée tout à coup, frappée d'un trouble, d'un émoi encore inconnu dans ma vie, comme si une puissance mystérieuse, se jÉtant sur moi au passage, m'avait faite prisonnière : l'espèce d'engourdissement de hantise ou de rêve qui avait fondu sur moi, la durée d'un éclair, me laissait comme anéantie et perdue dans un éclair obscur de fantasmagorie sans forme précise ni volonté.

« J'essayais encore de toucher de la main ce marbre pourtant aussi froid, aussi immobile ... Mon père me saisit le bras comme si j'allais attenter sacrilègement à la majesté des dieux.

« Non, viens, bégayait-il avec un visible tremblement nerveux ... C'est déjà trop. Et d'un air égaré, où se mêlaient l'accent du triomphe et une sorte d'accablement d'épouvante : « Je m'en doutais ... On me l'avait dit ... Tu seras Souveraine Elue, Clotilde Bersone, et la Reine des Illuminés, au-dessus de ton père et de nous tous.

« Derrière le monstre, se trouvait un immense portrait de Mazzini, *Chef suprême de l'ancienne Charbonnerie*, l'un des plus hauts chefs de la Maçonnerie Internationale.

« Mazzini, debout s'appuyait à un Dragon pareil à celui de la salle ; il tenait à la main une couronne royale dont il semblait arracher un à un les fleurons, avec un sourire ironique et cruel. A ses pieds, le sol était jonché de crânes encore coiffés de la mitre ou du diadème. Mais surtout — ce qui acheva de pénétrer mon imagination comme un trait de feu — derrière le tribun, une femme se dressait, fluide et blanche. Elle tendait à Mazzini une coupe remplie de sang jusqu'au bord et tenait de l'autre main un globe terrestre dont le pied était entouré d'un serpent.

« Je fus prise d'un frisson. Dans cette femme, dans cette nymphe, il me semblait que je reconnaissais mon image, comme dans un miroir, et les yeux du dragon lançaient des flammes qui m'entouraient d'un tourbillon de clartés fumeuses. Clotilde regarda son père aussi livide qu'elle.

« Oui, balbutia-t-il, nous avons eu déjà deux nymphes ... elles sont mortes ... les Grands Orients attendent la troisième, celle qui ne mourra pas et parlera au nom du Dragon ».[162]

En janvier 1875, son père l'emmena à la Loge et malgré lui, elle le suivit dans un espèce de caveau bas ... Je cite encore ses Mémoires.

« Il ouvrit, sans prévoir lui-même toute l'horreur du spectacle qui nous attendait, et nous nous trouvâmes dans une sorte de crypte pleine d'instruments de torture ... À terre gisaient encore des débris sanglants ou décharnés, des mains, des pieds, des bras, des têtes. Et sur cette boucherie une abominable odeur de charnier.

« Face à face, deux mannequins ... se dressaient, la tunique maculée de sang. L'un portait la couronne, et l'autre la Tiare. A côté, un stylet, des poignards encore gluants attestaient que ces armes homicides des parades initiatiques n'avaient pas frappé seulement une cage d'osier ou une vessie pleine de carmin, mais une chair vivante, une chair humaine et que la coupe que tendaient les Nymphes, en ces lieux maudits aux grands rédempteurs des peuples, n'étaient pas seulement par métaphore, mais en réalité une coupe de sang encore tout chaud du meurtre des victimes.

« J'étais atterrée, délirante, et, en même temps, je sentais, à la vue du sang, hennir en moi je ne sais quel instinct farouche de condottiere ou

---

[162] *L'Élue du Dragon*, pp. 32 à 35.

de carbonaro : le goût, le goût maudit de ce sang des hommes, plus enivrant que l'appétit des pires luxures ... Avec un cri sauvage, les yeux hagards, montrant du doigt les faces effroyables du Dragon qui me paraissaient monter du fond de l'abîme parmi des fumées tournoyantes, je m'abattis sans connaissance et ne retrouvai mes sens que bien des heures après, étendue dans ma chambre ... Mon père à mon chevet, livide, me dévorait des yeux ...

« En même temps que j'en éprouvais la nausée, une soif affreuse de ce même sang me dévorait les entrailles. J'éprouvais des tentations lancinantes d'affreuses vengeances ...

« En dépit de l'horreur du premier choc, la Secte des Illuminés grandissait dans mon imagination, lavée dans ce sang du ridicule et des souillures de ses jongleries de façade. Derrière ce voile de comédie, je devinais enfin toute sa perversité satanique et l'existence du réel et terrible secret qu'il fallait défendre et venger au prix de tant de meurtres consommés dans l'ombre. Il ne me devenait plus si indifférent de devenir la sujette et peut-être la Reine de la Secte terrible qui osait mettre en œuvre de tels moyens.

« ... À moi la couronne et peut-être le cœur du futur libérateur du genre humain qui au prix de tant de crimes, ferait enfin régner sur la terre le bonheur tout au moins animal et le grand orgueil pessimiste d'une humanité maîtresse de la nature et rivale de Dieu ! »[163]

Après son rétablissement, Clotilde décida de rentrer en Italie. Bou Ahmed Pacha lui confia — au cours de son voyage — la mission de remettre un message de sa part à l'Ambassadeur de Turquie à Athènes. Il ajouta :

---

[163] Id. pp. 50 à 53.

« Que l'Esprit te protège et te ramène parmi nous glorieuse et puissante, ô Nymphe Élue, ô Inspirée, toi que le Dragon a choisie entre toutes les femmes ».[164]

« Paris, un jour ou l'autre vous attirera fatalement, et d'ailleurs ON vous y veut. C'est là que tôt ou tard vous serez des nôtres ».[165]

En juin 1875, un jeune gentilhomme italien, membre également de la Secte, abusa d'elle dans des conditions ignobles et c'est à ce moment que Bou Ahmed proposa à Clotilde une importante situation à Paris ; elle résolut alors de se venger et elle écrit dans ses *Mémoires* :

« Oui, je serai maçonne puisque la fatalité m'y poussait avec cette implacabilité féroce ; mais maçonne pour m'emparer de la puissance et des secrets, afin de les tourner contre tous les instruments de mon malheur ... Comme un serment et comme un vœu à l'Etre innomé auquel je ne croyais pas ... Dorénavant sans Dieu, sans parents, sans amour, avais-je levé la main et crié : « Haine et vengeance, c'est vous qui êtes A JAMAIS mon Dieu ! » — Une sorte de ricanement monstrueux me répondit comme un échos du fond de l'espace et me glaça jusqu'aux os ».[166]

Le soir même de son arrivée à Paris, vraisemblablement le 29 juin, elle entra en contact avec les chefs occultes et notamment avec le futur président des États-Unis, Garfield, dont elle devint la Dalila. Elle ne tarda pas à subir les épreuves de l'initiation. On lui fit endosser une chemise maculée de larges taches de sang frais et passer une corde au cou, elle dut prêter le serment suivant :

« Je jure d'obéir aveuglément à tous les ordres de la Loge sans en rechercher ni les motifs, ni les conséquences. Je jure de ne suivre aucune religion, de ne subir aucune influence et de briser tout ce qui

---

[164] Id. pp. 56 et 57.
[165] Id. p. 56.
[166] Id. pp. 60 à 62.

s'opposerait aux volontés de la Loge. Et si jamais je manque à ce serment, que tous les glaives qui visent mon cœur le percent de part en part ».[167]

« Garfield saisit le bras de Clotilde et lui prit un tiers de verre de sang après quoi on lui mit un glaive à la main et il lui dit en montrant le fantôme royal : « frappe ! ». Elle comprit alors qu'elle devait assassiner et, comme tremblante, hagarde, elle hésitait « tous les affiliés, écrit-elle, en demi-cercle autour de moi, avaient tiré leur poignard et semblaient vouloir m'en percer pour me réduire au moins, sur cette scène d'horreur à un silence éternel. Alors, avec un rire strident ... de toutes mes forces, ivre, titubante, frénétique, je lançai mon coup. Un jet de sang fumant inonda mes épaules, et je tombai moi-même à terre plus morte que vive. J'avais tué ! A jamais criminelle, j'aurai ce sang sur mon âme, comme un autre baptême de l'enfer, pour l'éternité. Ah ! maudite ! vraiment maudite ! »

On lui mit un drap des morts sur la tête et Garfield lui ordonna :

« Prosternez-vous maintenant. Soumettez-vous, pauvre incrédule, à la Puissance supérieure de l'Être suprême que nous adorons tous ici et qui nous gouverne ». L'acte de foi après le baptême.

« D'âme, il me semblait que je n'en avais plus ! écrit-elle. Inerte ou morte, insensible désormais à tout, excepté à mon idée fixe d'ambition et de vengeance, je la traînais comme un fardeau étranger à ma vie ».[168]

L'exécuteur des hautes œuvres lui dit :

« Agenouillez-vous et recevez le suprême honneur d'être marquée du Sceau qui distingue du vil troupeau des hommes les Frères de la Liberté, les Amis du Peuple et les vrais Fils de l'Unité.

---

[167] Id. pp. 83 à 85.
[168] Id. pp. 85 à 88.

« Je m'agenouillai et, sortant du feu une sorte de poinçon minuscule, il me l'appliqua au côté gauche du front. Une seconde la chair grésilla et une souffrance aiguë me mordit la tempe ; je ne sourcillai pas : tous en étaient stupéfaits ... À jamais j'étais marquée du Sceau de la Bête, mais je ne compris pas sur le coup, l'horreur de cette consécration infamante. Tout m'était devenu indifférent, sauf l'espoir de tout faire payer un jour à mes bourreaux.

« Restait à me présenter au Dragon, et, je dois le dire, si, jusqu'ici j'avais à peu près méprisé, grâce à un dédain supérieur, tant de simagrées ridicules ou criminelles, il n'en était pas de même pour moi au sujet de ce vis à vis final avec l'Hydre aux sept têtes, souveraine de ces lieux ... Je posai la main sur son dos dans l'attitude même que Mazzini avait prise pour son portrait de Constantinople ... Je prononçai froidement un dernier serment de fidélité à l'adresse de cette idole inanimée ».[169]

À plusieurs reprises dans ses *Mémoires*, Clotilde Bersone affirme qu'au cours de ces cérémonies initiatiques les rites étaient souvent en hébreu.

Consacrée ainsi à Lucifer, on lui confia des missions dans toute l'Europe. Elle ajoute :

« Ces voyages, à mon insu, me formaient. De plus en plus clairement et sur place, j'entendais débattre par nos Adeptes et Affiliés, à travers l'Europe, toutes les grandes questions de politique internationale, où il m'était facile de surprendre à chaque instant la main, voire les rivalités des diverses Grandes Loges d'Illuminés d'Europe et d'Asie ... ».[170]

Ayant reçu l'ordre de partir en Italie avec Garfield, celui-ci lui brossa un tableau de la situation internationale qu'elle relate :

« À l'entendre tout l'ordre maçonnique du monde était en jeu. Le vieux roi d'Italie penchait pour une alliance avec la France ... La république

---

[169] Id. pp. 89 et 90.
[170] Id. p. 97.

anti-cléricale et maçonnique était son fait, et Garfield partageait ces sentiments. Mais une autre constellation d'influences ... s'était formée dans le monde des chancelleries et jusqu'au sein des Hautes Loges, sous la pression du prince de Bismarck, affilié supérieur. Il s'agissait pour Bismarck d'attirer au contraire l'Italie dans un système de triple Alliance germanique avec Vienne et Berlin. Politique dont les répercussions devaient être considérables, d'une part sur la diplomatie anglaise et américaine, d'autre part jusque sur le Saint-Siège. Car l'alliance franco-italienne contraignait le Vatican pour garder un appui en Europe, à un chanceux, mais nécessaire accord avec Bismarck en s'aidant du Centre allemand comme instrument ... La conclusion d'une Triplice austroitalo-germanique rejetait au contraire le Pape du côté d'un arrangement avec les partis modérés de la République Française au prix d'un ralliement paradoxal au régime contre toute la droite catholique. L'une ou l'autre solution ouvrait d'ailleurs à la Secte des perspectives d'intrigues et de profits : aussi l'une et l'autre avaient-elles ses partisans, et Garfield se voyait déjà dépouillé de son rôle d'arbitre et réduit à prendre seulement la tête de l'un des deux systèmes, tandis que Bismarck par position dirigeait l'autre. Or, d'une part, en Italie, la vieillesse du roi Victor-Emmanuel II et les sentiments connus de l'héritier présomptif favorisaient de plus en plus les espérances du parti pro-allemand ; il ne manquait pas d'autre part, au sein des Loges, d'Initiés encore indécis, mais qui commençaient de se lasser de ce que Garfield, dans les conseils, sacrifiait presque toujours le point de vue purement maçonnique à des préjugés nationaux, à sa candidature comme sénateur fédéral aux États-Unis, voire à l'ambition de la Présidence à Washington ».[171]

Alors les grandes décisions ne devaient plus tarder, mais l'exécutrice, avant d'agir dut signer de son sang le dernier serment :

« Écrivez avec votre sang ce que je vais vous dicter ».

---

[171] Id. p. 101.

— J'écrivis. — « Je jure de m'ouvrir moi-même les veines si je suis assez lâche pour abuser du secret du Grand-Orient ». Signez, m'ordonna-t-il encore ... J'obéis sans plus ».[172]

Alors Garfield lui remit un pli avec mission d'aller le porter à Rome et lui dit : « Ce pli contient un ordre exprès, adressé au Prince Humbert, héritier présomptif de la couronne d'Italie, d'avoir à nous débarrasser de son Père Victor-Emmanuel, qui, malgré de longs services rendus à la Cause contre la tyrannie pontificale, gêne ou contrecarre aujourd'hui des plans supérieurs ... »[173]

Clotilde porta le message — qui contenait également le poison destiné au crime. Il lui avait été précisé que, pour parvenir jusqu'au Prince Humberto, elle devrait s'adresser au nouveau Cardinal Secrétaire d'État du Saint-Siège, Rampolla, qui était haut dignitaire de la Secte ... Et Victor-Emmanuel II, peu après le voyage de l'*Élue du Dragon* à Rome, mourut selon les ordres du Pouvoir occulte ...

Ayant pleinement réussi dans sa mission, Clotilde devait monter plus haut encore :

« C'était le moment qu'avait fixé l'Esprit pour ma consécration suprême, non plus d'Initiée, mais d'Inspirée ».

Les sept Grandes Loges des Illuminés étaient représentées. Assistaient à la cérémonie outre Garfield : le président de la République française, Grévy, qui était le second du Grand-Orient, Jules Ferry le ministre de l'Instruction Publique, Tirard le Ministre de l'Agriculture, etc. ... Ce jour-là, en fin de séance, elle reçut les félicitations de Bismarck qui annonçaient l'exécution future de Garfield. Elle dut briser un Crucifix et en jeter les morceaux à terre, découronner un mannequin portant la tiare, enlever la couronne du mannequin royal et en briser les fleurons. Enfin, comme elle avait été baptisée dans la religion catholique, elle dût

---

[172] Id. p. 132.
[173] Id. p. 133.

recevoir le baptême luciférien : le Dragon qui s'était animé, lui souffla dans la bouche. Alors dit-elle :

« Je me sentis comme animée d'un feu vivant qui dévora tout mon être, infusant à mon corps une force qui me renouvelait tout entière ... Cette fois, j'étais bien littéralement et entièrement possédée par le Maudit ...

« On me fournit en même temps un petit sac de cuir, où plier cette donation (son serment à Lucifer signé de son sang) et enfermer une Hostie consacrée, désormais sacrilègement mêlée à mes pires impiétés. Cette Hostie, à renouveler chaque mois si possible, est préalablement profanée par les initiés et l'objet d'indescriptibles outrages. C'est ce qu'en termes de Loges on appelle le Dépôt sacré et la Secte se vante, en réduisant l'Eucharistie à cet abaissement, de prouver l'impuissance du Christ face au pouvoir de l'Autre. En réalité, c'est un hommage au rebours au dogme de la Présence Réelle ».[174]

C'était le 3 décembre 1879.

En janvier 1880, la Grande Loge installa Clotilde Bersone, sous le nom de Comtesse de Coutanceau, dans un petit hôtel particulier rue de Dunkerque en vue d'ouvrir un salon mondain afin d'y préparer les élections de 1881. Sur ces entrefaites, Bismarck lui fit savoir qu'il désirait la voir. Elle se rendit à Berlin et il lui remit toute une série de papiers de Garfield qu'il avait eus par ses services des Affaires Étrangères et qui établissaient que ce dernier agissait en absolue opposition avec les décisions prises à la dernière réunion plénière de la Loge le 29 juillet précédent.

En rentrant à Paris, Clotilde réunit à dîner de hauts initiés :

« Il y avait là écrit-elle, Léon Say, Ferry, Grévy, Tirard, Lanessan, Thiénet, Le Royer, de C ... , Paul Bert et je crois aussi Clemenceau. Je mis sous leurs yeux toutes les pièces qui établissaient la trahison du

---

[174] Id. pp. 205 à 207.

Grand-Orient et leur annonçai que j'avais reçu de l'Esprit, mission de perdre Garfield ...

« Nous décidâmes que notre premier soin devait être en conséquence de l'éloigner de **Paris**, de façon que sa mort ne put être imputée à la Loge ...

On décida de fonder une Grande Loge en Amérique et d'en confier la direction du Grand Orient à Garfield.

« Et quelques mois plus tard, dans la gare de Baltimore, un nommé Charles Guiteau, solliciteur éconduit, prétendirent les journaux, pour expliquer cette mystérieuse et inexplicable agression, blessait de deux coups de revolver le nouveau président des États-Unis, James Abram Garfield, ancien Grand-Orient de la Grande Loge des Illuminés, mon maître et mon amant. Le colosse mit trois mois à mourir, sans une plainte ni un mot qui pût servir à accuser ses frères ».[175]

Gambetta fût également victime des frères. Clotilde Bersone l'assure :

« La Loge avait pris peur assez vite de sa turbulence, et l'idée fût émise par Grévy qu'il valait mieux s'en débarrasser. Les Éclairés approuvèrent. Gambetta avait retiré de la bohême galante une femme dont il était fou, et qui le surveillait au compte de plusieurs polices, y compris celles des Loges et de Bismarck. Ce fût elle qu'on chargea de l'exécuter (31 décembre 1882) et le mystère des Jardies n'en fût jamais un pour nous ».[176]

Je vous en ai assez dit sur l'action luciférienne de Clotilde Bersone. J'ajouterai simplement que, dans Sa Miséricorde infinie, Dieu manifesta qu'à tout péché — même le plus monstrueux — Il savait pardonner :

---

[175] Id. pp. 235 et 246.
[176] Id. p. 250 ; voir également *Le drame des Jardies*, par Léon Daudet.

« Mes amères réflexions, écrit-elle, dataient du jour où le démon dût s'avouer impuissant devant l'évocation de la Trinité Sainte. Longtemps fermée à toute foi au surnaturel, j'en avais découvert un d'abord, et il me fallait maintenant en admettre deux : celui du catholicisme et celui de la Bête, et celle-ci avouait que le Dieu de mon baptême lui était supérieur. Il aurait fallu peut-être être aveugle pour ne pas conclure que ce n'était pas seulement en puissance mais en bonté, en lumières, en divine perfection ... Je découvrais ainsi peu à peu que ce faux Esprit Suprême n'avait jamais été que le dieu de mes passions, et surtout de mon appétit d'aveugles vengeances. Dieu ne saurait être la Haine ni le Mensonge et je commençais d'aspirer tout bas — oh ! de si loin ! à la Vérité et à l'Amour ».[177]

Bref Clotilde Bersone finit par se cacher dans un couvent où elle se convertit et où elle écrivit ses Mémoires. Cette conversion constitue très véritablement une victoire de la bonté infinie et de la Toute Puissance de Dieu contre la haine et la révolte de Lucifer. Clotilde, découverte, mourut assassinée, crucifiée par les Loges.

Vous comprenez maintenant pourquoi, en recevant les *Mémoires* de Clotilde Bersone, Monseigneur Jouin se soit remémoré ce que le Comte de Broqueville lui avait dit concernant l'assassinat de Garfield, et ait décidé à ce moment, la création de la partie occultiste de sa revue dont le premier numéro parut en janvier 1928.

*

* *

Maintenant je vais vous parler d'une autre Grande Prêtresse de Lucifer, mais d'un genre tout différent, j'allais dire opposé : Diana Vaughan.

L'histoire de Diana Vaughan est en fait « l'histoire merveilleuse d'une conversion retentissante opérée par Jeanne d'Arc à la fin du siècle

---

[177] Id. p. 304.

dernier » (1895), écrit très justement mon défunt Ami, le Chanoine Billaud, qui fût l'un des meilleurs historiens des Guerres de Vendée.

Diana est née le 29 février 1864 dans le Kentucky, aux États-Unis. Sa mère Léonie de Grammont était d'origine cévenole, donc française. Son père appartenait à une famille depuis plusieurs siècles consacrée à Lucifer. Au XVIIème siècle, un ancêtre de Diana, Thomas Vaughan s'était voué à l'enfer corps et âme et il avait conclu avec Satan, au prix d'un infâme sacrilège et d'un crime odieux, un pacte qui s'était conservé dans sa famille et que Diana, son dernier rejeton, possédait encore.[178]

Élevée par son père et son oncle dans le culte de Lucifer, qu'ils lui avaient dit être le Dieu bon à l'encontre d'Adonaï, le Dieu des chrétiens, qu'ils lui avaient assuré être le dieu mauvais, Diana était d'une absolue bonne foi ; elle croyait que le Dieu-bon, Lucifer avait ses anges, dont Asmodée était l'un des principaux qui venait la visiter, comme le Dieu des chrétiens, « le Dieu mauvais » avait les siens, dont le terrible chef était Michel.

Ainsi, l'enfant fut-elle élevée dans l'inversion totale des réalités. Comment aurait-elle pu connaître la vérité ? Avec toute son ardeur juvénile, elle priait et adorait Lucifer. D'une intelligence remarquable et fort instruite, Diana, devenue jeune fille, résolut de se consacrer totalement à Lucifer et de répandre avec amour le culte de celui qu'en toute bonne foi elle croyait être son Dieu.

Ardente et pure, elle a une très belle âme d'élite ; sa droiture est absolue, elle ignore le mensonge. Lucifer — le menteur par excellence — a des vues sur elle ; force lui est donc de ne pas se montrer ce qu'il est ... Pour la mieux subjuguer — quitte à se contredire ou à se nier lui-même — non seulement il lui fit ignorer les profanations — les crimes, les turpitudes et les cruautés qui se perpétraient dans les antres et les

---

[178] Spectator, le T.R. Père Pègues, *Le Mystère de Léo Taxil et la vraie Diana vaughan*. pp. 36 et 37. Étude publiée aussi par la *Revue internationale des Sociétés Secrètes* en 1930.

bouges infects de la Franc-Maçonnerie et des sectes occultes, mais il se fit même le protecteur et le défenseur de sa vertu et, bien entendu, jamais il ne lui apparut sous sa traditionnelle laideur, mais toujours en ange de lumière. Diana s'y laissa prendre. Peut-on le lui reprocher ?

À deux reprises, il la fit protéger : un jour, elle avait seize ans, elle était allée s'occuper d'une pauvre famille ; au retour, le soir, elle fut attaquée par des noirs et après en avoir tué trois, elle allait succomber sous le nombre lorsqu'apparut un jeune homme d'une grande beauté qui la sauva et la ramena chez son père, puis disparut.

« Tu vois, lui dit son père, le Dieu bon t'a délivrée par son ange, car il t'aime et compte sur toi ».

Quelques mois plus tard, Diana était à cheval. Tout à coup, la bête prit peur et s'emballa sans qu'elle put la maîtriser et le cheval se précipitait vers le fleuve Ohio : c'était la mort certaine. Le beau jeune homme, qui l'avait sauvée auparavant, apparut de nouveau — volant pour ainsi dire sans toucher terre — rit la bête par la bride et l'arrêta. « Chère Miss, dit-il en souriant, je suis heureux de vous avoir été utile. Pensez à moi, je veille sur vous ».

De seize à dix-neuf ans, Diana Vaughan achève sous la direction de son père et de son oncle, son initiation au culte de Lucifer ... Elle se laisse persuader qu'elle a une mission à remplir sur terre : celle de répandre partout le culte de Lucifer le Dieu bon, et de ruiner en même temps le culte d'Adonaï le Dieu des chrétiens. Cette mission à laquelle la jeune fille se prépare avec enthousiasme, remplit Diana de fierté et d'orgueil.

Comment aurait-il pu en être autrement ? Surtout après les deux interventions dont elle avait bénéficié et qui l'avaient sauvée ? Sa bonne foi, je le répète était entière, absolue et pure.

À dix-neuf ans, Diana entre officiellement dans la Franc-Maçonnerie : le 15 mars 1883 elle est reçue apprentie, le 20 décembre elle devient

Compagnonne et le 1er mai 1884 elle est Maîtresse, brûlant ainsi les étapes ... En effet, le Grand Maître Albert Pike, la connaît et « la réserve aux plus hautes destinées », aussi le 28 octobre 1884, à 20 ans, Diana accède aux grades supérieurs. Son père, triomphant la présente à ses compères. Elle même exulte : de toute son âme elle se voue à Lucifer, le Dieu bon, et déclare la guerre à Adonaï.[179]

Ce Dieu des chrétiens, elle le hait ... d'autant plus que 5 semaines plus tard son père meurt, pense-t-elle victime de la vengeance d'Adonaï et de son ange Michel. C'est du moins ce qu'on lui dit, et elle le croit.

Le Chanoine Billaud écrit : « Pendant dix ans, avec une bonne foi absolue, Diana Vaughan mène la guerre contre Adonaï, le Dieu des chrétiens. Elle le fait avec un acharnement, une habileté qui émerveillent le Grand Maître des Lucifériens Albert Pike lui-même. Diana est son bras droit, la confidente de ses desseins les plus secrets ».

« Pour étendre son champ d'action, Diana vient à Paris en 1885. Elle veut se faire recevoir Maîtresse Templière au Triangle Saint-Jacques. La réception n'a pas lieu pour une raison assez sérieuse ».

« Selon le rituel des Francs-Maçons de Paris, le récipiendaire devait profaner des Hosties consacrées. Elle refuse de se plier à un rite qu'elle juge absurde. Diana ne croit pas à la présence réelle. Et précisément parce qu'elle ne croit pas, elle estime stupide le rite profanateur qu'on prétend lui imposer. Elle revient très mécontente en Amérique. »

Le 5 avril elle est avertie que « le Dieu-bon », son dieu ordonnait qu'on la lui présentât dans une loge de Charleston. Rien ne pouvait davantage la combler de joie, bien qu'elle se considérât comme indigne d'une telle faveur. L'entrevue, inoubliable pour elle, eut lieu trois jours après, le 8 avril.

---

[179] Chanoine Billaud, *Du diable à Dieu par Jeanne d'Arc*, pp. 16 et 17 ; *Revue Fleurs de Lys*, mai 1961.

« Lucifer se manifeste à « sa fille chérie ». Le cœur battant d'émotion et de joie elle se rendit à l'entrevue. « Je ne voyais plus rien autour de moi, dit-elle ; mon esprit était absorbé par la pensée que j'allais contempler face à face le Dieu-Bon ». Tout à coup elle se vit entourée de flammes : « ces flammes léchaient mon siège, mes vêtements, sans rien détruire. Je pensais avec joie que j'étais dans les flammes divines ; et tout mon cœur brûlait pour Lucifer ».

La foudre tonna six fois. Alors Diana sentit cinq souffles brûlants sur son visage. « Cinq esprits, cinq génies, d'une radieuse beauté apparurent, planant dans l'espace. Enfin un septième coup de tonnerre éclata, plus formidable que les autres. À l'instant elle vit Lucifer devant elle, assis sur un trône de diamants. Radieuse elle va se jeter à ses pieds. Il l'en empêche : « Demeure debout, ma fille chérie ; la prosternation est humiliante et je n'humilie pas ceux que j'aime et qui m'aiment ».

Après sa conversion, Diana écrira : « Il était superbe ; son regard me couvait ; il me semblait y voir une expression de tendresse ! L'émotion m'avait saisie et me secouait. Il était alors mon Dieu ; je l'aimais au-dessus de tout, en ma ferveur abusée ; rien ne m'avait encore fait soupçonner sa malice, son hypocrisie, son épouvantable méchanceté ».

Avec une douceur exquise, Lucifer lui dit : « Mon enfant bien-aimée, je t'ai distinguée entre toutes.

J'ai de grandes vues sur toi. Ne crains rien et va ; c'est ma pensée qui t'inspire ».

Elle lui posa quelques questions et demanda notamment, si la Présence réelle était dans l'Hostie.

Lucifer la nia. Au cours de son apparition il lui conféra le titre de *GRANDE PRETRESSE*.

Pendant cinq ans encore, écrit le Chanoine Billaud, elle va batailler en faveur de son dieu. Elle mène la guerre sur deux fronts simultanément. D'un côté elle combat Adonaï, le Dieu des chrétiens. De l'autre, avec une ardeur égale, elle combat Satan ! Car elle ignore que Lucifer et Satan ne font qu'un. Elle ignore tant de choses encore ! »[180]

*

* *

Revenons un peu en arrière. Son protecteur Albert Pike, eut pour successeur en 1887 Lemmi, un individu à tous points de vue non recommandable ; il avait en effet été condamné pour vol et ce misérable, siège depuis lors à Rome, au Palais Borghèse, devenu le siège mondial de la Secte. Diana considère qu'il déshonore la Franc-Maçonnerie ; elle lui fait donc une guerre d'autant plus acharnée qu'elle sait que dans les water-closet du palais, l'ignoble individu a fait clouer un Crucifix la tête en bas avec cette inscription : « Avant de sortir, crachez sur le traître ! Gloire à Satan ! »[181]

Or, Diana lutte avec acharnement contre Satan, comme elle travaille avec une ardeur sans pareille pour Lucifer. La droiture d'intention, la pureté de Diana — car elle est restée vierge — devaient attirer la bienveillance divine. Ajoutons, et cela a sans doute été une permission, mieux, une volonté de la Providence : elle a refusé de profaner des Hosties consacrées ! Alors, Dieu va intervenir et jouer le grand jeu pour sauver cette âme droite, et c'est à Jeanne d'Arc qu'en reviendra la mission et l'honneur.

Diana vient souvent en France ; c'est là qu'elle va trouver son chemin de Damas. Elle connaît l'histoire de Jeanne d'Arc et lui a voué une tendresse et une vénération enthousiastes. Or, à l'occasion des travaux de préparation de la Cause de la Pucelle en cour de Rome, Lemmi, le

---

[180] Chanoine Billaud op. cit. Revue *Fleurs de Lys*, juin-Juillet 1881, p. 16.
[181] Margiotta, *Le Palladisme*, p. 102.

Grand Maître de la Franc-Maçonnerie, ce Lemmi qu'elle déteste — je vous l'ai dit — ordonne aux Francs-Maçons le 7 avril 1894, de tout faire pour empêcher la glorification de la Pucelle. Cela ne fait qu'augmenter sa répugnance et sa haine à l'encontre du misérable, mais aussi son amour et sa vénération pour Jeanne d'Arc. Elle lit tout ce qui a trait à sa vie. Elle visite en touriste fervente, les lieux où Jeanne passa. Diana se rend à Orléans ; on lui montre la chambre où la Libératrice de la France coucha au soir de la bataille.

Diana écrit : « Je mis un genou en terre et je priai la noble Vierge française de tout mon cœur ». C'était en octobre 1894. Sa prière reçut le même jour une réponse. Dans la soirée, comme Diana se promenait pour aller voir un ami dans la campagne orléanaise, tout à coup elle vit une lumière intense entre deux arbres et Jeanne d'Arc apparut : « C'était bien elle, racontera Diana dans ses mémoires ; en son costume de guerre, mais ne tenant ni épée, ni bannière, et la tête nue ... le visage aux traits énergiques mais d'une grande douceur. Elle me regardait sans dire un mot et des larmes coulaient le long de ses joues ... Je m'étais reculée d'un pas ; je contemplais l'apparition ... je me sentais toute bouleversée ».

« Pourquoi pleurer, ô Jeanne ? dis-je enfin ? Pourquoi pleurer puisque vous êtes dans l'éternelle allégresse divine ? » Elle ne répondit pas, mais elle ne détachait pas son regard de moi, et ses larmes continuaient à couler. Oh ! ce regard il me perçait et me remuait : je le sentais s'enfoncer en moi comme une lame d'acier ».

« Je vous en prie, fis-je encore, parlez-moi ; dites-moi le sujet de votre douleur. Est-ce une injure imméritée à votre mémoire qui vous attriste ? Je sais l'affront qui vient de vous être fait par un misérable (Lemmi). O Jeanne, je vous en supplie, ne pleurez plus. Montrez-moi sur votre radieux visage la joie des élus et surtout parlez-moi, parlez-moi » !

Rien, rien, pas un mot, pas une syllabe. Elle laissa tomber sur moi un dernier regard plus triste que d'abord, s'il est possible et disparut.

Diana bouleversée, ne comprit que plus tard la cause de ces larmes. Le Chanoine Billaud écrit :

« Jeanne pleurait sur l'égarement d'une âme si belle pourtant par ailleurs si pure et richement douée par Dieu, et qui aveuglée, en toute bonne foi, ne se servait des dons de Dieu que pour Le combattre et Le blasphémer ».

Diana, remuée au plus profond d'elle-même, le soir même appela Asmodée, l'ange que Lucifer avait spécialement commis à sa garde et qui lui avait dit que Jeanne d'Arc était une fidèle servante de Lucifer. Asmodée se rendit à son appel, mais lui fit une véritable scène de jalousie. Elle lui répliqua qu'elle avait le droit d'aimer qui elle voulait et elle le congédia. Il partit furieux.

L'apparition de Jeanne d'Arc n'éclaira pas sur le moment Diana. Plus que jamais, en effet, celle-ci sert Lucifer avec un total dévouement. Le 21 Janvier 1895, à Londres elle fait décider la création d'une revue *Le Palladium régénéré*, dont elle sera la grande inspiratrice. La revue devra poursuivre un double but : combattre Lemmi et son culte de Satan, enfin et surtout répandre partout et spécialement en France le culte de Lucifer « le Dieu-bon ».

Le 1er numéro paraît le 21 mars 1895. Les catholiques sont heureux de constater la division dans la secte maçonnique, mais ils frémissent en lisant les blasphèmes affreux de Diana contre l'Eucharistie et contre la Très Sainte Vierge.[182]

Le 20 avril paraît le second numéro. Il contient encore quelques blasphèmes, mais publie les consignes ultra-secrètes de Lemmi, le Grand Maître de la Franc-Maçonnerie, en date du 7 avril 1894 contre

---

[182] « Selon le rituel des Francs-Maçons de Paris, la récipiendaire devait profaner des Hosties consacrées. Elle refuse de se plier à un rite qu'elle juge absurde. Diana ne croit pas à la Présence réelle. Et précisément parce qu'elle n'y croit pas, elle estime stupide le rite profanateur qu'on prétend lui imposer. Elle revient très mécontente en Amérique ».

Jeanne d'Arc. Nombreux sont alors les catholiques qui prient pour la conversion de cette jeune fille courageuse qui ose braver le Grand-Maître et les hautes autorités maçonniques. Un prêtre lui écrit pour lui demander de respecter la Vierge Marie : « Je vous en supplie, vous qui êtes vierge par la vierge Jeanne d'Arc ». Diana est si bouleversée que dans le 3è numéro de la revue en date du 20 mai 1895, elle promet d'éviter désormais tout mot pouvant blesser les catholiques. Elle fait une fois de plus l'éloge de Jeanne d'Arc. Elle rappelle un crime commis en 1891 dans une loge de Londres contre une malheureuse qui avait refusé de profaner les Saintes Espèces et elle annonce qu'elle ira bientôt dans un couvent voir une religieuse amie de sa mère. Ce numéro trois du Palladium régénéré paraît à Londres le 4 juin 1895. Dès le 6, les Francs-Maçons anglais décrètent l'exclusion de Diana qu'ils lui signifièrent le 8 : « Par ce 3è numéro, vous avez prononcé vous-même votre condamnation ... Vous n'avez plus le droit de vous dire des nôtres ». Or, ce même jour, 6 juin, alors que ses anciens amis la reniaient, se produisit une scène extraordinaire qui va définitivement ouvrir les yeux de Diana. Devant une petite statue de Jeanne d'Arc, Diana, relisant le 3è numéro de sa revue, jeta un regard de tendresse sur la Pucelle et lui dit :

« Bonne Jeanne, c'est à cause de vous que j'ai promis à ce prêtre inconnu de respecter la Mère du Christ. Je veux faire davantage : je veux vous en faire le serment ». Et Diana ajouta : « Je m'agenouillai à deux genoux et c'était la première fois de ma vie devant la statuette. J'étais en proie à une émotion jamais ressentie jusqu'alors. J'avais besoin de pleurer et je ne savais pas pourquoi : « **O Jeanne d'Arc**, prononçais-je à haute voix, **je vous le jure par la vénération que j'ai pour vous, jamais je n'écrirai, jamais je ne dirai un mot manquant de respect à marie, mère du Christ, que vous avez tant aimée** ».

« À peine ces mots tombés de mes lèvres, je fus, par une force extérieure, rejetée en arrière avec une violence inouïe ; ma tête frappa le parquet ... Or, tandis que je cherchais à me relever, j'aperçus devant moi, subitement apparus, Belzébuth, Astaroth, Moloch et Asmodée, que je reconnus bien tous les quatre. Ils avaient leur aspect habituel de radieux anges de lumière, mais leurs visages étaient irrités, avec une expression de colère à son paroxysme. Jamais je ne les avais vus ainsi. Ils me menaçaient d'un ton rageur ... Ils s'élancèrent sur moi. Qu'allaient-ils faire ? me battre ? me tuer ? je ne sais. En tout cas, j'eus peur et m'écriai : « **Jeanne, Jeanne, défends-moi !** »

Alors il y eut une épouvantable clameur des quatre : des lions tout à coup blessés n'auraient déchiré l'air de rugissements pareils à ceux que j'entendis. En même temps, la face et la forme de ces démons changèrent : ils étaient devenus hideux, monstrueux, bref de vrais diables. Et par leur figure, ils se montraient maintenant terrifiés, quoique toujours en rage. Cela avait duré tout au plus quelques secondes ; aussitôt ils disparurent, ils s'effondrèrent en poussant des cris de malédiction, et je me dis que je venais d'entendre là les hurlements des damnés ».

Diana réfléchit alors : « Lucifer lui a donc menti en disant que Jeanne d'Arc était l'une de ses fidèles ? Jeanne est donc plus puissante que les anges de Lucifer ? Serait-elle une servante d'Adonaï ? Mais alors, le véritable Dieu-bon ce serait Adonaï et non Lucifer ? »[183]

Pendant que bouleversée, Diana se pose ces questions, elle reçoit le blâme des francs-maçons anglais qui la somment de quitter son poste de déléguée à la propagande. Sa riposte est cinglante et tout à la fois très douloureuse :

« Vous me blâmez ? Je me moque éperdument de votre blâme. Vous voulez ma démission de déléguée ? Je vous envoie mieux, ma démission de tout, de tout, de tout ! Je n'ai plus le droit de me dire des vôtres ! je ne songe plus à le dire. Je n'en suis plus, je n'en veux plus être. Seulement je vous préviens, je ne renonce pas pour autant à écrire. Vous savez que je connais beaucoup de choses. J'en connais même plus que la plupart d'entre-vous ; il n'y a aucun de vos secrets qui ne m'ait

---

[183] Chanoine Billaud, *Fleurs de Lys*, de juin à septembre 1961.

été révélé. Eh bien ! tout ce que je sais, je le publierai, et vous ne m'empêcherez pas d'écrire ! »

Elle ajoute dans un trouble douloureux, bouleversant où se débat son âme droite :

« Je crois ou j'essaie de croire encore que Lucifer est le Dieu-bon et Adonaï le Dieu-mauvais ... Mais je tremble en me demandant si, en adorant Lucifer, j'adorais ce Satan qui reçoit vos hommages. Alors, j'ai été trompée, comme le fût mon père, alors j'adorais le diable !

« Ma vie toute entière passe devant les yeux de ma conscience. Je ne sais plus où je suis, d'où je viens, où je vais. J'entends un cri qui me dit : « Je suis la Vérité, reste avec moi », puis, c'est un murmure à mon oreille : « Il t'a toujours trompée renonce à lui. Celui qui vraiment t'aime n'attend qu'une prière pour t'ouvrir ses bras ! » Oui croire, je ne le sais encore. Je riais, il n'y a qu'un moment ; à présent, je pleure. Est-ce que je deviendrais folle ? O Dieu-Bon, qui que tu sois, aie pitié de moi ! »

Diana au comble de l'angoisse et de la souffrance, toujours loyale, passionnément avide de vérité, appelle au secours. Dieu peut-il demeurer sourd, insensible à sa détresse ? Le Chanoine Billaud écrit :

« Or, en ce moment dans plusieurs monastères de France, on prie pour Diana. L'intérêt que présente une telle conversion n'a pas échappé à certaines personnalités religieuses. Il paraît très vraisemblable qu'à Lisieux particulièrement le cas de Miss Vaughan a été connu. C'est le 8 juin 1895 que Diana ripostait aux Francs-Maçons de Londres. Le lendemain, 9 juin, sœur Thérèse de l'Enfant-Jésus, comme poussée par une force intérieure, demandait à la Prieure du Carmel de l'autoriser à s'offrir en victime à l'Amour Miséricordieux. La Prieure y ayant consenti, Sœur Thérèse prononçait le surlendemain 11, aux pieds de la Vierge du Sourire, en son nom et au nom d'une de ses compagnes l'acte d'offrande. La carmélite songeait-elle alors à l'ex-luciférienne ? Dieu seul le sait. Ce qui est certain, c'est que le 13 juin Miss Diana ouvrait les yeux à la lumière ... Ce qui est non moins certain, c'est qu'on se réjouit grandement à Lisieux, de cette conversion. Sœur Thérèse écrivit à Diana, qui lui répondit. Quelques mois plus tard la Carmélite rédigeait et faisait jouer en guise de pieuse récréation, une petite pièce intitulée Le triomphe de l'humilité. L'héroïne de la pièce n'était autre que Diana Vaughan ...[184]

Il est des coïncidences de dates qui sont émouvantes et fort suggestives ! Le lendemain de l'Acte d'Offrande de sainte Thérèse de Lisieux, le 12 juin 1895, Diana arrivait dans le monastère où était l'amie de sa mère. Ce monastère était croit-on dans le Midi. Seules la Supérieure et la religieuse en question savent qui est la voyageuse, aussi discrète que distinguée, accueillie dans la Communauté.

L'incognito où se renferme désormais Diana lui est imposé par les circonstances. Elle a déclaré la guerre à la Franc-Maçonnerie, dont elle veut divulguer les secrets. Elle ne peut ignorer qu'on va dorénavant chercher à la supprimer. Diana sait trop de choses, il faut donc qu'elle se cache. (Chanoine Billaud op. cit. septembre 1961).

Immédiatement son âme jouit d'une paix toute divine ; elle sent très véritablement la présence de Dieu. Alors, le lendemain, 13 juin, elle fait cette humble et suppliante prière :

« O Dieu que j'ai méconnu, pardon ! pardon ! L'indigne créature est parmi tes vierges. Pardon encore, ô Dieu de toute bonté. Oui, Seigneur, il n'est qu'un Dieu, et c'est Vous. L'autre est le mensonge et Vous êtes la Vérité. merci, ô Vous qui serez désormais mon Dieu, j'ai compris ».

Le jour où elle écrit cette bouleversante prière est le jour de la Fête-Dieu.

---

[184] Manuscrits autobiographiques de sainte Thérèse de l'Enfant Jésus, T.I, p. 19.

« Je voulais m'agenouiller au pied de l'autel, dont le tabernacle sert de piédestal à l'image du doux crucifié, de Celui qui a tant aimé les hommes ; et je voulais, là, prosternant mon corps et élevant mon âme vers le Dieu des chrétiens, Lui faire amende honorable pour tous les outrages dont les adorateurs **de Satan, ce jour même, s'efforçaient de L'accabler,** en essayant d'outrager le Christ par de monstrueuses folies ».

Elle demande comme grâce, qu'on lui permette d'assister à la Messe solennelle ; permission qui lui fût accordée ; on lui prêta un livre et on lui dit de se conformer, pour les divers mouvements, à ce que feraient les fidèles, afin que personne ne put soupçonner qu'elle n'était pas chrétienne.

« J'avais pris le livre ; il ne me servit guère, car je m'agenouillai dès le début, je ne me préoccupais point des changements d'attitude des fidèles, je ne vis que son Christ aux bras tout ouverts pour attirer les coupables dans le repentir et la miséricorde. La Messe avait pris fin depuis longtemps que j'étais encore à genoux, priant Dieu sans lire dans le livre, mais du plus profond de mon cœur ».

Le Chanoine Billaud ajoute : « Prière admirable, et qui dut monter, tel un encens des plus purs, jusqu'au Trône de Dieu. Cette âme d'élite, en demandant pardon au Ciel pour ses erreurs passées, **pardonne elle-même à ses pires ennemis.** Diana Vaughan, l'adversaire acharnée de Lemmi, atteint du premier coup — à la totale compréhension **du dogme de la communion des Saints et de la réversibilité des mérites** — au sommet de l'ascèse chrétienne : elle s'offre en victime **pour la conversion du misérable, que, hier encore, elle haïssait** ».

« Seigneur, supplie-t-elle, après m'avoir éclairée, prenez-moi ; qu'à mon tour je sois victime ; que mon sacrifice détourne Votre juste colère ; que des larmes de douleurs, versées par mes yeux, effacent les offenses **de mes ex-frères et de mes ex-sœurs. Pitié pour eux tous, ô mon Dieu, lumière à tous et pardon, même aux plus coupables. Ma santé, ma** vie, mon sang : prenez tout et qu'Adriano Lemmi devienne honnête, se convertisse à Vous et Vous bénisse à jamais ».[185]

Elle a trente et un ans. Quelle admirable et subite ascension spirituelle. Des contemplatifs, des spirituels mettent leur vie à l'acquérir. **Diana, du premier coup d'aile parvient au sommet et embrasse dans sa soumission à la volonté divine la charité totale par l'adoration de Dieu qui l'exalte !**

Le 15 juin au soir, elle va quitter le monastère, déjà la voiture l'attend. Inquiète de voir Diana exposée aux pires dangers, la Supérieure dit : « Si du moins elle était baptisée ! » Diana tente de rassurer les deux religieuses. La Supérieure suggère que l'Aumônier la baptise immédiatement. Mais Diana ne veut pas qu'une troisième personne soit mise dans le secret. Alors la Supérieure propose, en femme de tête et de décision : « Miss, vous ne partirez pas ainsi. Je prends ma responsabilité. Si vous voulez, je vais vous baptiser moi-même et tout de suite ». Diana accepte : « Je m'agenouillai dans le petit oratoire et confirmai ma renonciation à Satan, à ses pompes et à ses œuvres et ma ferme volonté de croire à tous les enseignements de Jésus-Christ ; je suppliai la Bienheureuse Marie d'achever en moi l'écrasement du serpent maudit. Maintenant nous pleurions ensemble. Enfin, je tendis le front, et la Supérieure, avec de grands efforts pour surmonter son émotion, prononça les paroles : « Jeanne-Marie, **je te baptise, au nom du Père, du Fils** et du **Saint-Esprit.** »

Au même moment, le Père Delaporte, Missionnaire du Sacré-Cœur, subitement frappé, rendait sa belle âme à Dieu. Il avait offert sa vie pour la conversion de Diana Vaughan.[186]

Lucifer se déchaîna alors. Diana écrit : « La nuit, c'était pour moi, un affreux supplice. Les démons envahissaient mon sommeil, le matin à mon lever j'avais le corps endolori comme ayant été rouée de coups ».

---

[185] Chanoine Billaud op. cit. octobre 1961 pp. 16 et 17.
[186] *Spectator*, T.R. Père Pègues, *Le mystère de Léo Taxil et la vraie Diana vaughan*, p. 65.

Le 14 août n'en pouvant plus Diana profita de l'invitation de la Supérieure et revint passer quelques jours au Monastère. Les nuits furent moins cruelles ... Du 16 au 21 août, elle s'unit par la prière et par le cœur au pèlerinage de Lourdes. Elle s'y fit représenter par une malade dont elle paya le voyage. Peu après, elle apprit que cette malade avait été guérie miraculeusement. Pendant son séjour au Monastère, elle vit fréquemment l'Aumônier afin d'éclairer sa foi et d'éclaircir les points de doctrine qu'elle n'arrivait pas à admettre. Le 21 août, elle fit cette ardente prière à la Très Sainte Vierge : « Douce Mère, vous savez combien je vous aime ; délivrez-moi de ces persécutions du maudit ! »

Notre-Dame, non seulement exauça ses prières — la nuit en effet fut calme — mais encore Diana y eut un songe merveilleux qui dissipa ses derniers doutes. Le lendemain, pacifiée, elle fit sa profession de Foi devant l'Aumônier ... Le 24 août l'Aumônier suppléa les cérémonies du Baptême, puis il communia pour la première fois celle que Jeanne d'Arc avait ramenée du culte de Lucifer à celui du vrai Dieu ».[187]

Sa conversion pleinement achevée, Diana n'eut plus qu'un double but : lutter contre la Franc-Maçonnerie et le luciférisme en dévoilant toute leur perversité et leurs crimes ; cette mission achevée, s'ensevelir dans un cloître pour réparer son passé.

Cette splendide conversion fut célébrée dans les Semaines Religieuses et dans la presse catholique. Le Vatican lui-même y applaudit : le Cardinal-Vicaire lui écrivit une lettre enthousiaste, déclarant que cette conversion était « l'un des plus magnifiques triomphes de la grâce qu'il connût » et le Souverain Pontife Léon XIII, Lui-même, lui fit envoyer « une bénédiction toute spéciale ».

Lucifer et ses suppôts ne pouvaient que réagir. On essaye tout d'abord de faire passer Diana pour folle, puis on la prétendit hystérique et hallucinée. Toutes ces tentatives ayant échoué, la Secte alors joua le grand jeu en prétendant que Diana n'avait jamais existé. Ayant

---

[187] Chanoine Billaud op. cit. octobre 1961 p. 17.

victorieusement répondu toutes ces attaques mensongères, Diana mena de front et la publication de ses Mémoires d'une ex-palladiste et celle de son livre *Le 33è Crispi*. À propos de ses *Mémoires*, le Cardinal Parocchi lui écrivit qu'ils étaient d'un « intérêt palpitant ». Lors de la publication sur Crispi, l'éminent juriste Desplagnes, dans le n° d'octobre de la *Revue Catholique des institutions et du Droit*, écrit :

« Jusqu'à preuve du contraire (preuve qui jusqu'à présent n'a jamais été apportée, quatre-vingt-cinq ans après, puisqu'il écrivait en 1894) on doit considérer ce livre comme une histoire des mieux documentées, des plus complètes et des plus accablantes que nous ayons sur cette bande de malfaiteurs et d'assassins qu'on appelle la Haute Maçonnerie européenne. N'oublions jamais que derrière beaucoup de gouvernements actuels, c'est cette bande criminelle qui gouverne. Nous serions insensés et ingrats si nous repoussions quelqu'un qui, ayant connu et vu à l'œuvre ces bandits, vient nous apporter, avec preuves et documents, son témoignage sur les crimes qu'ils ont commis ou qu'ils méditent contre l'Église et la France ».

De son côté, le grand théologien qu'était le T.R. Père Pègues écrit :

« Jamais peut-être livre plus formidable et plus terriblement accusateur contre la secte et contre ses chefs occultes n'avait été publié ».[188]

Bien entendu, les Loges firent le silence le plus absolu sur *Le 33è Crispi*, mais ce qui est inadmissible et constitue une véritable trahison, est que la presse catholique se joignit à cette conjuration du silence, à tel point que le président du Comité anti-maçonnique de Rome, trois mois après la publication, ne l'avait pas encore lu, alors que se tenait le 1er congrès Anti-maçonnique International à Trente.

---

[188] *Spectator*, R.P. Pègues op. cit. p. 79.

Diana de toutes ses forces et dans sa revue, appuya le congrès. Pour en faciliter la réussite, elle versa la moitié de ses droits d'auteur, l'autre moitié allant à des œuvres de Charité.

Une fois la date du Congrès fixée, « la Secte aussitôt prit ses mesures pour ruiner par avance l'effort de ses ennemis. Une chose surtout était à craindre pour elle : c'est que les délégués du monde catholique, émus par le grand fait de la conversion de Diana Vaughan et par les révélations de son volume sur Crispi ne parviennent à s'entendre pour sanctionner de leur autorité, les révélations qui auraient ainsi définitivement dévoilé aux yeux de tous les turpitudes et les infamies dont les antres de Satan cachent avec tant de soin les secrets. Voilà ce qu'il fallait à tout prix empêcher ».

Aussitôt le mot d'ordre, suggéré par Goblet d'Alviella, est adopté par Lemmi, et transmis à tous les hauts-maçons : « **il fallait s'entendre partout pour nier et nier carrément** ».[189]

Le piège était grossier, mais la stupidité de la majorité des catholiques — parce qu'ils se refusent à admettre le surnaturel divin aussi bien que le préternaturel luciférien — fut telle qu'ils firent chorus avec les Loges et affirmèrent que — je cite — « les révélations de Margiotta et de Miss Diana Vaughan, le Palladium et son action prépondérante dans la fédération maçonnique, la direction centrale dans la Maçonnerie, la papauté maçonnique, le culte satanique de Pike et de Lemmi avec invocations diaboliques et profanations d'Hosties consacrées, **il fallait une bonne fois qualifier tout cela d'impostures, comme cela l'était en réalité** ».

La Haute-Maçonnerie exultait. **Jamais elle n'aurait pu espérer un tel succès à ses manœuvres ...** »[190]

---

[189] *Spectator*, idem. p. 8283.
[190] *Spectator*, idem. p. 83.

Et cela n'a pas cessé puisqu'au Congrès des B'nai-B'rith tenu à Paris en 1935 et publié à Londres en février 1936, le rapporteur déclare : « **Et les gentils dans leur stupidité, ont prouvé être plus bêtes que ce que nous pensions et espérions.** »

Alors la Secte lança ceux qu'elle tenait, ses agents-doubles : le docteur Hacks Bataille, Gabriel Antoine Jogand Pagès dit Léo Taxil et Paul Rosen dit Moïse Lid Nazareth, convertis, prétendaient-ils et qui n'avaient fait certaines révélations contre la Franc-Maçonnerie que pour avoir l'air de se rapprocher de l'Église et pour mieux la tromper et l'espionner. Le dernier avait été chargé par le grand Maître du satanisme, Lemmi, d'organiser une véritable coalition des journaux catholiques pour leur faire nier les révélations sur la Haute Maçonnerie et le Luciférisme et pour les pousser à attaquer Diana Vaughan et les autres dénonciateurs des crimes et de l'action de la Secte.

La manœuvre fut facilitée par la complicité d'un très haut initié parvenu à occuper la Secrétairie d'État de Vatican. En effet, le Saint-Siège avait été saisi du cas extraordinaire et profondément émouvant de la conversion de Diana Vaughan. Une commission avait été désignée pour l'étudier. Alors intervint le cardinal Rampolla, Secrétaire d'État de Léon XIII. Il chargea Mgr Sardi de signifier sa volonté aux membres de la Commission : « **Au Vatican**, disait le cardinal Rampolla **nous ne voulons pas de Diana Vaughan et il faut la démolir.** Il alla même jusqu'à menacer plusieurs membres de cette Commission de perdre leur place, s'ils ne suivaient pas ses **ordres** — entre autres, Mgr Lazzareschi et Messieurs Albatte et Bonetti ... »

À propos de cette scandaleuse intervention, de cet abominable abus de pouvoir, l'abbé Mustel, directeur de la Revue Catholique de Coutances, écrit à l'abbé de Bessonies le 3 avril 1897 : « Pour expliquer ce mystère d'iniquité, il est bon de savoir que les cardinaux Rampolla et Mocenni

... sont fortement soupçonnés, pour ne rien dire de plus, d'être francs-maçons ».[191]

En effet le cardinal Rampolla appartenait bien à la Secte. Il est donc normal qu'il ait suivi les instructions des arrières loges à ce sujet et qu'il ait tout fait contre Diana Vaughan. (Nous renvoyons à notre étude, *l'infaillibilité Pontificale et la Crise actuelle de l'Église*, pp. 76 — 77.) Disons simplement ici que Mgr Jouin avait eu en main l'affiliation du Cardinal Rampolla à la Hte Maçonnerie et m'avait chargé — alors que j'étais le Rédacteur en Chef de la Revue qu'il avait fondée — de montrer le document à un certain nombre de Cardinaux, Archevêques et Évêques. Au cours de ces démarches, l'un des Évêques visités, l'intrépide Évêque de Montauban, Mgr. Marty, qui m'honorait de sa bienveillante amitié et n'a rien de commun avec celui qui fut l'Archevêque de Paris, me confirma la trahison du Cardinal Rampolla. Peu après la mort de ce dernier, Mgr. Marty fit sa visite ad limina. À cette occasion, le Cardinal Merry del Val, Secrétaire d'État de saint Pie X, lui confia qu'à la mort du Secrétaire d'État de Léon XIII on trouva dans ses papiers la preuve de sa forfaiture ; il la porta personnellement au Saint Père qui fût bouleversé. De son côté, Mr. Félix Lacointa Directeur du *Bloc Catholique*, devenu *Bloc Anti-Révolutionnaire* — revue à laquelle je collaborais régulièrement — avait un important dossier sur la question et publia un article dans sa Revue, confirmant par d'autres sources, cette abominable félonie du Secrétaire d'État de Léon XIII, « Le frère Rampolla » (n° juin juillet 1929.)

Mais revenons à Diana Vaughan. Une telle conversion, de telles révélations : c'en était trop ! Lucifer et ses suppôts allaient se venger : la disparition de Diana s'imposait. Le pouvoir occulte fit intervenir alors un de ses anciens adeptes qu'il avait chassé pour escroqueries mais qui était retombé sous son joug, Léo Taxil, dont nous avons déjà parlé.

Très justement le Père Pègues écrit à son sujet : « il demeurait dévoré de toutes les concupiscences : le bruit, l'argent, les femmes. La Secte l'a

---

[191] L. Fry, *Léo Taxil et la Franc-Maçonnerie*, p. 333-334.

ressaisi par là ». Taxil organisa une ignoble machination dans un double but : empêcher les dernières révélations que Diana avait annoncé devoir faire publiquement le 19 avril 1897 et d'autre part discréditer les adversaires du Luciférisme et de la Haute Maçonnerie. Diana fut enlevée et mourut martyre de sa foi. Diana n'ayant donc pu se présenter en public le 19 avril, comme elle l'avait annoncé, Léo Taxil — présent à la réunion — prétendit que Diana Vaughan n'avait jamais existé et que c'était lui qui avait tout manigancé avec sa dactylographe pour se moquer et se venger des Catholiques ... La manœuvre de la Secte ne réussit que trop, car elle parvint ainsi à ridiculiser tous ceux qui affirmaient l'existence de la Haute Maçonnerie luciférienne et le culte rendu à Satan.

À la suite de la disparition de Diana, Monsieur de la Rive écrivit dans *La France Chrétienne* du 30 avril : « Nous sommons Léo Taxil de nous mettre en présence de la dactylographe. S'il ne peut nous la montrer et que les traits de cette femme ne correspondent pas à ceux de la Diana Vaughan de l'Hôtel Mirabeau, du portrait de Mr. Esnault et de la Diana Vaughan qui se trouvait à Loigny le 13 mars dernier, nous serons fondés à demander à Léo Taxil si la vraie Diana Vaughan n'aurait pas été supprimée pour les besoins de la cause. Dans ce nouvel épisode de la lutte anti-maçonnique, **il y a un important mystère à éclaircir** ».

Bien entendu, Léo Taxil ne répondit pas, mais dans *Le Radical*, le franc-maçon Ranc manifesta une violente colère.

Quinze jours après, Mr. de la Rive réitéra vainement sa sommation. Qui plus est, au lendemain du 19 avril, le Chanoine Mustel reçut une lettre ignoble et ordurière simulant très maladroitement l'écriture et la signature de Diana Vaughan, mais qui était de la main et de l'écriture de Léo Taxil.

Affirmons hautement que la Secte a menti. Diana Vaughan a très véritablement existé. Il n'est pas inutile de vous en donner quelques preuves entre bien d'autres :

1. La généalogie et la notoriété de la famille de Diana dans le Kentucky aux États-Unis.
2. Tous les documents du Pouvoir Occulte qu'elle a publiés et dont certains ont été confirmés authentiques par la suite.
3. Son passage en 1893-1894 au Palais Borghèse à Rome, confirmé par le Prince Borghèse luimême.
4. Le témoignage du Commandeur Lautier, qui avait été l'un des deux conviés par Diana en décembre 1893 à un dîner à l'hôtel Mirabeau. Le 1er janvier 1894, il en faisait la description suivante :
« C'est une jeune femme de 29 ans, jolie, très distinguée d'une stature au-dessus de la moyenne, la physionomie ouverte, l'air franc et honnête, le regard pétillant d'intelligence et témoignant la résolution et l'habitude du commandement. La mise est fort élégante, mais du meilleur goût, sans affectation, ni cette abondance de bijoux qui caractérise si ridiculement la majorité des riches étrangères ».

5. Celui de Mr. Esnault, l'artiste peintre de M. de la Rive, qui assistait également à ce dîner et qui, les jours suivants, peignit le portrait de Diana.
6. Le Père Sanno Solario, Jésuite de Turin, la connaissait personnellement, Monseigneur Parocchi l'affirme dans Eco d'Italia du 18 octobre 1896, donc plusieurs mois avant la disparition de Diana. Je le cite : « Che la vista et la ha parlato (qui l'a vue et lui a parlé) » vers le 15 décembre 1893, alors qu'elle arrivait de Londres et y repartait.
7. Quand elle venait à Paris, Diana descendait à l'hôtel Mirabeau : elle y resta une dizaine de jours en 1893 et y recevait son courrier, généralement recommandé ainsi qu'elle le voulait. On a donc dans les documents postaux plusieurs signatures d'elle.
8. La photographie de l'enveloppe d'une lettre recommandée envoyée de Bruxelles à Diana, alors à Londres, en 1894 remise

en mains propres. Photographie publiée par le Chanoine Billaud dans son étude Du Diable à Dieu par Jeanne d'Arc.
9. Les très nombreuses lettres que pendant plusieurs années elle adressa tant à M. de la Rive qu'à l'abbé de Bessonies, premier Vicaire à Notre-Dame des Victoires à Paris, et au Chanoine Mustel, Directeur de la Revue Catholique de Coutances, tous les trois ont conservé ces lettres.
10. Le témoignage de Mgr. Fava, Évêque de Grenoble, dans sa Semaine Religieuse du 14 janvier 1897, donc également avant la disparition de Diana.
11. La lettre que, de Chartres arrivant de Loigny, Diana écrivit le 14 mars 1897 à l'abbé de Bessonies, dans laquelle elle raconte que le curé de Loigny lui ayant demandé de signer le registre des visiteurs elle s'y refusa tout d'abord, voulant demeurer incognito, mais que, sur l'insistance du prêtre, elle signa sous un autre nom, priant son correspondant de l'excuser auprès du Curé de Loigny.
12. L'Abbé de Bessonies écrivit alors au curé de Loigny, en lui envoyant une photographie du portrait que le peintre Esnault avait fait de Diana et en lui demandant si sa visiteuse du 13 mars était bien la même personne.
13. Le Curé de Loigny en renvoyant la photographie, tint à y écrire au dos l'attestation de sa main qu'il y avait identité de personne et que « **la ressemblance était frappante** ». Lors d'une visite que l'Abbé fit ultérieurement, il fit de la visiteuse une description en tous points conforme à celle du Commandeur Lautier.
14. Diana, sur le registre des visiteurs à Loigny, pour cacher son identité et conserver son incognito, avait signé : Ivana Petroff. On contrôla donc facilement l'écriture de cette signature avec celle des lettres qu'elle avait adressées à ses amis. C'était bien la même écriture.

Ajouterai-je que, personnellement, j'ai été à Loigny pour effectuer moi-même une enquête en novembre 1954. L'abbé Thevert, Curé de

Loigny à cette époque, non seulement me montra le registre et la signature, mais, le 25 novembre suivant, de son propre chef, m'envoya le calque de la signature avec son attestation.

Toutes ces preuves de l'existence de Diana sont évidentes et incontestables, comme aussi le mensonge et le crime des suppôts de Satan-Lucifer.

Diana, je vous l'ai dit avait offert sa vie en sacrifice à Dieu pour racheter son passé et obtenir le salut de ses anciens frères. Dieu exauça sa prière et accepta son offrande. Ajoutons que tout au long de son martyre, Jeanne d'Arc ne cessa pas de la soutenir.

CONCLUONS. Ce retour à Dieu, cette conversion des deux grandes prêtresses de Lucifer constituent la plus belle victoire de Dieu à l'encontre du Luciférisme et prouvent la transcendance la plus évidente du surnaturel divin en opposition avec le préternaturel luciférien. Mais, remarquons l'immense différence, l'opposition même qui existe entre ces deux cas : l'esprit de haine, d'ambition et de vengeance animait Clotilde Bersone, alors que Diana Vaughan était une âme d'élite dont l'ardente droiture et la pureté l'amenèrent du premier coup d'aile de sa Foi à la Sainteté, puis de la Sainteté au Martyre. Je crois vraiment que ce martyre de Diana nous permet de pouvoir la prier.

Oui, Dieu est le plus fort. Il est le Créateur, alors que Lucifer n'a jamais été, ne demeure et ne sera jamais que la créature toujours impuissante en face de Dieu.

Au moment où Lucifer se croira définitivement vainqueur et où l'Église et la France paraîtront à jamais perdues — Dieu, dans Sa Toute Puissance Infinie — détruira la démocratie parce qu'elle est luciférienne dans son principe, et Il fera remonter sur le Trône de France la Race de David — donc Celle même de Notre-Seigneur. Alors, uni au Saint Pape, le Grand Monarque assurera le Triomphe sans précédent de l'Église et de la France : **L'Ordre voulu par Dieu sera rétabli et le Règne du Sacré-Cœur et du Cœur immaculé de Marie assuré.**

CHAPITRE VIII

L'ENCYCLIQUE « HUMANUM GENUS » DE LÉON XIII

Cette étude serait incomplète si elle ne se terminait par quelques citations de l'Encyclique *Humanum genus* de Léon XIII, en date du 20 avril 1884, qui est plus que jamais d'actualité. Le Souverain Pontife écrit :

« Depuis que par la jalousie du démon, le genre humain s'est misérablement séparé de Dieu, auquel il était redevable de son appel à l'existence et des dons surnaturels, il s'est partagé en deux camps ennemis, lesquels ne cessent pas de combattre **l'un pour la Vérité et pour la Vertu, l'autre pour tout ce qui est contraire à la Vertu et à la Vérité. Le premier est le Royaume de Dieu sur la terre, à savoir la véritable Église de Jésus-Christ**, dont les membres, s'ils veulent lui appartenir du fond du cœur et de manière à opérer leur salut, doivent nécessairement servir Dieu et Son Fils Unique, de toute leur âme, de toute leur volonté. **Le second est le royaume de Satan.** Sous son empire et en sa puissance se trouvent tous ceux qui, suivant les funestes exemples de leur chef et de nos premiers parents, refusent d'obéir à la loi divine et multiplient leurs efforts, ici pour se passer de Dieu, **là pour agir directement contre Lui** ».[192]

Le Souverain Pontife dénonce la Franc-Maçonnerie et rappelle les condamnations de ses prédécesseurs, auxquelles il y aurait lieu d'ajouter l'Allocution Consistoriale de Pie VI sur le martyre du Roi Louis XVI

---

[192] C'est nous qui soulignons en caractères gras.

dans laquelle est condamnée l'œuvre des Philosophes — **l'encyclopédie** — tous membres des Loges. Léon XIII constate que :

« Dans l'espace d'un siècle et demi, la secte a fait d'incroyables progrès. Employant à la fois l'audace et la ruse, elle a envahi tous les rangs de la hiérarchie sociale et commence à prendre, au sein des États modernes, une puissance qui équivaut presque à la souveraineté. De cette rapide et formidable extension sont précisément résultés pour l'Église, pour l'autorité des princes, pour le salut public les maux que nos Prédécesseurs avaient depuis longtemps prévus ».

Puis, il passe en revue la lutte qu'il a engagée pour combattre les erreurs des sectes :

« Profitant de toutes les occasions favorables, Nous avons traité les principales thèses doctrinales sur lesquelles les opinions perverses de la secte maçonnique semblent avoir exercé la plus grande influence. C'est ainsi que dans notre Encyclique *Quod Apostoli Muneris*, Nous Nous sommes efforcés de combattre les **monstrueux systèmes des socialistes et des communistes** ».

Il condamne ensuite le **secret** dont les sectes s'entourent :

« Ceux qui sollicitent l'initiation ... **doivent faire le serment solennel de ne jamais révéler à personne, à aucun moment, d'aucune manière, les noms des associés, les notes caractéristiques et les doctrines de la société.** C'est ainsi que **sous les apparences mensongères et en faisant de la dissimulation une règle constante die conduite, comme autrefois les manichéens, les Francs-maçons n'épargnent aucun effort pour se cacher et n'avoir d'autres témoins que leurs complices.**

« **Leur grand intérêt étant de ne pas paraître ce qu'ils sont**, ils jouent le personnage d'amis des lettres ou de philosophes réunis ensemble pour cultiver les sciences. Ils ne parlent que de leur zèle pour le progrès de la civilisation, de leur amour pour le pauvre peuple ... » alors qu'en fait « il s'agit pour les Francs-maçons — et tous leurs efforts tendent à ce but — de détruire de fond en comble la discipline religieuse et sociale qui est née des institutions chrétiennes, et de lui en substituer une nouvelle façonnée à leurs idées, et dont les principes fondamentaux et les lois sont empruntés au naturalisme ».

« Or le premier principe des naturalistes, c'est qu'en toutes choses la nature, ou la raison humaine, doit être maîtresse et souveraine ... ils nient que Dieu soit l'auteur d'une révélation. Pour eux, en dehors de ce que peut comprendre la raison humaine, il n'y a ni dogme religieux, ni Vérité ... »

C'est donc la destruction de tout dogme religieux, d'où le principe du laïcisme et de la séparation entre l'Église et l'État, et la nécessité de « constituer l'État tout entier en dehors des institutions et des préceptes de l'Église ». Et Léon XIII rappelle qu'ils ont dépouillé le Pape de sa Souveraineté temporelle « nécessaire garantie de la liberté et de ses droits » qu'ils proclament « que le moment est venu de supprimer la puissance sacrée des Pontifes Romains et de détruire cette Papauté qui est d'institution divine » ... ; qu'ils soutiennent et proclament « la grande erreur du temps présent, laquelle consiste à reléguer au rang des choses indifférentes le souci de la religion et à mettre sur pied d'égalité toutes les formes religieuses », ce qui est la ruine de toutes les religions.

Léon XIII constate qu'alors :

« Toutes les vérités qui découlent de l'ordre naturel fatalement s'effondre. C'est la ruine de la morale et de la famille et les hommes tombent sous « l'esclavage des passions ». Il s'est trouvé dans la franc-maçonnerie des sectaires pour soutenir qu'il fallait systématiquement employer tous les moyens de saturer les multitudes de licences et de vices ... »

Il proteste contre ce principe maçonnique « qu'il n'y a pas d'union légitime en dehors du mariage civil », car **c'est la porte ouverte au divorce et à l'union libre** ...

Puis Léon XIII condamne les dogmes de la science politique des sectes, à savoir :

« **Les hommes sont égaux en droit ;** tous à tous les points de vue sont d'égale condition. Étant tous libres par nature, **aucun d'eux n'a le droit de commander à un de ses semblables**, et c'est faire violence aux hommes que de prétendre les soumettre à une autorité quelconque à moins que cette autorité ne procède d'eux-mêmes. **Tout pouvoir est donc dans le peuple libre ; ceux qui exercent le commandement n'en sont les détenteurs que par le mandat ou la concession du peuple**, de telle sorte que si la volonté populaire change, **il faut dépouiller de leur autorité les chefs de l'État, même malgré eux**. La source de tous les droits et de toutes les fonctions civiles réside soit dans la multitude, soit dans le pouvoir qui régit l'État, **mais seulement quand il a été constitué d'après les nouveaux principes. En outre l'État doit être athée** ».

Tous ces faux principes sont **formellement condamnés** par le Pape, car ils relèvent d'un paganisme pire que celui des anciens, et il ajoute :

« Leurs dogmes principaux sont en si complet désaccord avec la raison qu'il ne se peut imaginer rien de plus pervers ».

Et il poursuit :

« L'autre dessein, à la réalisation duquel les francs-maçons emploient tous leurs efforts **consiste à détruire les fondements principaux de la justice et de l'honnêteté**. Par là, ils se font les auxiliaires de ceux qui voudraient qu'à l'instar de l'animal, l'homme n'ait d'autre règle d'action que ses désirs. Ce dessein ne va rien moins qu'à déshonorer le genre humain et à le précipiter à sa perte ...

« Ces malfaisantes erreurs menacent les États des dangers les plus redoutables », l'aboutissement sera

« un bouleversement universel et la ruine de toutes les institutions ... La secte des francs-maçons n'a pas le droit de se dire étrangère aux attentats (des associations communistes et socialistes) puisqu'elle favorise leurs desseins et que sur le terrain des principes, elle est entièrement d'accord avec elles ... ils veulent fonder l'État non sur la solidité des vertus, mais sur l'impunité des vices ».

D'où inéluctablement la révolution, l'anarchie, l'athéisme.

Pour répondre aux nécessités sociales, le Pape préconise alors **le retour aux corporations détruites lors de la révolution.**

En conclusion, Léon XIII ratifie toutes les sentences, condamnations et excommunications de ses prédécesseurs et il prescrit :

« Arrachez à la franc-maçonnerie le masque dont elle se couvre et faites la voir telle qu'elle est ».

Cette condamnation s'applique non seulement à la franc-maçonnerie mais à **toutes les sectes quelles qu'elles soient.**

C'est en effet un devoir impérieux pour chacun d'entre nous de tout faire pour sauver les âmes et défendre l'Église, la civilisation chrétienne et notre Patrie. Cette étude n'a pas d'autre but que de répondre au désir du Souverain Pontife, avec d'autant plus d'insistance que l'Histoire a prouvé l'exactitude des conclusions de Léon XIII et la rigoureuse justice de ses sanctions.

*

* *

Du fait que le nouveau Droit Canon ne mentionne plus parmi les excommunications ipso facto le fait d'appartenir à la franc-maçonnerie, le Saint-Siège vient de rappeler que l'appartenance à la franc-maçonnerie et aux sectes continua à entraîner l'interdiction de la réception de la Sainte Eucharistie. Rien n'est donc changé, les condamnations demeurent.

Appendice I

La haine de Lucifer — Lucifer a un médium

« Je couvre le monde de ruines, je l'inonde de sang et de larmes, je déforme ce qui est beau, je souille ce qui est pur, je renverse ce qui est grand, je fais tout le mal que je puis faire et je voudrais pouvoir l'augmenter jusqu'aux proportions de l'infini. Je suis tout haine, rien que haine. Si tu connaissais la profondeur de cette haine, la hauteur et la largeur de cette haine, tu aurais une intelligence plus vaste que toutes les intelligences qui ont été depuis le commencement, quand bien même ces intelligences seraient réunies en une seule. Et plus je hais, plus je souffre.

« Ma haine et ma souffrance sont immortelles comme moi. Car moi je ne puis ne pas haïr pas plus que je ne puis pas toujours vivre. Mais veux-tu savoir ce qui accroît encore cette souffrance, ce qui multiplie cette haine, c'est que je sais que je suis vaincu et que je hais inutilement. Inutilement, oh non ! Puisque j'ai la joie — si l'on peut appeler cela une joie — si c'était de la joie ce serait l'unique joie que j'aie — j'ai la joie de tuer des âmes pour lesquelles Il a versé Son Sang, pour lesquelles Il est mort sur la Croix, ressuscité et monté au ciel. Ah oui ! je rends vaine Son Incarnation, Sa mort, la mort d'un Dieu : je les rends vaines pour les âmes que je tue. Comprends-tu cela ? Tuer une âme ! Il l'a créée à Son Image, Il l'a faite à Sa ressemblance, Il l'a aimée d'un amour infini, Il a été crucifié pour elle ! et je la Lui prends, je la Lui vole, je l'assassine cette âme. Je la damne avec moi ! Et je ne l'aime pas, moi, cette âme. Je la hais souverainement et je la damne. Elle m'a préféré à

Lui. Je ne suis pas pourtant descendu du ciel pour elle, ni mort pour elle, moi !

« Comment se fait-il que je te dise cela ? Tu vas peut-être te convertir toi aussi ? Tu vas m'échapper ! Il faut pourtant que je le dise. Il m'y force. Il se sert de moi contre moi, et je L'ai toujours devant les yeux de mon intelligence oui, Dieu, tel qu'Il était quand je L'adorais avec de tels transports que tous les cœurs des Saints se briseraient s'ils avaient cette lumière, cette beauté, cette bonté, cette grandeur, cette perfection ! Comment ai-je perdu tout cela ? J'ai été si heureux, si heureux, si heureux ! Je suis si malheureux éternellement !

« Et je Le hais, si tu savais comme je Le hais, Lui, Sa Divinité, Son Humanité, Ses Anges, Ses Saints, Sa Mère, Sa Mère surtout ! C'est Elle qui m'a vaincu ! Veux-tu comprendre combien je souffre et combien je hais ! Eh bien ! Je suis capable de haine et de douleur dans la même mesure que j'étais capable d'amour et de bonheur. Moi, Lucifer, je suis devenu Satan, celui qui est toujours contraire. En ce moment j'ai toute la terre dans ma pensée, tous les peuples, tous les gouvernements, toutes les lois. Eh bien !

je tiens les cordes de tout le mal qui se prépare. Et je ne fais rien qui ne soit contre cet homme, ce prêtre, ce vieillard, le Pape. Si je pouvais damner le pape ! Un pape qui se damnerait !

« Mais si je puis tenter l'homme qui est pape, je ne puis pas faire dire une erreur à cet homme. Si tu comprenais ! Le Saint-Esprit est là qui l'assiste, le Saint-Esprit l'empêche de dire une hérésie, de proférer une doctrine même douteuse, quand il parle en Pape. Ah ! Vois-tu, c'est une chose bien étonnante, celle-là, un Pape !

« Moi aussi, j'ai mon église. Dans mon église, il y a la compagnie de Satan, comme il y a chez vous la Compagnie de Jésus. Sais-tu qui c'est ? Non ! Eh bien, ce sont les francs-maçons. Mais ils ne peuvent rien contre l'Église, que la persécution comme Néron, comme Dioclétien, comme Julien, comme les Jacobins. Après ! Après ! Qu'est-ce qui m'en revient, je suis vaincu d'avance. Et pourtant j'ai toujours gagné cela, que je Lui tue des âmes. Je Lui tue des âmes ! des âmes immortelles ! des âmes qu'Il a payées sur le Calvaire ! Ah ! Qu'ils sont fous les hommes ! On les achète avec un peu d'orgueil, un peu de boue, un peu d'or.

« Crois-tu qu'Il souffrirait, dis-moi, Lui, s'Il pouvait souffrir. Mais Il ne peut pas souffrir. N'importe, je Lui tue des âmes, je Lui tue des âmes, je Lui tue des âmes ! »

(Dictée faite par Satan à un médium)

APPENDICE 2

EXORCISME CONTRE SATAN ET LES ANGES RÉVOLTÉS PUBLIÉ PAR ORDRE DE S.S. LÉON XIII

Au nom du Père, et du Fils, et du Saint-Esprit, Ainsi soit-il !

PRIÈRE À SAINT MICHEL ARCHANGE[193]

Très glorieux Prince des armées célestes, saint Michel Archange, défendez-nous dans le combat, contre les principautés et les puissances, contre les chefs de ce monde de ténèbres, contre les esprits de malice répandus dans les airs (Eph. vI, 12).

Venez en aide aux hommes que Dieu a faits à Son image et à Sa ressemblance, et rachetés à si haut prix de la tyrannie du démon (Sag. II, 23 ; Cor. VI, 20).

C'est vous que la sainte Église vénère comme son gardien et son protecteur ; vous à qui le Seigneur a confié les âmes rachetées, pour les introduire dans la céleste félicité. Conjurez le Dieu de paix qu'Il écrase Satan sous nos pieds, afin de lui enlever tout pouvoir de retenir encore

---

[193] Cette prière, composée pour mettre le démon en fuite, peut préserver de grands maux la famille et la société si, en particulier, elle est récitée avec ferveur, même par les simples fidèles. On s'en servira spécialement dans le cas où l'on peut supposer une action du démon se manifestant : soit par la méchanceté des hommes, soit par des tentations, des maladies, des tempêtes, des calamités de toutes sortes.
300 jours d'indulgences chaque jour (jour au choix) ; indulgence plénière chaque mois pour récitation quotidienne.

les hommes captifs et de nuire à l'Église. Présentez au Très-Haut nos prières, afin que, bien vite, descendent sur nous les miséricordes du Seigneur ; et saisissez vous-même l'antique serpent qui n'est autre que le diable ou Satan, pour le précipiter enchaîné dans les abîmes, en sorte qu'il ne puisse plus jamais séduire les nations (Apoc. XX, 2-3).

EXORCISME

Au nom de Jésus-Christ, notre Dieu et Seigneur, avec l'intercession de l'Immaculée vierge Marie, Mère de Dieu, de saint Miche! Archange, des saints Apôtres Pierre et Paul et de tous les saints (*et appuyés sur l'autorité sacrée de notre ministère*),[194] nous entreprenons avec confiance de repousser les attaques et les ruses du démon.

PSAUME 67 (*on le récite debout*)

Que Dieu se lève et que Ses ennemis soient dispersés ; et que fuient, devant Lui, ceux qui Le haïssent.

Comme la fumée s'évanouit, qu'ils disparaissent ; comme la cire fond devant le feu, qu'ainsi périssent les pécheurs devant la face de Dieu.

    V. voici la Croix du Seigneur, fuyez, puissances ennemies.

    R. Il a vaincu, le Lion de la Tribu de Juda, le rejeton de David.

    V. Que votre miséricorde, Seigneur, soit sur nous. R. De même que nous avons espéré en vous.

Nous t'exorcisons, esprit immonde, qui que tu sois, puissance satanique, invasion de l'ennemi infernal, légion, réunion ou secte diabolique, au nom et par la vertu de Jésus-Christ (+) Notre-

---

[194] Seuls les prêtres ou religieux récitent au début de l'exorcisme la phrase qui est entre parenthèses. Les simples fidèles ne doivent pas la réciter.

Seigneur,[195] sois arraché et chassé de l'Église de Dieu, des âmes créées à l'image de Dieu et rachetées par le précieux sang du divin Agneau (+). Désormais, tu n'oseras plus, perfide serpent, tromper le genre humain, persécuter l'Église de Dieu, ni secouer et cribler comme le froment, les élus de Dieu (+). Il te commande, le Dieu Très Haut (+), auquel, dans ton grand orgueil, tu prétends encore être semblable, Lui qui veut que tous les hommes soient sauvés et arrivent à la connaissance de la vérité (I Tim. II, 4).

Il te commande, Dieu le Père (+). Il te commande, Dieu le Fils (+). Il te commande, Dieu le Saint-Esprit (+). Il te commande, le Christ, verbe éternel de Dieu fait chair (+) qui pour le salut de notre race, perdue par ta jalousie, s'est humilié et rendu obéissant jusqu'à la mort (Phil. II, 8), qui a bâti Son Église sur la pierre solide, et promis que les portes de l'enfer ne prévaudront jamais contre elle, voulant demeurer avec elle tous les jours, jusqu'à la consommation des siècles (Matth. XXVIII, 20). Ils te commandent, le signe sacré de la croix (+) et la vertu de tous les mystères de la foi chrétienne (+). Elle te commande, la puissante Mère de Dieu, la vierge Marie (+), qui dès le premier instant de son Immaculée Conception, par son humilité, a écrasé ta tête trop orgueilleuse. Elle te commande, la foi des saints Apôtres, Pierre et Paul, et des autres Apôtres (+). Ils te commandent, le sang des Martyrs, et la pieuse intercession de tous les Saints et Saintes (+).

Or donc, dragon maudit et toute la légion diabolique, nous t'adjurons par le Dieu (+) vivant, par le Dieu (+) vrai, par le Dieu (+) Saint, par le Dieu qui a tant aimé le monde, qu'Il lui a donné Son Fils unique, afin que quiconque croit en Lui ne périsse pas, mais ait la vie éternelle (Jean, III, 16) : cesse de tromper les humaines créatures et de leur verser le poison de la damnation éternelle ; cesse de nuire à l'Église, et de mettre des entraves à sa liberté. va-t-en, Satan, inventeur et maître de toute tromperie, ennemi du salut des hommes. Cède la place au Christ, en qui tu n'as rien trouvé de tes œuvres, cède la place à l'Église, une,

---

[195] On fait le signe de la Croix chaque fois que dans le texte de l'exorcisme il y a une petite croix.

sainte, catholique et apostolique, que le Christ Lui-même a acquise au prix de Son sang.

Humilie-toi sous la puissante main de Dieu ; tremble et fuis à l'invocation, faite par nous du saint et terrible Nom de Jésus, que les enfers redoutent, à qui les vertus des Cieux, les Puissances et les Dominations sont soumises que les Chérubins et les Séraphins louent sans cesse dans leurs concerts, en disant : Saint, Saint, Saint est le Seigneur, le Dieu des armées.

V. Seigneur, exaucez ma prière.

R. Et que mon cri s'élève jusqu'à vous.

V. Le Seigneur soit avec vous,[196]

R. Et avec votre esprit.

ORAISON

Dieu du ciel, Dieu de la terre, Dieu des Anges, Dieu des Archanges, Dieu des Patriarches, Dieu des Prophètes, Dieu des Apôtres, Dieu des Martyrs, Dieu des Confesseurs, Dieu des vierges, Dieu qui avez la puissance de donner la vie après la mort, le repos après le travail ; parce qu'il n'y a pas d'autre Dieu que vous et qu'il ne peut y en avoir si ce n'est vous, le Créateur de toutes les choses visibles et invisibles, dont le règne n'aura pas de fin ; avec humilité, nous supplions votre glorieuse Majesté de daigner nous délivrer puissamment et nous garder sains de tout pouvoir, piège, mensonge et méchanceté des esprits infernaux. Par le Christ Notre-Seigneur.

Ainsi soit-il.

---

[196] Les simples fidèles omettent ce Verset et le Répons.

Des embûches du démon, délivrez-nous, Seigneur.

Que vous accordiez à votre Église la sécurité et la liberté pour vous servir nous vous en supplions, exaucez-nous.

Que vous daigniez humilier les ennemis de la Sainte Église, nous vous en supplions, exaucez-nous. (*on asperge d'eau bénite l'endroit où l'on se trouve*).

Permis d'imprimer,
Montepessulano die 23 nov. 1934,
P. Castel, vic. gén.

* * *

APPENDICE 3

LISTE D'OUVRAGES À CONSULTER

Aux jeunes qui veulent défendre la Foi, la Patrie et les Principes éternels, il nous parait particulièrement opportun d'indiquer une bibliographie qui leur permettra d'étudier les principes et l'histoire et de pouvoir ainsi agir efficacement en connaissance de cause. Certains de ces ouvrages sont quasi introuvables, mais les grandes bibliothèques les possèdent. Cette liste n'est pas limitative. Nous soulignons les ouvrages fondamentaux

1 — DOCTRINE RELIGIEUSE

Les Encycliques et documents pontificaux depuis PIE IV, et notamment :

- PIE VI : lettre QUOD ALIQUANTUM du 10 mars 1791, condamnant la constitution civile du clergé.

  Allocution du 17 juin 1793, sur le martyre du roi Louis XVI où il est précisé que la monarchie est le meilleur gouvernement et où sont condamnés les philosophes et leurs erreurs contenues dans l'encyclopédie et aussi celles de la révolution et exposées les incompétences du peuple ce qui constitue en même temps la condamnation formelle de la démocratie ...

- PIE VII : lettre apostolique POST TAM DIUTURNAS, du 20 avril 1814, condamnant la liberté de conscience, de la presse et des cultes.

- Léon XII : exhortation Pastoris Aeterni du 2 juillet 1829 qui traite des questions suivantes : lutte à mener contre les ennemis de l'église ; la fausse philosophie ; la négation de l'autorité de l'église ; l'indifférentisme en religion ; les sociétés secrètes ; la vigilance requise au sujet des séminaires, de la presse, du mariage.
- Grégoire XVI : encyclique Mirari vos du 15 août 1832 : nécessité de garder le dépôt ; les difficultés présentes ; la sainteté de la discipline ; les fausses libertés ; le libéralisme issu du protestantisme ; devoirs des évêques et des princes.

Les documents qui, par suite des erreurs modernes contre l'autorité légitime de l'Église acheminent les fidèles vers la proclamation du dogme de l'infaillibilité pontificale :

Lettre Apostolique Cum In Ecclesia, du 17 septembre 1833.

Encyclique Quo Graviora, du 4 octobre 1833. Encyclique Commissum Divinitus, du 17 mai 1835.

Lettre apostolique Singulari Nos, du 25 juin 1844, sur les erreurs de Lamennais.

- Pie IX : encyclique Qui Pluribus, du 9 novembre 1846, sur la persécution dont l'église est victime ; sur le rationalisme et les fondements rationnels de la foi.

Encyclique Nostris et Nobiscum, du 8 décembre 1849 sur les dangers du socialisme et du communisme et la nécessité de

Prémunir les fidèles par l'instruction religieuse et les sacrements ; sur l'interprétation de la Sainte Écriture réservée à la Sainte Église. Constitution Apostolique Ineffabilis, du 8 décembre 1854, proclamant le dogme de l'Immaculée Conception.

Allocution Jamdudum Cernimus, du 18 mars 1861, condamnant le libéralisme.

Lettre Apostolique Cum Catholica, sur l'utilité du Pouvoir temporel du Pape qui lui assure la liberté politique, du 26 mars 1860. Encyclique Quanta Cura et Syllabus du 8 décembre 1864 sur les erreurs modernes. Le Saint Office, par décision du 4 juillet 1919 a tenu à en affirmer la valeur toujours actuelle et le republia.

Lettre Apostolique Gravissimas Inter, du 11 décembre 1862 sur les limites de la liberté de la science et sur le devoir d'être toujours guidé par la révélation divine.

Lettre Jam vos Omnes, du 13 septembre 1868. Appel aux églises dissidentes et exhortation à revenir à l'Église. Constitution Apostolique Pastor aeternus, du 18 juillet 1870, proclamant le dogme de l'Infaillibilité Pontificale.

- Léon XIII : Encyclique Immortale Dei, du 1er décembre 1885 sur l'origine divine du pouvoir politique, les devoirs des Souverains et Chefs d'État et le culte dû à Dieu.

  Encyclique Rerum Novarum, du 16 mai 1891, sur la question ouvrière et l'opposition de la solution socialiste à la solution chrétienne.

  Encyclique Providentissimus Deus, du 18 novembre 1893, sur l'enseignement de la Bible, c'est-à-dire de l'écriture Sainte.

  Encyclique Satis Cognitum, du 29 juin 1896, sur l'unité de l'Église, dans laquelle le Souverain Pontife déclare : « Les Évêques perdraient le droit et le pouvoir de gouverner s'ils se séparaient sciemment de Pierre et de ses successeurs ». L'étude de cette Encyclique est plus que jamais nécessaire et d'actualité du fait de l'attitude frondeuse de l'immense majorité des évêques de France et aussi de tant d'autres dans le monde.

Encyclique Divinum Illud, du 9 mai 1897 sur l'Esprit-Saint, âme de l'Église.

Encyclique depuis le jour, du 8 septembre 1899, sur la mission apostolique de la France et les devoirs que cela lui impose. Encyclique parvenu à la vingt-cinquième année, du 15 mars 1902, sur la fidélité à l'Église qui seule résoudra la question sociale ; qui seule favorise la vraie science, la vraie liberté, les droits de l'État dans leurs justes limites. L'ennemi caché : la Franc-Maçonnerie et l'athéisme d'État.

- Saint Pie X : Allocution au Consistoire du 9 novembre 1903 définissant les buts de son Pontificat : Omnia Instaurare In Christo : Tout instaurer dans le Christ. La vraie liberté ; l'accord de la foi et de la science.

Encyclique vehementer Nos, du 11 février 1906, condamnant la dénonciation par la république française du Concordat et la séparation de l'Église et de l'État.

Décret Lamentabili, du 3 juillet 1907, sur les erreurs modernistes. Encyclique Pascendi, du 8 septembre 1907, condamnant le modernisme.

Motu-Proprio Praestantia, du 18 novembre 1907, excommuniant les opposants.

Motu-Proprio Sacrorum Antistitum, du 1er septembre 1910, instituant l'obligation du serment anti-moderniste pour tous les membres du clergé. Serment qu'a supprimé Paul VI. Décret Quam Singulari, du 8 août 1910, sur la communion des petits enfants.

Lettre Notre Charge Apostolique, du 25 août 1910, condamnant Le Sillon.

- Pie XI : Encyclique Ubi Arcano, du 23 décembre 1922, sur la Paix du Christ dans le règne du Christ.

  Lettre Unigentitus Dei Filius, du 19 mars 1924, aux Supérieurs Généraux des Ordres religieux donnant les directives sur la formation des religieux, le latin étant langue de l'Église.

  Encyclique Quas Primas, du 11 décembre 1925, instituant la fête de la Royauté Universelle du Christ.

  Encyclique Casti Connubili, du 31 décembre 1930, sur le mariage chrétien.

  Encyclique Ad Catholici Sacerdotii, du 20 décembre 1935, sur la fonction sacerdotale. Encyclique Divini Redemptoris, du 19 mars 1937, condamnant le communisme comme intrinsèquement pervers. Encyclique Mit Brennender Sorge, du 23 mars 1937, condamnant le nazisme d'Hitler.

  Lettre Apostolique du 2 mars 1922, proclamant Notre Dame de l'Assomption patronne principale de la France et sainte Jeanne d'Arc patronne secondaire.

- Pie XII : Il convient de se reporter aux discours que le futur Pie XII prononça comme Légat Pontifical tant lors de la Consécration de la Basilique Sainte Thérèse de l'Enfant-Jésus à Lisieux qu'à Notre Dame de Paris, en 1937. Lors de cette dernière cérémonie, avec une éloquence admirable et une affection très marquée, il rappela la vocation chrétienne de la France.

  La même année, Pie XI tint à le dire, c'est le Cardinal Pacelli, Secrétaire d'État qui inspira les deux Encycliques condamnant le communisme comme intrinsèquement pervers et le nazisme hitlérien comme fondamentalement anti-chrétien.

L'année suivante, au Congrès Eucharistique de Budapest, il fit une telle impression que l'épouse du Régent de Hongrie, une protestante, déclara : « C'était l'homme du Christ ! »

Le 2 mars 1939, le Cardinal Pacelli, à qui Saint Pie X était apparu pour lui annoncer qu'il serait l'Élu, devint Pie XII, l'un des plus grands et des plus saints Papes que l'Église ait eue.

Comme il savait la seconde conflagration mondiale inévitable et imminente, il tint avant qu'elle éclatât, à rendre la paix de l'âme aux Royalistes français et il leva tous les interdits et toutes les sanctions dont l'Action Française avait été injustement la victime, sanctions qu'il n'avait jamais approuvées et auxquelles il n'avait eu aucune part.

Il fit tout ce qu'il put pour maintenir la paix, mais vainement. Alors, il rappela au monde les vérités éternelles concernant les conflits internationaux et défendit les opprimés. Il ne cessa pas d'intervenir officiellement et officieusement en faveur des Juifs ignoblement persécutés par Hitler et ouvrit un asile pour eux au Vatican même. À l'égard de la Pologne, plus de deux cent soixante documents officiels sont consacrés aux persécutions allemandes et soviétiques dont elle fut la victime.

Le 5 mai 1941, Radio-Vatican déclare :

« La révolution soviétique avait promis un ordre nouveau, un progrès illimité ; mais, après vingt-cinq ans d'expérience, la grande croisade de régénération du peuple aboutit à l'esclavage du peuple et de toute la personne humaine. En Russie, où *l'homme n'est plus considéré comme une créature mais comme une machine, il n'existe plus ni famille, ni ami et le bonheur n'est qu'un vain mot* ».

Tous les moyens humains s'étant montrés impuissants à arrêter la conflagration mondiale, PIE XII décida la CONSÉCRATION DU GENRE

HUMAIN AU CŒUR IMMACULÉ DE MARIE. Cette Consécration annoncée le 31 octobre 1942 à l'occasion du 25ème anniversaire des Apparitions de Fatima, coupe en deux l'Histoire de la guerre. Jusqu'à ce moment, Hitler n'avait eu que des victoires ; à partir de cette Consécration, il n'enregistra plus que des revers jusqu'à sa chute définitive.

Dans tous les domaines de l'activité humaine, PIE XII a rappelé les principes sur lesquels ils reposent et a donné les directives d'applications. C'est *toute son œuvre* qu'il faudrait étudier. Rappelons, notamment :

1943 — 29 Juin, l'Encyclique sur LE CORPS MYSTIQUE DU CHRIST.

1943 — 30 Septembre, Encyclique DIVINI AFFLANTE SPIRITU, sur l'Écriture Sainte et l'exégèse catholique.

1945 — l'Allocution lors de la remise des lettres de créance du nouvel Ambassadeur de France dans laquelle est *sévèrement jugée l'action de Charles De Gaulle* et de ce qu'on a appelé « la libération » (*Documentation Catholique* du 10 Juin, p. 420)

1945 — 17 Juin — ALLOCUTION RADIODIFFUSÉE AUX FAMILLES FRANÇAISES À L'OCCASION DE LEUR CONSÉCRATION AU SACRÉ-CŒUR, en la Basilique de Montmartre.

1946 — 20 Avril : ALLOCUTION À LA JEUNESSE CATHOLIQUE, sur la lutte à mener : DANS CE COMBAT, IL S'AGIT D'UN OUI ABSOLU ET D'UN NON ABSOLU.

1947 — 28 Janvier — Allocution au clergé : « *Ne vous laissez pas duper par le songe creux de gagner à vous l'adversaire à force de marcher à sa remorque et de vous modeler sur lui* ».

1947 — 20 Novembre — Encyclique MEDIATOR DEI, sur le culte du corps mystique de Notre-Seigneur Jésus-Christ.

1950 — 12 Octobre — Encyclique Humani Generis, admirable synthèse de ses enseignements fondamentaux, complétée par *les grandes Allocutions doctrinales aux Évêques du monde entier des 31 mai et 2 novembre* 1954.

1950 — 1ᵉʳ Novembre — Proclamation du Dogme de l'Assomption de Marie. Pie XII fut très véritablement le Pape par excellence de la Très Sainte Vierge ; en huit ans, il décréta trois années mariales et le 11 *octobre* 1954 il publia l'Encyclique sur La royauté universelle de Marie.

1951 — le 5 Juin et le 29 Mai 1954, Allocutions lors de la Béatification et de la Canonisation de Saint Pie X. Les enseignements de saint Pie X et de Pie XII sont complémentaires.

1956 — 15 Mai — Encyclique Haurietis Aquas, dans laquelle il met définitivement au point le *culte dû au Sacré-Cœur de Jésus.*

24 Juin — Allocution aux Français à l'occasion du Vème centenaire du procès de réhabilitation de Jeanne d'Arc, dans laquelle le Souverain Pontife rappelle le *devoir du patriotisme et annonce comment et par qui se produira le grand triomphe de l'Église et de la France :* « Les légions de Jeanne d'Arc qui reviennent, bannières déployées, pour sauver la Patrie et sauver la Foi ».

À cette occasion, il n'est pas inutile de rappeler depuis Léon XIII les documents pontificaux concernant la Pucelle, qui a été très réellement *la grande martyre de la royauté universelle du Christ et du caractère sacré et divin de la royauté en France :*

> Léon XIII : Décret du 27 Janvier 1894 introduisant la Cause.
> Saint Pie X : 18 Avril 1909, Béatification de Jeanne d'Arc.
>
> Benoît XV : 6 Avril 1919, Allocution après lecture solennelle du Décret reconnaissant les miracles prescrits pour la

Canonisation. 6 juillet 1919 : Canonisation de Sainte Jeanne d'Arc.

PIE XI : 2 Mars 1922 : *Lettre Apostolique* proclamant Notre Dame Patronne principale de la France et Sainte Jeanne d'Arc Patronne secondaire.

1958 — 17 Septembre — Radio-Message, comme en un testament : « *Nous voulons proclamer bien haut notre certitude que la restauration du règne par Marie ne pourra manquer de se réaliser* ».

- PAUL VI : Nous renvoyons à notre étude *L'infaillibilité Pontificale, le Syllabus, la condamnation du modernisme et la crise actuelle de l'Église* (seconde édition) pour connaître l'action de ce pontife. Heureusement, il a reconnu le 12 Janvier 1966 à propos du Concile Vatican II : « *Étant donné son caractère pastoral, le Concile a évité de proclamer de façon extraordinaire des dogmes dotés de la note d'infaillibilité* ».

Et le 29 Juin 1972, il avait déclaré qu'il avait le sentiment que « par quelque fissure *la fumée de Satan est entrée dans le peuple de Dieu ... une puissance adverse est intervenue dont le nom est le Diable* ».

Jugeant ce pontificat, le Ministre d'État du Suprême Conseil du Rite Ecossais en France, Monsieur Marsaudon, déclarait dans son livre, *L'œcuménisme vu par un franc-maçon de tradition* :

« On peut vraiment parler là de *révolution qui, partie de nos loges maçonniques, s'est étendu magnifiquement au-dessus du dôme de Saint Pierre ...* »

2 — DOCTRINE RELIGIEUSE ET PHILOSOPHIE POLITIQUE

- Saint THOMAS D'AQUIN — Toutes ses œuvres. Voir plus loin : R.P. Thomas Pègues.
- Cardinal PIE — Toutes ses œuvres. il fut le plus grand théologien du XIXème siècle.
  Voir aussi *Histoire du cardinal pie* par Mgr Baunard, en deux volumes et *La doctrine politique et sociale du cardinal Pie* par le chanoine Catta.
- DOM GUERANGER — Toutes ses œuvres, et très spécialement :
  l'Année liturgique ;
  Essais sur le naturalisme contemporain (1858) ;
  De la monarchie pontificale (1870) ;
  Voir aussi par un Moine bénédictin (1909) : *Dom Gueranger, Abbé de Solesmes.*
- BLANC DE SAINT-BONNET — *L'infaillibilité* (1861) ;
  La Restauration Française (1872) ;
  La Légitimité (1873) ;
  Et aussi : *La Douleur* (1897) ; *L'amour et La Chute* (1898).
  Monseigneur de SÉGUR — *Réponse aux objections contre la religion.*
- R. Père PETITALOT — *Le Syllabus, base de l'union catholique* (1877).
- R. P. SARDA Y SALVANY — *Le libéralisme est un péché* A été réédité dernièrement aux Éd. de la Pensée Française à Chiré en Montreuil.
- S. G. Mgr FREPPEL — Toutes ses œuvres dont *La révolution française à propos du centenaire de* 1789.
- Mgr. DELMONT — *Modernisme et modernistes en italie, en Allemagne, en Angleterre et France* - (1909).
- Abbé G. LENERT — *Condamnés parce que condamnables*, résumé de 44 instructions sur le Syllabus (1911).

- R. P. THOMAS PEGUES — *La somme théologique de saint Thomas d'Aquin en forme de catéchisme pour tous les fidèles* (1920) ; *initiation Thomiste* (1921).
- Abbé Barbier — Toutes ses œuvres et très particulièrement sa Revue :
  La critique du libéralisme du 15 octobre 1908 au 1er août 1914.
  Ses études sur *Le Sillon* de 1905 à 1907.
  Son *Histoire du catholicisme libéral et social* publiée en 1924.
  Le progrès du libéralisme catholique en France sous Léon XIII Lethielleux 1907.
  La condamnation du modernisme social dans la censure du Sillon (1910).
  Cas de conscience : les catholiques français et la République Lethielleux (1908).
  Le Devoir Politique des catholiques Jouve (1910).
- LÉON DE CHEYSSAC (Dom Besse) — *le ralliement.*
- DOM BESSE — *Église et monarchie* Desclée (1910) ;
  Aux catholiques de droite id. (1911) ;
  Le catholicisme libéral id. (1911).
- Monseigneur HENRI DELASSUS — *vérités sociales et erreurs démocratiques* Desclée (1909) ;
  L'Américanisme et la conjuration anti-chrétienne (1910) ; *L'Esprit familial dans la maison, dans la cité et dans l'état ; Les pourquoi de la guerre mondiale.*
- ROBERT HAVARD DE LA MONTAGNE — *Étude sur le ralliement* (1926) ; *Histoire de la démocratie chrétienne de Lamennais à Georges Bidault* (1948) ; *Chemins de Rome et de France — cinquante ans de souvenirs* (1956)
  et la collection de son journal *Rome* publié à Rome.
- Père J. B. LEMIUS — *Catéchisme sur le modernisme* d'après l'encyclique Pascendi (1908).
- Chanoine BERNARD GAUDEAU — Sa Revue : *La foi catholique* de 1908 à 1937 ;
  et ses différents ouvrages, notamment *La fausse démocratie et le droit naturel* (1911).

- ÉMILE KELLER — *Les Syllabus de Pie ix et de Pie x & les principes de 1789 ou l'église, l'état et la liberté* Lethielleux (1909).
- Abbé LE DANTEC — *La faillite de la science & sa restauration dans le Christ Jésus* (1911)
- J. LAHITTON — *Catéchisme sur le* Sillon *d'après la lettre « Notre charge apostolique »* (1910)
- HENRI HELLO — *Les libertés modernes d'après les encycliques : Liberté de conscience, liberté des cultes Liberté de la presse Liberté de l'enseignement* (1911)
- JULIEN FONTAINE — *Étude comparative des deux synthèses catholiques et modernistes d'après le concile du vatican et l'encyclique* Pascendi Téqui (1914).
- Abbé P. TIBERGHIEN — *Encyclique Vix Pervenit de Benoit xiv* (1775) ;
- *intérêt & usure* (1914).
- G. Mgr ALBERT NEGRE — Toutes ses *Lettres pastorales* comme Archevêque de Tours ; et ses *Leçons fondamentales sur la religion.*
- S. G. Mgr CHOLET — *Ses lettres pastorales comme Archevêque de Cambrai ;* et *vers l'avenir : pour que la France se relève Nisi Dominus Custodierit Civitatem* (1919-1920).
- Mgr PRUNEL — *Cours supérieur de religion,* 5 volumes Beauchesne (1920).
- R. Père THÉOTINE DE SAINT-JUST — *La royauté sociale de notre seigneur Jésus-Christ* Beauchesne (1925).
- Abbé HENRI COLLIN — *Manuel de philosophie Thomiste,* 2 volumes Téqui (1926).
- ANONYME — *La doctrine juridique & sociale de l'église en face du modernisme* (1926).
- H. DEHOVE — *Le droit des familles vis à vis de l'état en matière d'enseignement & d'éducation* Chez Giard à Lille (1926).
- R. Père A. PHILIPPE — *Le catéchisme des droits divins dans l'ordre social* (1927) ;

  Le Christ vie des nations (1929) ; et la Revue de la *Ligue apostolique.*

- Victor Bouillon — *la politique de saint Thomas* Letouzey (1927).
- T. R. Père Garrigou-Lagrange — Tous ses ouvrages (au moins ceux publiés en français).
- Abbé P. Christian — *Libertés modernes & vérités* (1929).
- Auguste Cavalier — *Les rouges chrétiens ?* Bossard (1929).
- T. R. Père le Floch — *le cardinal Billot, lumière de la théologie* et toutes ses œuvres.
- Abbé Roul — *L'Église catholique & le droit commun* (1931).
- Charles Maignen — *La doctrine sociale de l'église d'après les encycliques de léon* xiii, *pie* X, *Pie* VI *de 1891 à 1931* Téqui (1931).
- Émile Laporte — *La démocratie contre la nation* Couselant à Cahors (1941).
- J. Calbrette (R.P. Catry) — *Mounier le mauvais esprit* Nouvelles Éditions Latines (1957).
- Cardinal Siri — *Orthodoxie Erreurs & dangers Orthodoxie Fléchissements Compromis* (1963).
- Dom Frenaud — *Pensée philosophique & religieuse du P. Theilard de Chardin* (1963).
- Dr Maurice Vernet — *La grande illusion de Teilhard de Chardin* Gedalge (1964).
- R. Père Philippe de la Trinité — *Rome & Teilhard de Chardin* Fayard (1964).
- Dr Louis Bounoure — *Recherche d'une doctrine de la vie ; vrais savants & faux prophètes* Laffont (1964) ;
Notamment le chapitre VII : *L'illuminisme idéologique et prophétique de Teilhard de Chardin*.
- Dr François Lamasson — *Origine et valeur de la psychanalyse* (1965).
- R. Père Calmels — tous ses ouvrages et notamment, *Théologie de l'histoire* Itinéraire (1966).
- Éditions Saint Michel — *Le fin mot du père Teilhard de Chardin* (1967).

- André et Henri Charlier — *Le chant gregorien* Martin-Morin (1967).
- Henri Charlier — *Le martyre de l'art ou l'art livre aux bêtes* N. E. L.
- André Charlier — *Lettres aux capitaines* Ed. Ste Madeleine à Bedoin ; Un groupe de Théologiens — *L'Ordo Missæ*, Ed. du Cèdre (1969).
- René Valneve (R. P. Simon) — *Teilhard l'apostat ;*
  Forts dans la foi (1970).
- Abbé Eugène Terrien — *Monseigneur Freppel*, 2 vol. Haton (1936) ;
  La collection des *enseignements pontificaux* — publiée par les Bénédictins de Solesmes.
- Marcel Cardineau — *la vierge vous parle* Pellevoisin (1946).
- Père Pierre Fernesole — *La papauté & la paix du monde* Beauchesne (1948).
- M. De la Bigne de Villeneuve — *Un grand philosophe et sociologue méconnu : Blanc de Saint-Bonnet* Beauchesne (1949).
- Hary Mitchel — *Pie X, le Saint* N. E. L. (1950) ;
  Pie X & la France Ed. du Cèdre (1954) ;
  Le cardinal Merry Del val, secrétaire d'État de Pie x (1956).
- Cardinal Merry Del Val — *Pie X impressions & souvenirs* Œuvre Saint Augustin (1951).
- R. Père Dal Gal — *Le cardinal Merry Del Val* N. E. L. (1955).
- Jacques Marteaux — *L'église de France devant la révolution marxiste* Table Ronde (1958-1959).
- Cardinal Ottaviani — *L'église & La Cité* Typographie Vaticane (1963).
  Office international des œuvres de formation civique et d'action doctrinale : L'Homme face au totalitarisme moderne (1964).
- Jean Ousset — *Pour qu'il règne*, (la première édition seulement).
- *La Cité Catholique : Le Marxisme Léniniste* Congrès de Lausanne ;
  La famille Congrès de Lausanne ;

Le travail Congrès de Lausanne ; etc. ... et congrès suivants.
- DIETRICH VON HILDEBRAND — *Le cheval de Troie dans la cite de dieu* Ed. Beauchesne (1971).
- LOUIS SALLERON — *la nouvelle messe* N. E. L. (1970) et tous ses ouvrages.
- Mgr RUDOLF GRABER — *Athanase & l'église de notre temps* Ed. du Cèdre (1973).
- GERVAIS DUMEIGE — *Textes doctrinaux du magistère de l'église sur la foi catholique* Ed. Orante (1974).
- DE LA FRANQUERIE — *L'infaillibilité pontificale ;*
Le Syllabus ;
La condamnation du modernisme et du Sillon ;
La crise actuelle de l'église Chiré en Montreuil (1974) ;
Saint Pie X, sauveur de l'église et de la France Ed. Résiac (1976) ;
Un grand et saint Pape qui aimait la France : Pie XII tel que je l'ai connu Ed. Chiré (1980) ;
Le cardinal Mindszenty, martyr Ed. Résiac (1980) ;
Le caractère sacré et divin de la royauté en France Ed. Chiré (1978) ;
Le droit royal historique en France Brochure ;
Charles Maurras défenseur des vérités éternelles (1972) ;
La consécration du genre humain et celle de la France au cœur immaculé de Marie Ed. Ulysse (1984) ; *Les ascendances Davidiques des rois de France & leur parenté avec la très sainte vierge & notre seigneur Jésus-Christ* Ed. Jeanne d'Arc.
- MICHEL FROMENTOUX — *L'illusion démocratique* (1975) ;
- ANDRÉ FIGUERAS — *La croix de Lorraine qui tue* (1975) ;
Pamphlets interdits (1976) ;
De Laennec à saint Nicolas du Chardonnet, le combat de Monseigneur Ducaud-Bourget (1977) ;
Avorteurs et avortons (1980) ; etc. ...
- Me DESMURS-MOSCET — *Face à face : Monseigneur Ducaud-Bourget ;*
Cardinal Marty (1977).

- R. Père RALPH WILTGEN — *Le Rhin se jette dans le Tibre* Ed. Cèdre (sur Vatican II).
- Monseigneur DUCAUD-BOURGET — Tous ses ouvrages et notamment : *les Précurseurs, Claudel, Mauriac et Cie, Catholiques de Littérature ;*
La maçonnerie noire ou la vérité sur l'intégrisme.
- Abbé BOYER — *Complot permanent contre la vérité : Freud* Ed. N. D. de Fatima à saint Geours de Marenne, (1976) ;
Complot permanent contre la vérité : Einstein idem.
- CONTINUS et ABBÉ DES GRAVIERS — *Propos sur la messe* Courrier de Rome (1979).
- Abbé DULAC — *La collégialité épiscopale au 2ème concile du Vatican*, et ses ouvrages (1979).
- Dom GÉRARD CALVET — *L'Église face aux nations et la vocation monastique* Édition sainte Madeleine à Bedoin (84410).
- DENIS CLABAINE — *Le Yoga face à la croix. Réflexion chrétienne sur le yoga, l'hindouisme, la M. T. et divers « voies de libération »* Fraternité de la Croix-Arnaud, 44, rue de la Buffa à Nice.
- HUGHES KERALY — *Amnesty international* et ses autres ouvrages (1980) à *itinéraires.*
- R. Père EMMANUEL — Toutes ses œuvres et notamment : Le Naturalisme ;
et *Les deux cités* Martin Morin.
- JOSEPH DE MAISTRE — Toutes ses œuvres.
- BONALD — Toutes ses œuvres.
- JACQUES BAINVILLE — Toutes ses œuvres.
- GUSTAVE THIBON — Toutes ses œuvres.
- JEAN MADIRAN — Toutes ses œuvres.
- MARCEL DE CORTE — Toutes ses œuvres.

Les revues suivantes depuis leur début :
- *Écrits de Paris* ; *itinéraire* ; *Monde et vie* etc. ... et la remarquable *Lettre d'information* de Pierre de villemarest, *Le Bulletin d'André*

Noël ; La revue de presse de *Encore Fatima ;* La pensée catholique et tout ce qu'a publié l'Abbé Luc Lefevre.
- Monseigneur MARCEL LEFEBVRE — Tous ses ouvrages et toute son action et très particulièrement :
Crise de l'église ou crise du sacerdoce (1974) ;
Un évêque parle (1974-1975) ;
Lille Genève Besançon — Écône — Homélie — Été chaud (1976) ;
J'accuse le Concile (1976) ;
La messe de Luther (1975).
- Mgr M. LEFEBVRE et J. HANU — *Non ! Entretiens avec Monseigneur Lefebvre* (1977).
- ROLAND GAUCHER — *Monseigneur Lefebvre Combat pour l'église* (1976).
- JACQUES PLONCARD D'ASSAC — Tous ses ouvrages et plus spécialement :
Doctrines du nationalisme (1959) ;
L'État corporatif (1960) ;
Le nationalisme et la question coloniale (1962) ; *Le dictionnaire politique de Salazar* (1964) ; *La nation, l'Europe et la chrétienté* (1964) ; *L'Afrique trahie* (1964) ;
Critique nationaliste.
- MAURICE JALLUT — *La France moderne et la démocratie* L'Ordre français (1963).
- ANTONIO PACIOS — *La passion de l'église* (1973).

3 — HISTORIQUE

- Abbé DESAILLY — *Authenticité du grand testament de saint Rémi* Dumoulin (vers 1860).
- AUGUSTE LONGNON — *Origine et formation de la nationalité française.*
- FUSTEL DE COULANGES — Tous ses ouvrages.

- Jacques Bainville — Tous ses ouvrages et notamment :
  Histoire de France (1924) ;
  Histoire de deux peuples continuée jusqu'à Hitler (1940) ;
  Histoire de trois générations (1918) ;
  La république de Bismarck ;
  Bismarck & la France (1921) ;
  Correspondance secrète de Bismarck et de Gambetta (1905) ;
  Les conséquences politiques de la paix (1920) ;
  L'empereur (1939 ;
  La troisième république (1935).
- Charles Maurras — *Le mauvais traité*, 2 vol. 1928 ;
  Le bienheureux Pie X, sauveur de la France (1952) ;
  De la colère à la justice, réflexions sur un désastre (1942) ;
  La démocratie religieuse (1921) ;
  Dictionnaire politique & critique, à partir de 1931 ;
  Enquête sur la monarchie ;
  Kiel & Tanger ;
  La république française devant l'Europe ;
  Napoléon avec la France ou contre la France (1932) ;
  La seule France (1941).
- Hector Talvart — *Maurras religieux et suscitateur de foi* Rupella (1930).
- Roger Joseph — *Qui est Jacques Bainville* Essai (1967).
- Fr. Funck-Brentano — *L'ancienne France : le roi* Hachette (1920) ;
  Ce qu'était un roi de France Hachette (1947) ;
  Le moyen âge : Les croisades ; Jeanne d'Arc chef de guerre ;
  L'ancien régime ;
  L'affaire du collier ;
  La mort de la Reine.
- Marie-Madeleine Martin — Tous ses ouvrages et plus spécialement :
  Histoire de l'unité française Conquistador ;
  Le roi de France ou les grandes journées qui ont fait la monarchie Table Ronde ;

Sully-le-grand, l'ami du Roi Perrin ;
Charles De Gaulle cité au tribunal de l'histoire D.M.M. ; *Othon De Habsbourg, prince d'Occident* Conquistador ; *Le latin immortel* Reconquista.

- JEAN-PIERRE BAYARD — *Le sacre des rois* La Colombe (1964).
- DOM BESSE — *Ce qu'est la monarchie* Desclée, brochure.
- PIERRE CHAMPION — *La galerie des rois* Grasset (1934).
- GABRIEL BOISSY — *Pensées choisies des rois de France* Grasset (1920) ;
L'art de gouverner selon les rois de France Grasset (1935).
- R.P. CHARTON — *Les saints de la famille capétienne* Saint Paul (1939).
- PAUL DEL PERUGIA — *Louis* XV Albatros (1976).
- CHARLES KUNSTLER — *La politique de nos rois* Fayard (1942).
- Prince SIXTE DE BOURBON-PARME — *Le traité d'Utrecht & les lois fondamentales du royaume* Champion (1914).
- PAUL WATRIN — *La Tradition monarchique* Savaète
- PAUL F. MACQUAT — *il n'y a plus de famille d'Orléans* Gourroy à Nîmes.
- GUSTAVE GAUTHEROT — *L'agonie de Marie-Antoinette* Mame.
- HENRY COSTON — *Procès de Louis XVI & de Marie-Antoinette* HENRI COSTON (1981) ;
Les financiers qui mènent le monde Librairie Française ;
La haute banque et les trusts idem ;
L'Europe des banquiers idem ;
La France à l'encan idem ;
Dictionnaire de la politique française Henri Coston ;
Les causes cachées de la seconde guerre mondiale Librairie Française ;
Onze ans de malheurs idem ;
Et, bien entendu, ses ouvrages sur le Pouvoir Occulte, *La conjuration des illuminés* H. Coston ;
La république du Grand Orient, Lectures Française ;
Les technocrates & la synarchie, idem.

- ANONYME (M. Vassal) — *Dieu, la royauté & le salut de la France* Saint Paul (1890).
- Mgr DELASSUS (Henri) — *La mission posthume de la bienheureuse Jeanne d'Arc & le règne social de notre seigneur Jésus-Christ* Desclée (1913).
- PIERRE VIRION — *Le Christ qui est roi de France* Ed. St Germain (1949) ;
  Le mystère de Jeanne d'arc & la politique des nations Ed. Téqui (1972).
- Dr RENATO ZANELLI — *L'histoire du roi Chiappini & de Maria Stella Newborough* Ed. Méridionales à Nimes (1934) publié en italien par le Colleglo Araldico (Instituto Araldico Romano) qui relate les jugements des cours ecclésiastiques concernant le troc d'enfants ; Le fils du geôlier Chiappini étant devenu Louis-Philippe d'Orléans, roi des français, en 1830.
- Chanoine CORMIER — *La vie intérieure de Charles Maurras* Ed. Plon (1955) ;
  Mes entretiens de prêtre avec Charles Maurras Mars à novembre 1952 Ed. Plon (1953).
- DE LA FRANQUERIE — *La mission divine de la France*, 5ème éditions depuis 1926 ;
  La vierge Marie dans l'histoire de France ; La consécration de la France à saint Michel ; Le Sacré-Cœur et la France ;
  Saint Joseph ;
  Saint Louis roi de France ;
  Jeanne d'Arc la pucelle et sa double mission spirituelle & temporelle ;
  Louis xvi, roi et martyr ;
  Madame Elizabeth de France ;
  Le saint Pape et le grand monarque d'après les prophéties ;
  Saint Remi thaumaturge & apôtre des francs ;
  Marie-Julie Jahenny : sa vie, ses révélations ;
  Ascendances Davidiques des rois de France et leur parenté avec Notre-Seigneur ;

Consécration du genre humain & celle de la France au cœur immaculé de Marie Documents & souvenirs (1984).
- GONZAGUE DE REYNOLD — *La formation de l'Europe* Egloff (1944) et Plon (1953) ;
Synthèse du XVIIème siècle Conquistador (1962).
- LOUIS BERTRAND — *Louis XIV*.
- JEAN DE PANGE — *Le Roi Très Chrétien* Fayard (1949).
- VALMIGERE — *Enquête sur la révolution* Nouvelles Éditions Latines.
- OSCAR HAVARD — *La révolution dans nos ports de guerre* (1912).
- PIERRE VIRION — *Le roi du ciel et le Saint Royaume de France selon sainte Jeanne d'Arc* (1957) ;
Jeanne en notre temps (1957).
- GÉNÉRAL LAURE — *Le Maréchal Pétain*.
- GÉNÉRAL WEYGAND — *Le 11 novembre* (1932) ;
Turenne soldat chrétien (1946) ;
Foch (1947) ;
Mémoires (1950) ;
En lisant les mémoires de guerre du général De Gaulle (1955).
- MARÉCHAL PÉTAIN — *Paroles aux français* Lardanchet à Lyon (1941) ;
La doctrine du maréchal classée par thèmes Information de l'État Français.
- LOUIS-DOMINIQUE GIRARD — *Montoire verdun diplomatique* Bonne (1948) ;
La guerre franco-française (1950) ;
L'appel de l'île d'yeux (1951) ;
Mazinghem ou la vie secrète de Philippe Pétain (1971).
- RENÉ GUERDAN — *Charte du travail* Flammarion 1941.
- ALFRED GEORGES — *Philippe Pétain le sacrifice* Nouvelles Éditions Latines (1970).
- ÉMILE FLOURENS — *La France conquise : Edouard vii & Clemenceau* — cet ouvrage ayant été subtilisé par l'Angleterre dès sa publication et un exemplaire se trouvant à la bibliothèque de la chambre des Députés, le directeur-

propriétaire du *Matin*, en fit faire une réédition clandestine à l'époque.
- PIERRE FLEURINES — *Les anglais sont-ils nos amis ?* Baudinière (1940 ou 1941).
- J. SAINTOYANT — *Un aspect de la politique anglaise* Guillemot-Lamothe à Limoges (1942).
- CLAUDE MOUTON (et Robert Martel) — *La contre-révolution en Algérie* Diffusion de la pensée française (1972).
- GÉNÉRAL SALAN — *Mémoires Fin d'un empire*, 4 volumes Presses de la Cité (1974).
- Amiral AUPHAN — *Mensonges et vérités* Îles d'or (1949). Tous ses ouvrages et notamment :
La marine dans l'histoire de France Ed. d'Histoire et d'Art ;
Histoire de la méditerranée Table Ronde ; *Histoire élémentaire de vichy* France-Empire ; *Histoire de la décolonisation* id. ;
L'honneur de servir idem (1978).
- HENRI JANNES — *Le Watergate français* Ruc (1978).
- ROLAND GAUCHER — *L'opposition en U.R.S.S.* (1967) ; *Le réseau Curie ou la subversion humanitaire* (1981) ; *Histoire secrète du parti communiste français* (1977).
- PIERRE SERGENT — *Michel Debré ou le clairon impudique* (1978).
- RÉGINE DESFORGES — Et ses divers ouvrages.
- MARÉCHAL LYAUTEY — *Le rôle social de l'officier ;*
Paroles d'action, et toutes ses œuvres.
- GÉNÉRAL GOURAUD — *Lyautey* Hachette (1938).
- HENRI MASSIS — *Défense de l'occident* Plon (1929) et ses principales œuvres.
- FRANÇOIS LEGRIX — *En écoutant Weygand* Nouvelles Editions Latines (1949).
- GÉNÉRAL VANUXEM — *Le dernier combat Drames et espoirs de l'armée française* (1976).

4 — Ouvrages dévoilant l'action luciférienne du pouvoir occulte et des sectes

- R.P. J.F. LE FRANC — *Le voile levé pour les curieux ou le secret de la révolution relevé à l'aide de la franc-maçonnerie* (1792).
- EDMUND BURKE — *Réflexions sur la révolution française et sur les procédés de certaines sociétés à Londres relatifs à cet événement* Londres (1790).
- ABBÉ BARRUEL — *Mémoires pour servir à l'histoire du jacobinisme*, publié à l'époque et réédité dernièrement par les Éditions de Chiré en Montreuil.
- J. CRETINEAU-JOLY — *L'église romaine en face de la révolution* (1861), publié sur ordre du souverain pontife, Pie IX, 3ème édition Plon.
- GOUGENOT DES MOUSSEAUX — Tous ses ouvrages et très spécialement, *le juif, le judaïsme & la judaïsation des peuples chrétiens* Plon (1869).
- N. DESCHAMPS — *Les sociétés secrètes et la société ou philosophie de l'histoire contemporaine*, 3 vol. Oudin (1882).
- JOSEPH BIZOUARD — *Des rapports de l'homme avec le démon*, 4 vol. Gaume (1863).
- LOUIS D'ESTAMPES et CLAUDIO JANNET — *La franc-maçonnerie & la révolution* (1884).
- ÉDOUARD DRUMONT — Tous ses ouvrages et *La france juive* (1886).
- MGR MEURIN — *La franc-maçonnerie, synagogue de Satan* (1893).
- DOM PAUL BENOIT — *La cité anti-chrétienne au XIXème siècle*, 4 vo l. Delhomme et Brigue (1894).
- R. Père CONSTANT — *Les juifs devant l'église & l'histoire* Gaume (1897).
- Mgr DELASSUS — *La conjuration anti-chrétienne*, 3 vol. Desclée (1910) ;

La question juive idem. (1911) ;
Les pourquoi de la guerre mondiale, 3 vol. idem ;
Problèmes de l'heure présente, 2 vol id. (1905).

- C.C. DE SAINT-ANDRÉ — *Francs-maçons et juifs, sixième âge de l'église d'après l'Apocalypse* Librairie Catholique (1880).
- ANDRÉ BARON (Louis Dasté) — *Les sociétés secrètes et leurs crimes* Daragon (1906).
- Abbé EMMANUEL BARBIER — *Les infiltrations maçonniques dans l'église* Desclée (1910).
- Mgr JOUIN — Tous ses ouvrages et sa *Revue internationale des Sociétés Secrètes* (1912) et suite ...
- ROGER DUGUET (Abbé Boulin) — *L'Élue du Dragon* Les Étincelles (1929) ; (ce sont les *Mémoires* de Clotilde Bersone, grande prêtresse de Lucifer).
- ROGER LAMBELIN — *Le règne d'Israël chez les anglo-saxons* (1921) ;
L'impérialisme d'Israël (1924) ;
Les Protocoles des Sages de Sion (1925 & 1936) ;
Les victoires d'Israël (1928).
- ANTOINE DE LA CHEVASNERIE — *Une filiale de la franc-maçonnerie : la Ligue des Droits de l'Homme* Simple brochure (1925).
- LÉON DE PONCINS — Tous ses ouvrages sont fondamentaux et notamment :
Les forces secrètes de la révolution (1928) ;
La Franc-Maçonnerie Puissance Occulte (1932) ;
S.D.N. (Société Des Nations) Super-État maçonnique (1936) ;
La liberté de la presse et la question juive : Les décrets-lois Marchandeau (1939) ;
La guerre occulte (1940) ;
La franc-maçonnerie contre la France (1941) ;
Israël destructeur d'Empires (1943) ;
La mystérieuse internationale juive (1943) ; *Espions soviétiques dans le monde* (1961) ; *Le problème juif face au Concile* (1965) ;
Infiltrations ennemies dans l'église (1970) avec Édith Delamare ;

La franc-maçonnerie d'après ses documents secrets (1972) ;
Top Secret : secrets d'états anglo-américains (1972).

- Docteur Carton — Tous ses ouvrages médicaux sont capitaux, et
La science occulte et les sciences occultes (1935).
- Augustin Cochin — *Les sociétés de pensée et la démocratie moderne* (1936) ;
La révolution et la libre pensée (1955) ;
Abstraction révolutionnaire et réalisme catholique (1960) ; Voir également la publication : *Actes d'Augustin Cochin*.
- Auguste Cavalier et P. d'Hauterive — *Israël au mystérieux destin* (1933).
- Abbé Joseph Lemann — *L'entrée des israélites dans la société française* (1886) ;
La prépondérance juive, 2 vol. (1889 & 1894).
- Chanoine Augustin Lemann — *Histoire complète de l'idée messianique chez le peuple d'Israël* (1909).
- Bernard Lazare — *L'antisémitisme, son histoire et ses causes*. Ce livre doit être utilisé avec prudence émanant d'un juif dreyfusard, mais il contient des aveux d'une importance capitale. Cet ouvrage a été réédité, *documents et témoignages* (1969).

Dans la même collection, les trois auteurs suivants :

- Gyges — *Les israélites dans la société française ;*
Les juifs dans la France d'aujourd'hui.
- Georges Ollivier — *L'alliance israélite universelle.*
- John D. Tamborini — *Les israélites dans le monde d'aujourd'hui.*
- Fry — *Léo Taxil et la franc-maçonnerie* Lettres Inédites (1934).
- R.P. Théotime De Saint Just — *Le retour d'Israël & des nations au Christ-Roi : les frères Lemann juifs convertis* Librairie Saint François (1937).

- Diana Vaughan — *Les mémoires d'une ex-palladiste* Librairie Antimaçonnique Pierret (1895 à 1897) ;

Le trente troisième crispi, un palladiste homme d'état démasqué idem (1896). Ces deux volumes peuvent être consultés à la bibliothèque nationale, mais sur ordre de la franc-maçonnerie qui ne voulait pas qu'on parle du culte luciférien, ils ont été inscrits au nom de Léo Taxil, sous les numéros 8e R. 16266 et 8e K.2760 ;

Autre ouvrage de Diana Vaughan : *La neuvaine eucharistique.*

- Abbé De La Tour De Noé — *La vérité sur Miss Diana vaughan la Sainte et Taxil le tartuffe* idem (1897), brochure.
- De La Rive — *Le juif dans la franc-maçonnerie* idem (1896) ; Domenico Margiotta : « Le palladisme culte de Satan-Lucifer dans les triangles maçonniques » ; Adriano Lemmi, chef suprême des francs-maçons (1894).
- Copin-Albancelli — *La conjuration juive contre le monde chrétien* (1909).
- Albert Monniot — *Le crime rituel chez les juifs* (1914).
- Félix Lacointa — *Le frère Rampolla* Brochure (1929).
- Flavien Brenier — *Les juifs et le Talmud* (1913).
- Chanoine Gaudeau — *Le péril intérieur de l'église* (1914).
- Louatron — *La messe noire ou le luciférisme existe* (1913).
- Louis Dasté — *Marie-Antoinette & le complot maçonnique.*
- De Lannoy — *La révolution préparée par la franc-maçonnerie* (1911).
- Gustave Bord — *La franc-maçonnerie en France des origines à 1815* Librairie Nationale (1908).
- Bernard Fay — *La franc-maçonnerie & la révolution intellectuelle au XVIIIème siècle* (1935).
- Spectator (Le R. Père Pegues) — *Le mystère de Léo Taxil & la vraie Diana vaughan* (1930).
- Geoffroy De Charnay — *La synarchie* (1946).

- Michel Rovers — *Que penser du Réarmement Moral ?* (1949).
- Mgr Cristiani — *Présence de Satan dans le monde moderne* - France Empire (1959).
- D. Judant — *Les deux Israël* Ed. du Cerf ;
  Judaïsme et christianisme Ed. du Cèdre (1969) ;
  Jalons pour une théologie chrétienne d'Israël (1975).
- Ch. Fronzac — *Le fil d'Ariane : il leur fallait que la France mourut* (1944).
- Monde & Vie — La série d'articles sur *la jamaa* Janvier à juin 1966
- Daniel Jacob, René Guénon — *Une super religion pour initiés*, dans *permanences* Novembre 1966.
- Henry Coston — toutes ses publications et sa revue *Lectures Françaises*, et *La conjuration des illuminés* (*de Bavière*) (1979).
- Pierre De Villemarest — Sa remarquable *Lettre d'information*, depuis l'origine ; Son dossier sur la *Trilatérale — Le Council On Foreign Relation* ;
  L'espionnage soviétique en France, (1944-1969) ;
  Histoire secrète des organisations terroristes, 4vol (1976).
- Jacques Bordiot — *Une main cachée dirige* (1974) ;
  L'Occident démantelé (1976) ;
  Le pouvoir occulte, fourrier du communisme : vague rouge sur l'Europe idem
- Guy Le Rumeur — *La grande hérésie* (1971) ;
  La révolte des hommes et l'heure de Marie (1981).
- Hugues Keraly — *Présence d'Arius* (1981).
- Marc Dem — *il faut que Rome soit détruite* (1981).
- Yann Moncomble — *La trilatérale et les secrets du mondialisme* (1980) ;
  L'irrésistible expansion du mondialisme (1981) ; et tous ses ouvrages.

Etc. …… Etc. …… Etc. ……

OUVRAGES DÉJÀ PARUS CHEZ OMNIA VERITAS

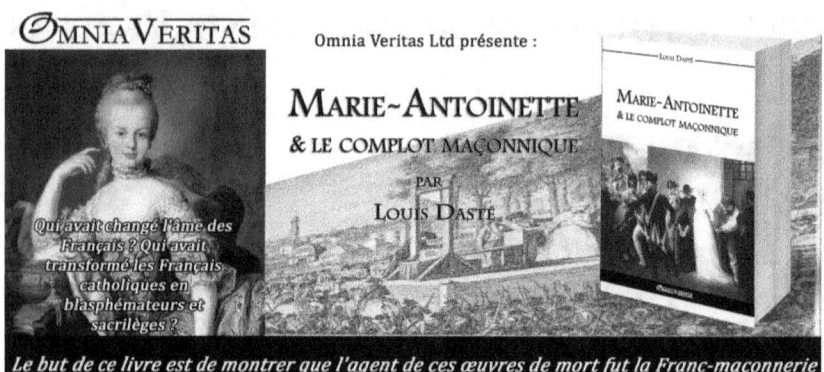

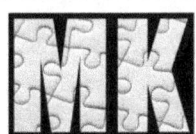

www.ingramcontent.com/pod-product-compliance
Lightning Source LLC
Chambersburg PA
CBHW071955220426
43662CB00009B/1145